Enseignements Nouveaux à une Humanité qui s'Éveille

Le Christ

AdA Inc.

Titre original anglais : New Teachings for an Awakening Humanity

Traduction : Gaëtane Vallée
Collaboration : André DeLadurantaye, Laurent Bégin,
Diane Morin, Andrée Payeur, Denyse Duquette,
Jean-François Bellec, Thérèse Fleurant, Jean-Guy Chartier
Illustration de la couverture : Éric J. Pittman
" Celle-ci consiste en une véritable expérience de l'énergie. Il s'agit d'une réflexion de la lumière solaire captée directement par le papier photographique sans l'aide d'une caméra. "

Première impression AdA : 2003
ISBN 2-89565-145-0
Dépôt légal : troisième trimestre 2003
Bibliothèque Nationale du Québec
Bibliothèque Nationale du Canada

Éditions AdA Inc.
172, des Censitaires
Varennes, Québec, Canada, J3X 2C5
Téléphone: 450-929-0296
Télécopieur: 450-929-0220
www.ADA-INC.com
INFO@ADA-INC.COM

Diffusion
Canada : Éditions AdA Inc.
France : D.G. Diffusion
Rue Max Planck, B.P. 734
31683 Labege Cedex
Tél : 05-61-00-09-99
Suisse : Transat- 23.42.77.40
Belgique : Vander- 27.61.12.12

Imprimé au Canada

Participation de la SODEC.
Gouvernement du Québec - Programme de crédit d'impôt pour l'édition de livres - Gestion SODEC.
Nous reconnaissons l'aide financière du gouvernement du Canada par l'entremise du Programme d'aide au développement de l'industrie de l'édition (PADIÉ) pour nos activités d'édition.

DÉDICACE

Ce livre est dédié à Dieu, à la paix, à la préservation de toute vie en tous lieux... à chaque âme sur la planète Terre... ainsi qu'à nos guides, à nos amis et à nos Maîtres enseignants des royaumes célestes qui nous assistent et nous guident avec amour vers un retour à une conscience spirituelle accomplie et à sa manifestation.

QUELLE JOIE POUR L'ÂME QUAND
SES ASPIRATIONS SONT COMBLÉES!

SOMMAIRE

Chapitre

Préface

Lorsque ce livre fut enfin publié en temps pour Pâques en 1986, un livre que j'ai écrit à la suite de mon voyage en Israël à l'automne de 1984 (en compagnie de 45 autres méditants), je pensais qu'ainsi s'achevait mon travail de rédaction pour celui que l'on nomme Jésus Christ. De fait, je comptais retourner à ma carrière d'enseignante à l'école supérieure et continuer dans la voie professionnelle que je m'étais tracée, comme si rien ne s'était passé. *Ha!* Ma vie devait toutefois prendre un tour très différent de sorte que maintenant, après la publication de 6 livres en 8 ans, ce premier acte de bonne volonté a eu pour effet de me propulser inexorablement sur un sentier bien délimité de service spirituel qui fait tout simplement appel aux mêmes talents sous la conduite de la volonté de mon âme.

Comme pour bien d'autres personnes qui se sont retrouvées engagées dans des aventures auparavant inattendues, tout cela semble à présent très naturel, et il n'y a pas de volte-face, pas de refus de ma part face au temps et à l'engagement que cela demande. En raison de cette volonté de service, j'ai fait la rencontre de nombreux amis merveilleux dont le coeur et l'esprit sont également tournés vers la purification, la croissance et l'éveil de la personne. Chacun d'entre vous est précieux à mes yeux et le simple fait de savoir que vous existez réchauffe mon coeur et renforce ma persistance à oeuvrer pour la paix et la préservation de la vie sur notre planète extraordinaire.

Comme le livre Enseignements nouveaux à une humanité qui s'éveille était l'une de mes premières publications destinées à nous aider à nous rappeler pourquoi nous sommes venus sur Terre, il a reçu un accueil favorable autant ici qu'à l'étranger. Il y a 100 000 copies de ce livre en circulation dans le monde en de nombreuses langues différentes, et nous recevions encore des demandes pour celui-ci. Comme l'édition anglaise est épuisée depuis quelque temps, nous avions le choix entre ne jamais le remettre sur le marché ou le rééditer. Lorsque des dons rendirent possible la réimpression de l'édition anglaise, Jésus me demanda d'y ajouter plusieurs chapitres de mise à jour, de sorte que vous avez maintenant entre les mains le texte original et ses commentaires de mise à jour. Ceci permet aux nouveaux lecteurs de disposer du document original et de la mise à jour, tandis que ceux qui l'auraient déjà lu pourront y trouver rapidement l'information la plus récente. Nous choisissons cette solution parce qu'elle demande moins de temps que de consacrer presque une année entière à la préparation d'un livre de Jésus entièrement nouveau et parce qu'il a confirmé que la plupart des observations faites à l'origine sont toujours valables. Je demande votre indulgence en ce qui concerne cette solution de révision partielle et espère qu'elle comblera votre besoin d'une information actualisée de la part de notre bien-aimé Christ Jésus. Il va de soi qu'un abonnement au bulletin d'information bimestriel 'Love Corps' (disponible en anglais seulement) est également une bonne façon de vous procurer ses commentaires courants.

En plus de la publication d'information d'origine céleste, mon intérêt se porte ces jours-ci sur le networkage, les communautés spirituelles, l'aide aux enfants du Nouvel Age et à leurs parents, de même que sur l'enseignement de nouvelles pratiques de méditation qui aideront le corps à s'ajuster sans danger à une matrice d'ADN à 12 spirales hélicoïdales et faciliteront le développement d'un système de chakras à 13 échelons, afin de nous permettre de recouvrer notre pleine conscience. Je vais donc partager avec vous la technique de méditation pour l'ascension de Jésus, comportant 18 respirations et appelée "Vêtement de lumière" (semblable à la méthode de méditation Fleur de vie/ Merkabah présentée par Drunvalo Melchizedek). Cependant, comme les choses changent si rapidement, j'ai été guidée aussi à présenter une autre forme de méditation pour ceux qui pourraient être prêts et intéressés. Cherchez en vous-mêmes la confirmation au sujet de la nécessité pour vous d'apprendre l'un ou l'autre de ces instruments d'aide à la croissance. Ils doivent faire l'objet d'une <u>expérience personnelle</u>, et non pas être tout simplement décrits sur un enregistrement sonore.

Beaucoup d'entre nous sommes des êtres puissants habitués à atteindre ce qui est communément appelé le succès. Cependant, plus nous sommes touchés par des influences spirituelles et des énergies accrues, plus nous recherchons la conscience de groupe, et plus nous avons besoin de la coopération de groupe. C'est au sein de pareilles alliances de groupe que nos plus grandes opportunités de guérison pour l'ascension peuvent être stimulées et alimentées. Accepterez-vous comme moi de vous engager à assumer de bon gré vos responsabilités sacrées aux niveaux personnel, collectif et global, dans la mise en pratique de la coopération consciente afin de jouer pleinement le rôle qui vous revient pour la préservation des nombreux mondes de Dieu?

Joie, lumière et amour à tous,

VIRGINIA

Chapitre 1

UNE LEGION D'AMOUR EST REQUISE

Ne vous êtes-vous jamais demandé ce que vous dirait Jésus s'Il s'adressait à l'humanité par le truchement de la télévision ou de la radio? Tant d'êtres sur Terre ont prié pour ma venue et mon assistance que j'ai choisi ce processus de télépathie mentale pour communiquer avec vous, c'est-à-dire pour transmettre mes pensées à l'humanité de la planète Terre par l'intermédiaire d'une terrienne avec qui j'ai une bonne communication, un bon contact télépathique. (Mais je viendrais tout aussi bien à chacun de vous mes bien-aimés si vous aussi bâtissiez par la méditation le pont qui permet d'établir cette communication).

Oui, c'est ainsi. Ceci est mon propre enseignement que je vous transmets directement et non de simples comptes rendus de mes paroles et de mes actions rapportés par des disciples **après** mon passage et par **d'autres adeptes après eux.** D'abord et avant tout ces remarques n'ont rien à voir avec une période révolue. Ce sont **mes enseignements à une humanité qui s'éveille** en ce temps actuel du **Nouvel Age.** Voici mes messages personnels sur la condition de votre planète et sur ce que vous devriez faire pour assurer votre évolution spirituelle.

*** Une Légion d'amour est requise ***

Devant l'urgence de votre situation je délaisse les discours cérémonieux de la Bible. J'adresse ces paroles non seulement aux soi-disant chrétiens mais à l'humanité entière. Elles visent les conditions immédiates que votre négativité terrestre a engendrées et qui doivent changer si vous voulez en empêcher les répercussions graves. Mes paroles sont sérieuses parce que je vous aime et qu'une prise de conscience immédiate s'impose face à l'état d'urgence où vous vous trouvez. Elles proposent également un nouveau départ à ceux qui sont prêts à apprendre et à ne vivre que la paix dans leur quotidien. En ce sens mes paroles s'adressent à **une humanité qui s'éveille.** Elles sont une invitation à une authentique aventure spirituelle, un appel à la formation d'une légion de gens motivés par l'amour qui inaugureront l'Age d'Or, ce temps propice aux efforts marqués de l'amour. Il y a de l'espoir en dépit du danger, souvenez-vous-en!... Et plus grande sera la Légion d'amour (1), plus grands seront notre espoir et nos chances de progesser.

Malheureusement, frères et soeurs, plusieurs m'ont déifié, plusieurs m'ont même adoré! Vous devez changer cette attitude erronée et réévaluer cet événement dans sa juste perspective si vous voulez comprendre le véritable sens de ma mission d'antan et la place que j'occupe maintenant avec l'humanité dans la réalité divine. Mon message à cette époque comme le message essentiel de toutes les grandes religions du monde a été l'amour et la compassion. J'ai surtout insisté sur la primauté de **l'amour du Créateur** puis de **l'amour de votre prochain comme de vous-mêmes.** La dénomination religieuse dont vous vous prévalez pour honorer Dieu m'importe peu car mon but déborde les séparations diverses que vous avez instituées dans vos croyances. Mon but est de rassembler tous ceux qui en

(1) N. du T. – Love corps – l'expression «Légion d'amour» a été choisie faute de traduction littérale existante.

font le choix, peu importe leur couleur, leur pays, leur culture ou leur condition. Mais je ne désire être le point d'attraction d'aucune église officielle. C'est Dieu, notre Parent, qui doit être adoré et non celui qu'on appelle Jésus. Je vous prie de considérer ma requête et d'y souscrire.

A cause de l'étroitesse et de la rigidité de votre compréhension actuelle mal dirigée, n'imposez pas de limite ni à moi ni à Dieu. Acceptez que je vienne vers tous et pour tous afin de partager la vérité au sujet de qui vous êtes, de la raison de votre séjour ici et de ce qui vous attend si vos âmes s'épanouissent et si vos coeurs se dédient à la réalisation de Dieu sur Terre.

En vérité, je vous parle pour vous aider à compléter ce long périple de retour que tous les enfants prodigues (fils et filles) ont commencé il y a des éons. Au cours de ce périple vous avez amené cette magnifique planète au bord de la destruction mais elle peut encore être sauvée si vous vous y consacrez avec beaucoup de bonne volonté et avec une implication sans limites.

Je reviens pour vous rappeler que **chaque personne doit reconnaître le Créateur** - cette Source de puissance qui nous donne à tous la vie éternelle – et pour vous rappeler aussi qu'**une étincelle de cette puissance est en vous.** Dieu n'est pas seulement une sorte de réalité extérieure devant laquelle il faut se prosterner mais Il est aussi une réalité intérieure de votre propre identité. Ces deux aspects devraient être le fil conducteur de votre vie. Evidemment vous nourrissez de la crainte devant ce Créateur dont vous ne pouvez même pas imaginer la grandeur ni la puissance.

Les pronoms «elle» et «lui» désignent Dieu tous les deux puisque Dieu intègre en une seule identité les principes masculin et féminin. Dieu est donc à la fois mâle et femelle, actif et réceptif, pouvoir et amour, père et mère. Dieu n'a pas besoin comme chez vous les humains de l'expression physique différenciée qui identifie chaque aspect mâle et femelle car cette condition est le résultat de votre chute dont vous émergerez un jour lorsque vous vous réveillerez et que vous évoluerez à nouveau dans un corps ressuscité.

Dieu, quel que soit le nom qu'on Lui donne, représente l'équilibre, l'intégration et la synthèse des qualités les plus raffinées de la vie elle-même et Il n'a jamais connu comme vous le fractionnement de Ses qualités aux multiples facettes. Ainsi, il n'y a ni Dieu féminin ni Dieu masculin, il n'y a que des énergies de volonté et de puissance que l'amour et l'abondance équilibrent en une seule manifestation. Votre propre développement spirituel exige que vous équilibriez en vous les deux aspects de Dieu sans égard au corps physique que vous habitez afin que vous exprimiez la puissance et l'amour tout à la fois, même si vous vivez la «séparation» ou que vous expérimentez l'un ou l'autre aspect des sexes dont parlent les Livres Sacrés. Mais que vous habitiez un corps masculin ou féminin, **votre identité est à la fois puissance et amour.** Et c'est bien qui vous êtes et ce que vous êtes pour toujours, toute illusion dans le sens contraire n'étant qu'un aveuglement temporaire dont vous pouvez vous guérir à votre gré.

Dieu transcende le «il» et le «elle». Vous comprenez? Dieu est l'exemple parfait de la volonté et de la puissance capables de donner la vie aux choses matérielles ou de créer dans l'univers pour ensuite continuer à nourrir, guider et prendre soin de Ses créations grâce à l'équilibre apporté par l'amour. Que les pronoms «il», «elle», «lui» ne vous éloignent pas de l'unité parfaite de Dieu. Les hommes ne sont pas mieux que les femmes et vice versa. Ils constituent chacun la moitié d'une équation qui recherche l'équilibre d'un soi-unifié sans compter sur la personne de l'autre sexe pour fournir la complémentarité de la polarité opposée.

*** Une Légion d'amour est requise ***

Que les hommes et les femmes qui lisent ces lignes s'imprègnent de la conviction que Dieu est toute chose en parfait équilibre et qu'ils fassent la paix entre les sexes afin d'obtenir la coopération entre le pouvoir et l'amour.

Moi-même, je suis incapable de décrire le parfait équilibre de Dieu, Son énergie et Sa vraie splendeur. Les mots ne peuvent pas traduire le sens du savoir inné. Mais toute cette magnificence divine est en vous et vous pouvez y puiser à votre gré. Quel cadeau! Un don d'envergure et de joie immense! Pourtant, plusieurs en nient l'évidence, n'en tiennent pas compte ou l'utilisent à mauvais escient – telles sont les conséquences du libre arbitre.

Ne vous êtes-vous jamais demandé pourquoi Dieu vous a donné ce privilège du libre arbitre? Permettez-moi de partager avec vous une information peu connue au sujet de la planète car les âmes de la Terre sont engagées dans une aventure exceptionnelle. Vous êtes une merveille de l'expression divine et le libre arbitre vous a été accordé pour vous fournir une occasion magnifique, celle d'apprendre à manifester un amour profond et durable pour le Créateur c'est-à-dire un sentiment d'affection qui n'est pas seulement une reconnaissance mentale mais une gratitude ressentie au fond du coeur, accompagnée d'un amour profond, d'affection, de paix et de joie. Beaucoup d'autres entités dotées de corps physiques de moindre densité que le vôtre évoluent dans l'univers. La majorité de ces entités ne sont pas visibles à vos yeux. Ces êtres sont nantis d'un grand pouvoir mental et de connaissances avancées. Ils acceptent quand même la loi divine qu'ils respectent de bon gré en reconnaissant intellectuellement la justesse de ses principes mais sans le sentiment d'amour qui vous anime. Votre capacité d'aimer doublée de votre **libre arbitre** fait de vous une espèce nouvelle dans cette partie de l'univers.

*** Une Légion d'amour est requise ***

La chance a été donnée aux êtres humains d'aimer et de glorifier le Créateur avec une profonde émotion. Vous pouvez dès lors vous sentir comme de vrais rejetons et vous jeter en adoration dans les bras grands ouverts de Dieu, ces bras qui désirent tellement vous accueillir dans le grand cercle familial. Vous avez été créés avec amour pour aimer. Mais comme de plus vous avez été investis du libre arbitre, vous faites face à des choix qui peuvent devenir des dilemmes. Je vous le répète, ceci est une occasion de croissance spirituelle rarement vue dans l'univers. Toutefois, mes bien-aimés, c'est précisément ce cadeau de votre libre arbitre qui a rendu votre aventure terrestre si délicate, si difficile. Plusieurs autres formes de vie créées par Dieu connaissent simplement les principes universels sans remise en question mentale. Ces êtres n'aiment pas Dieu avec émotion bien qu'ils acceptent et respectent le don de vie qui leur a été accordé. **Mais vous sur Terre, vous devez aimer notre Créateur.** Les autres formes de vie n'emploient que l'intellect pour comprendre Dieu et les lois des nombreux univers. Ceci contraste avec la Terre où les êtres humains ont une nature profondément émotionnelle et sont capables d'exprimer l'amour venant du coeur et de le diriger vers le Créateur s'ils en décident ainsi. Votre défi est unique et je dois dire très franchement que le résultat n'a pas apporté le succès que nous aurions désiré, nous vos enseignants et vos guides des royaumes célestes.

Si de l'espace vous observiez avec nous la situation de la Terre, je me demande quelles seraient vos réactions devant la guerre, la violence et la haine qui éclatent ici et là. La paix a tendance à continuellement s'esquiver du coeur et de l'esprit humains. Les luttes intérieures que vous menez n'ont pas de fin et vous êtes souvent vaincus à cause de votre esprit indiscipliné, de votre coeur vide d'amour ou de votre réticence à recevoir l'aide de ceux qui, parmi nous, sont dévoués à votre réussite. Nous offrons notre profonde gratitude à ceux-là peu nombreux dont le coeur est pacifique car c'est grâce à vous si une certaine amélioration est possible. Vous êtes les piliers de la lumière divine tout en étant éloignés du bercail.

Je reviens vers vous maintenant parce que vous avez le droit de connaître la vérité au sujet de votre dilemme actuel et parce que vous devez être avertis qu'il est temps de transcender la négativité qui est le lot de la planète en ce moment. Vous avez oublié comment vivre pacifiquement mais il vous faudra le réapprendre pour que votre expérience de vie se solde positivement. Vivre la paix est un devoir pour chacun de vous car, sans votre acceptation et sans une prise de conscience, cette paix ne peut se manifester dans le monde autour de vous. Vous devez dépasser le niveau actuel de votre négativité parce que, en plus de menacer votre avenir sur le plan physique, les affreuses pensées que vous avez accumulées se propagent aussi dans les courants de l'espace bien au-delà de ce qui est permis par la loi de Dieu qui garantit la sécurité aux autres vies.

VOUS N'AVEZ PAS LE DROIT DE PROPAGER DANS L'ESPACE VOS PENSEES DIABOLIQUES DE GUERRE ET DE VIOLENCE NI AUCUNE ARME DE DESTRUCTION! Ecoutez bien cette déclaration et prenez-y garde! Vous êtes à une croisée des chemins, prêts à vous engager sur une voie de non retour.

J'ai longuement réfléchi sur la façon d'expliquer la situation critique que vous vivez tout en sachant que plusieurs peuvent choisir de passer outre aux recommandations, que d'autres peuvent ne pas les comprendre ou refuser de coopérer. Malgré tout je dois venir; je dois vous demander d'élargir votre compréhension de la situation désastreuse que vous causez et vous inviter à changer immédiatement votre comportement. Soit vous créez bientôt la PAIX sur la planète Terre ou alors plusieurs âmes échoueront dans cette expérience d'aimer Dieu – cette alternative étant une conséquence de votre libre arbitre. Tel sera le prix à payer par ceux qui maintiennent des comportements de guerre et de violence car leurs actions contaminent actuellement l'espace et d'autres formes de vie. Je suis sûr que vous réalisez que cela ne peut être permis.

Les enfants malfaisants ne devraient pas avoir de bombes entre les mains. Cependant, s'ils en détenaient dans leur propre cour ou sur leur terrain parce que leur famille leur aurait permis d'en fabriquer (par stupidité, négligence ou désintéressement), la police ne pourrait peut-être pas intervenir à temps pour éviter le désastre d'une explosion dans leur propre foyer. Mais si un enfant menaçait de faire sauter le voisinage après avoir déjà déclenché quelques détonations lors d'une première attaque chez un voisin, une intervention ne tarderait pas à venir, n'est-ce pas?

D'une certaine façon c'est à peu près la situation vécue sur la Terre. La tolérance d'une attitude de grande violence, de haine et de guerre a imprégné peu à peu la population; la Terre est ainsi devenue cet enfant armé et prêt à tout faire sauter. Vivre dans votre voisinage à quelque distance que ce soit constitue une menace et je vous assure que même si vous ne pouvez voir la vie dans l'espace ou dans votre système solaire, elle existe vraiment, quoique sur d'autres plans plus élevés et dans des vibrations plus subtiles. Par conséquent, toute manoeuvre négative propagée au-delà de votre propre frontière de deux cents cinquante milles (2) blesse votre propre Terre-Mère, crée des schémas de température défavorables et assaille illégalement les autres créatures divines de l'espace qui doivent jouir d'une sécurité assurée. Qui parmi vous ne réclamerait pas son droit à la protection si des voisins violentaient son domicile? Retenez cet exemple et qu'il vous serve de guide. Faites tout en votre pouvoir pour vivre la paix et exigez la même attitude de vos gouvernements et de

(2) N. du T. - Un mille, mesure anglaise, équivaut à 1,6 km.

vos militaires.

Quelques monstres parmi vous ont créé des armes capables non seulement d'annihiler l'humanité mais aussi de semer la destruction **dans des régions très éloignées de l'univers.** Prenez pour acquis que le dangereux enfant appelé Terre n'a ni la perception ni l'instrumentation capables de déceler les plus hautes formes de vie. La plupart d'entre vous ne peuvent me voir, pourtant je suis plus réel que la chaise sur laquelle vous vous asseyez ou le plancher qui vous supporte. **Vous êtes aveugles.** Prenez conscience de vos responsabilités. Les armes qui existent présentement sur la Terre sont assez puissantes pour détruire instantanément toute l'humanité et pourtant d'autres armes pires encore et plus horrifiantes sont déjà conçues et prêtes à être utilisées. Cette démence, cette violence infecte doit cesser – **DOIT CESSER!**

En vérité, vous êtes des insensés si vous permettez à quelques fous furieux d'endommager cette exquise planète conçue pour vous assister dans votre réalisation personnelle et dans la manifestation de votre respect, de votre amour et de votre reconnaissance pour toute chose vivante. Je recommande fortement que vous fassiez tout ce qui est en votre pouvoir pour faire cesser les actions criminelles de l'humanité avant qu'il ne soit trop tard. Je vous assure avec le respect et l'encouragement d'un grand frère aimant que tous ceux du Ciel descendront pour vous supporter dans cet effort de paix. Dès que l'humanité sollicitera notre aide nous la guiderons et nous l'assisterons pour éviter un tel désastre inutile. Par conséquent, invitez-nous dans vos coeurs. Méditez chaque jour et commencez à bâtir un pont depuis votre coeur jusqu'à l'énergie de l'âme créée par Dieu. Servez-vous de ce pouvoir pour vous élever du rang de simple enfant de la Terre jusqu'à la grandeur d'un enfant du Ciel.

Il ne s'agit pas d'une mince entreprise. Ce n'est

que grâce à votre choix et à votre persévérance que vous pourrez devenir un plus grand reflet de Dieu. Que votre lumière et votre paix intérieures vous guident sur votre route et qu'elles établissent le modèle de votre plus grande destinée. L'aide vous sera apportée si vous la demandez. Nous demeurons à vos côtés pour vous guider vers un but qui se situe bien au-delà de votre compréhension actuelle. Ayez confiance, un plan existe, **un plan divin accompagné de rétributions infinies**. Mais il y a un prix à payer.

Le prix consiste à vous libérer de l'hypnose négative que vos sociétés technologiques exercent sur vous. Vous devez changer la programmation de vos médias d'information et proscrire la violence qui imprègne chaque subconscient de projections tellement néfastes que vous en avez oublié votre nature et Celui qui a créé votre force de vie. S'il vous est impossible de changer les comportements violents présentés par vos cinémas, par vos télévisions, par vos radios et par vos présentations littéraires, prenez alors le parti de vous soustraire à leurs influences qui affaiblissent constamment votre capacité d'aimer. Ces *formes-pensées* négatives largement diffusées noient la planète dans un nuage épais et sombre que nous les Etres de lumière avons de plus en plus de difficultés à pénétrer. Plusieurs s'enlisent à leur insu dans des sables mouvants, pourtant nous sommes prêts à secourir chaque personne qui demande la paix pour elle-même et qui se joint à d'autres pour créer la paix à l'échelle planétaire sur la Terre.

Faites donc de la paix sur Terre une réalité, cessez l'invasion de l'espace et évitez les fléaux qu'entraînent vos pensées de violence et de guerre. Si l'humanité persiste à ignorer son héritage d'amour, il y aura une grande perte; c'est pourquoi nous tous du Ciel vous assisterons en grande force et avec dévouement si vous vous tournez enfin vers nous.

Demandez à devenir un instrument d'amour et de paix. Pratiquez la méditation pour recevoir le support que nous vous offrons. Les enfants de la lumière, pour quelle autre raison êtes-vous venus ici? Remplissez votre âme et votre conscience de tout ce qui en vaut la peine et votre esprit vous amènera ensuite à poser des gestes basés sur l'amour, ce qui rendra la vie plus agréable et plus charmante tant pour vous que pour tout ce qui vit sur la planète, pour la Terre elle-même et pour vos frères et vos soeurs de l'espace. Tenez compte de ces paroles qui ont été adressées à l'humanité pendant des éons car la situation est maintenant urgente, critique. **Très critique.**

Cessez de vous absorber dans des pensées et des activités d'ordre inférieur à la nature humaine ou bien soyez prêts à subir les conséquences de votre choix. Dieu a un plan pour votre glorification et pour l'expansion de la planète dans le système solaire. **Vous n'êtes pas les auteurs de ce plan.** Vous ne pouvez pas le changer. Il existe. Votre seul choix logique consiste à écouter votre voix intérieure qui connaît votre rôle et à suivre ses instructions qui viennent d'un niveau plus élevé. Aujourd'hui, votre seul comportement logique est de prier et de méditer pour recevoir l'inspiration de Dieu, de la mettre en pratique dans votre vie et de vous joindre à d'autres comme vous qui promulguent la paix sur la planète.

Vous êtes responsables de la Terre. Avez-vous oublié la raison de votre séjour ici?...

Il existe un Etre unique d'une telle grandeur et d'une telle puissance que vous ne pouvez imaginer Son intensité créatrice ni Ses multiples avenues de croissance. Je vous assure que Dieu est réel, actuel et que Son existence ne peut être mise en doute. Il est grotesque de douter d'une telle puissance dont la manifestation crève les yeux. Avez-vous fait le soleil qui apporte la chaleur, la lumière et l'énergie à toute vie...

la vôtre incluse? Avez-vous créé les étoiles qui brillent au ciel la nuit et dont les énergies voyagent à des vitesses que vous ne pouvez égaler avec vos pitoyables systèmes de transports et de communications terrestres?

Qu'est-ce qui vous permet de penser, même après la recherche intellectuelle la plus logique, que vous êtes sages, instruits et que vous avez l'habileté de vous mesurer à Dieu par le truchement de ces dons que vous appelez les **sciences**? Surtout quand ces dons sont scellés dans une enveloppe dont le cachet porte le mot **guerre**, le mot **enfer**. Est-ce vraiment là le cadeau de l'âme que vous voudriez apporter à ce Royaume d'amour spirituel qui a créé la planète Terre jusqu'en sa moindre parcelle et qui l'a couverte de beauté luxuriante et de paysages magnifiques pour embaumer vos coeurs et réjouir vos âmes? La beauté d'un tel milieu n'éveille-t-elle pas en vous un sentiment de reconnaissance?

Vous tous, les hommes, les femmes et les enfants, vous avez accepté de venir ici en tant que gardiens bienfaiteurs (3). Gardiens bienfaiteurs! Qu'est-ce que cela signifie pour vous? Si quelqu'un prend soin de vous, quelle est son approche? Qu'est-ce qui vous permet de savoir si on a pris soin de vous avec amour, sollicitude et respect? Une infirmière manipule-t-elle les malades sans précaution? Une mère soumet-elle ses enfants à la brutalité? Un père abandonne-t-il ses responsabilités familiales et rejette-t-il son rôle nourricier? Même dans votre noirceur sur la Terre, de tels comportements provoquent la désapprobation générale bien qu'ils deviennent de plus en plus courants. Ceci est particulièrement vrai de vos sociétés occidentales où les nations ont les plus grandes richesses personnelles mais non sans détruire la Terre pour y parvenir.

---

(3) N. du T. – Care taker – l'expression gardien bienfaiteur nous a paru répondre à l'esprit du texte.

*** Une Légion d'amour est requise ***

Fermez vos yeux et ouvrez vos coeurs. Quels soins prodiguez-vous à votre Terre-patrie? Quels soins prodiguez-vous aux autres êtres humains? Quels soins prodiguez-vous aux plantes et aux animaux, oui... et même aux minéraux dont la présence sert à l'embellissement de la Terre? Quels soins prodiguez-vous à la Terre quant à ses besoins d'ordre émotionnel, mental et spirituel? Car, tout comme vous, la Terre vit mais sur une bien plus grande échelle. Elle vit sur plusieurs plans! Elle éprouve aussi des sentiments bien que vous ne voyez que son plan physique comme tel, et toutes ces émotions invisibles à vos yeux résident dans une banque d'énergie située juste au-dessus de sa surface.

Puisque la Terre est un être unique qui grandit et qui apprend *comme le font toutes choses dans l'univers*, vous influencez ses attitudes par votre façon de la traiter et par le genre de soins que vous lui prodiguez. Vous avez alimenté ses émotions avec tellement de violence et provoqué tant de terreur que je ne peux même pas décrire le spectacle qu'elle présente d'ici, des plans célestes. Elle apparaît comme une mer de suie noire épaisse et très laide dont vous êtes les artisans. Il n'est pas surprenant que vous craigniez les volcans, les séismes et les vacillements de celle qui vous sert de monture. Elle a le pouvoir de s'ébrouer, de se gratter contre les démangeaisons ou les égratignures et d'éliminer les pensées abusives qui lui sont destinées par les individus et par l'humanité dans son ensemble.

Oui vous avez été choisis il y a bien longtemps pour prendre soin de la vie sur Terre et pour apprendre à exprimer pleinement l'amour et la sagesse afin que, de la Terre et de ses corps subtils d'énergie vitale ainsi que de vous-mêmes et de vos propres corps subtils d'énergie vitale, émane un rayonnement lumineux d'une magnificence prodigieuse et que vos louanges montent vers Dieu ... cette démonstration devenant alors un modèle à suivre pour l'univers entier. La Terre est une étoile en devenir et vous êtes les co-créateurs de ce phénomène.

Je suis attristé par l'état dans lequel la plupart d'entre vous vivez. Seules la pitié et la grâce divine ont empêché les vagues dévastatrices de vous atteindre; cette grâce est redevable à notre propre intervention en votre faveur, à celle des autres formes de vie dans votre système solaire ainsi qu'à celle du gouvernement galactique auquel vous appartenez. Ce n'est que par un décret du Créateur qu'un délai supplémentaire vous est accordé actuellement pour pratiquer la paix.

Toutefois, comme je vous l'ai déjà expliqué, il faut que cessent immédiatement votre refus de prendre soin de la Terre-Mère et de tout ce qu'elle héberge. Vos actions qui mettent l'espace lui-même en danger doivent aussi être abolies. Qu'on fasse savoir immédiatement que vous devez changer au niveau des individus, des groupes, des nations et enfin dans un mouvement planétaire.

En lançant vos missiles, en utilisant votre artillerie et en envoyant vos satellites destructeurs dans ce que vous appelez l'espace vide (mais qui contient les champs d'énergie qui vous sont invisibles et où se retrouvent les émotions et l'âme de la Terre-Mère) vous blessez cette dernière. Et de ce fait vous vous blessez aussi. Saisissez bien le sens de cet énoncé pour bien comprendre votre propre responsabilité en la matière. Dieu n'a pas amené la destruction sur votre planète, c'est l'humanité qui s'en est chargé. Vous avez engendré la souffrance et la douleur pour vous-mêmes par chaque pensée, action et exploit empreints de colère et par chaque manque d'amour et de soins.

Ces pensées de colère, de violence et de viol n'atteignent pas seulement les personnes individuellement mais elles blessent aussi la Terre, le sol et la vie dont dépend votre survie quotidienne. Vous vous tuez et vous blessez la planète. Mais elle peut survivre et elle survivra ... même sans votre présence ici-bas. Pourquoi créez-vous chez elle ce désir de vous expulser? Ne désire-t-elle pas se soustraire aux sources d'irritation qui perturbent sa paix tout comme le chien se gratte pour se débarrasser de ses puces? Quand vous lacérez sa face avec votre machinerie, pensez-vous à la bénir et à la remercier pour ce qu'elle vous donne et fait pour vous? Elle capte l'énergie solaire et en nourrit tout ce qui vit. Faites-vous vraiment croître les plantes ou ne faites-vous que récolter les dons de subsistance que la Terre vous offre?

Où est l'amour avec lequel Dieu vous a créés? Et qu'en est-il des soins que vous avez promis à Dieu de donner à toute création sur Terre?

Si vous étiez juge et jury sur une autre planète et si vous aviez à évaluer cette situation, qu'en penseriez-vous? Votre réponse peut vous sauver car si vous réalisez que vous avez blessé par ignorance, vous pouvez changer immédiatement. Vous pouvez retirer le poignard du coeur de la Terre-Mère, panser ses sentiments et ses émotions. Ai-je besoin d'ajouter que le Ciel réclame ces mesures **immédiatement**?

Maintenant que vous réalisez que l'heure fatidique approche pour l'humanité, que ferez-vous? Allez-vous ignorer ce que je vous dis? Plongerez-vous dans une plus profonde attitude de dénégation parce que vous ne pouvez supporter le choc de la vérité? Deviendrez-vous furieux parce que le plan élaboré pour vous élever de la condition de mortalité à la divinité est en train d'échouer et parce que la majorité des humains sont endormis et qu'ils refusent d'évoluer spirituellement? Ou bien allez-vous supplier les Cieux de vous aider, vous et la Terre?

*** Une Légion d'amour est requise ***

Un tel cri de détresse est déjà monté vers nous; ce message *qui vous parvient par transmission télépathique* vous apporte donc la promesse que tous ceux qui cherchent trouveront, que tous ceux qui aiment seront aimés. Comme vous le savez, c'est en donnant que vous recevez. Voici donc le moment de donner. Donnez votre amour à votre Créateur. Aimez-vous vous-mêmes en tant que merveilleuses lumières créées il y a longtemps, aimez tous ceux des règnes minéral, végétal, animal et tous ceux de la famille humaine. N'oubliez pas d'aimer les formes de vie d'ailleurs que vous ne pouvez voir mais qui existent vraiment et d'aimer aussi ce joyau qu'est la patrie dont vous avez hérité. N'avez-vous pas un grand amour pour cette Terre-Mère qui, par sa rotation, vous maintient au rythme quotidien du jour et de la nuit? N'avez-vous pas d'amour pour les autres planètes et pour les étoiles qui sont vos frères et vos soeurs des cieux? Plusieurs parmi eux sont les gardiens bienfaiteurs de votre propre planète selon un plan que vous ne pouvez saisir ni apprécier présentement. De même que vous apportez la nourriture et l'eau aux plantes et aux animaux de votre planète, vous êtes nourris et bercés dans la protection divine par les êtres sans nom qui existent dans les nombreuses demeures de la création qui vous sont inconnues.

Nombreux sont ceux qui vous guident et qui vous protègent si vous voulez bien vous mettre à l'écoute, je me compte parmi eux. Vous pouvez recevoir les communications autant dans vos rêves que pendant vos périodes de méditation si vous le désirez. J'enverrai moi-même l'aide voulue à quiconque la demandera car je veux renforcer tous ceux qui désirent évoluer et être d'un plus grand service au Créateur. Plusieurs âmes confuses et un grand nombre d'incroyants et d'êtres sans conviction ont besoin d'être réveillés. C'est par votre exemple que vous nous aiderez à ramener d'autres âmes à Dieu. S'il-vous-plaît, **encouragez-les à méditer tous les jours**. Rappelez-vous toutefois qu'elles ont leur libre arbitre et qu'elles ne doivent pas être forcées même si leur choix erroné d'aujourd'hui entraînera une perte spirituelle plus tard.

Il m'est pénible de constater que tous ne participeront pas à l'élan de l'humanité en ce temps d'éveil... mais leur libre arbitre fait loi. Si un individu choisit ou provoque la séparation d'avec Dieu, les conséquences serviront de leçon pour l'âme. C'est pourquoi je fais appel à tous ceux qui résident à l'intérieur des limites de la planète et je leur demande de se calmer et d'écouter la voix de Dieu au-dedans d'eux-mêmes. Cette pratique peut même amener certaines âmes tièdes ou perdues à retrouver la mémoire du Créateur. Il faut se rappeler que même les personnes mal informées ou négatives sont en apprentissage et elles doivent aussi être respectées. Dois-je ajouter que les âmes qui ne choisiront pas le sentier du rassemblement de l'amour dans le délai prescrit subiront les conséquences de leur libre choix?

Toutes les entités du ciel, incluant les enseignants spirituels et les dirigeants de toutes les religions de tous les temps et de tous les lieux, unissent leurs voix dans ce dernier appel pour élever la Terre et l'humanité dans le firmament brillant et resplendissant déjà préparé pour les recevoir. Nous désirons que la magnifique Terre-Mère s'élève dans une splendeur royale vers l'Age d'Or de l'illumination, qu'elle soit le carrefour des âmes aimantes qui sont dévouées à la gloire du Créateur et qui, avec le concours de la Terre, contribueront au parachèvement du plan divin dans l'univers.

La réalisation du plan divin pour l'humanité dépend de vous tous, de chacun de vous. Employez donc votre libre arbitre avec sagesse. Manifestez votre choix et établissez votre destinée avec amour. Alors que vous de la Terre, vous êtes uniques dans votre capacité d'aimer d'une façon très profonde avec le coeur, il existe plusieurs parmi vous qui dirigent mal leur amour c'est-à-dire qui s'attardent à n'aimer que les choses matérielles. Il y en a parmi vous qui n'ont absolument aucune aspiration spirituelle et qui remplissent leur vie de motivations et d'activités inacceptables pour l'Esprit. Je vous rappelle que, puisque vous êtes un prototype de la manifestation des plus profonds sentiments d'amour possibles envers Dieu ou envers Celui qui vous donne la vie, vous subissez ici l'épreuve qui vous permet de savoir si vous remplissez bien le but de votre vie.

Faites le bilan de votre journée. Etes-vous pris dans l'engrenage d'une vie remplie de stress et vide de toute expression spirituelle de l'amour? Si oui, **procédez immédiatement à des changements.** Que je vous serve d'exemple au besoin mais que je ne devienne pas une béquille ou un substitut pour votre apprentissage et pour votre engagement. **Naître de nouveau** veut dire être affranchi du passé, mais ceci n'a de sens que si vous choisissez librement d'aimer Dieu. Si vous acceptez d'aimer Dieu par-dessus tout et de votre plein gré, la pureté de votre coeur peut alors s'unir à l'Esprit pour vous conduire à cette paix autrefois inaccessible sur la Terre.

Voici le message que je vous apporte. C'est le temps du réveil pour l'humanité. Vous êtes au seuil ou de la glorification ou du désastre possible. **C'EST UNE PERIODE CRITIQUE! – NOUS NE POUVONS RETARDER DAVANTAGE! – LA PAIX DOIT S'ETABLIR SUR LA TERRE! –** C'était le but de mes paroles.

Notre Parent a décrété un *ultimatum* stipulant que la vie terrestre ne doit pas entraîner la destruction chez les autres compte tenu que la destruction de la planète par une population irréfléchie, sans amour et sans conscience est également préjudiciable à l'univers. Par conséquent, nous du Ciel ferons tout ce qui est en notre pouvoir au cours de la prochaine année pour aider l'humanité à apporter la paix à tout ce qu'elle pense et à tout ce qu'elle touche. L'énergie de l'amour se déverse sur la planète et sur votre propre corps. Prenez-en conscience. Employez-la pour corriger votre situation désastreuse. Cette infusion de l'énergie est notre cadeau.

Des forces qui dépassent votre compréhension se sont jointes à moi pour aider le mieux possible à l'accomplissement de votre mission et à l'accélération de votre évolution ou si vous préférez au salut des êtres humains. Mais notre action doit passer par votre intermédiaire et avec votre permission. La transformation découle de l'acceptation.

Par conséquent, chacun de vous est appelé à se joindre à nous pour réaliser le travail qui doit être accompli. Vous êtes invités à mettre de côté vos habitudes et les attitudes restrictives qui limitent votre vie et à orienter votre dévouement, votre engagement et votre énergie vers la réalisation **de la paix sur la planète.** C'est là votre façon de compenser pour la méchanceté et pour la violence. Vous êtes la Légion d'amour et votre chance de vaincre est ici. Par la force de votre pensée et par l'amour de votre coeur vous pouvez promouvoir ce développement, cet épanouissement.

Dans un esprit de solidarité, unissez-vous à nous avec ferveur et fermeté car voici le temps du tri, le temps du partage entre les forces soi-disant du bien et du mal, de la conscience et de l'inconscience, de la lumière et des ténèbres.

Ma sollicitude est manifeste quand j'apporte un tel message à la Terre. La peur pourrait envahir les esprits et les coeurs de plusieurs. Elle pourrait paralyser votre désir et votre bonne volonté d'aider au maximum de votre capacité. Pourtant la vérité est la vérité, je ne peux vous leurrer au sujet du danger que vous courez présentement. Je ne peux nier la situation actuelle même si telle est votre attitude. Mon amour pour vous m'a poussé à prendre la responsabilité de devenir un Maître du monde. Je reçois l'assistance et la coopération de milliers d'autres êtres semblables à moi dont la seule motivation en ce moment est de vous sauver du désastre que vous avez provoqué. Ma mission est de vous forcer à affronter votre situation véritable pour que vous puissiez la corriger rapidement et de façon permanente.

Alors, mes frères et mes soeurs, écoutez-moi bien. Nous sommes avec vous jusqu'à la fin de cette entreprise. **Qui s'enrôlera dans la Légion d'amour? Qui deviendra dès maintenant un ouvrier de la lumière pour établir la paix sur Terre?** C'est-à-dire qui consacrera temps et énergie à cette cause de la paix plutôt qu'à la guerre et à la violence? Il est urgent d'enrôler les enfants de Dieu, de l'amour et de la lumière pour qu'ils soient identifiés et pour qu'ils contribuent d'une façon ou d'une autre à apporter la paix que tous les coeurs remplis d'amour désirent sincèrement. Nous avons besoin d'une Légion d'amour. **Vous**, vous engagerez-vous comme volontaires?

Je vous ai demandé d'agir et je vous le demande encore à moins que vous ne soyez déjà à l'oeuvre. Augmentez notre pouvoir par votre bonne volonté et par votre coopération. Demandez notre aide et nous vous indiquerons ce qu'il faut faire par la voix de l'Esprit qui est en vous. Dans cette conspiration d'amour des ouvriers de la lumière pour élever la Terre, nous réunirons le Ciel et la Terre dans un effort commun afin d'acccomplir le destin en or qui a été prévu avant le commencement des temps. Mes bien-aimés, permettez que cette puissante intention de paix se réalise en cette aube naissante. Laissez le dessein que le Ciel connaît et sert se réaliser enfin parmi vous.

*** Une Légion d'amour est requise ***

En vérité, je vous parle afin de vous aider à compléter ce périple de retour que les fils et les filles prodigues entamèrent il y a des éons, un périple pendant lequel vos actions ont amené cette planète au bord de la destruction quoique elle puisse encore être sauvée par votre bonne volonté et par votre dévouement.

Je suis attristé du fait qu'un grand nombre d'âmes ne répondront peut-être pas à cet appel, n'y croiront pas ou tergiverseront. Je ne peux pas m'interposer dans leurs choix personnels. Il m'est pénible aussi de voir les gouvernements belliqueux et les pouvoirs militaires mener des milliards d'individus à une destruction éventuelle parce que personne ne fait rien pour prévenir ces massacres. En ce moment, nous ne pouvons faire autre chose que de vous aider à vous aider vous-mêmes à cause du peu de temps qui reste. Mais nous le ferons à la pleine mesure de votre requête et de votre coopération.

Si notre gigantesque investissement d'énergie dans la poursuite de la PAIX ne réussit pas à changer l'humanité, un plan d'action sera mis à exécution. Ce plan garantira que votre violence et vos armes **ne pourront agresser l'espace** au-delà de vos frontières. C'est tout ce que je peux en dire pour le moment. Mais vous tous qui écoutez et qui participez, je vous assure que quoi qu'il advienne **vous serez avisés dans vos méditations quotidiennes de l'action à prendre.** Nous vous apporterons la sécurité par nos communications journalières si vous êtes des ouvriers engagés au service de Dieu et si vos personnalités se sont épanouies au niveau de l'âme par la contemplation, par la méditation et par la prière.

L'Energie Christique en or est à votre portée et une partie de mon message a trait à la nécessité pour chacun sur la planète de méditer sans faute quotidiennement.

La paix étant la seule motivation de votre vie,

vous devenez pacifiques en tout temps et grâce à votre exemple plus de créatures de Dieu se convaincront de l'état d'urgence et elles s'uniront à notre projet d'amour et de paix. Nous pourrons alors ramener plus d'âmes avec nous dans notre ascension dans la quatrième dimension ou dans ce que vous appelez le Ciel. Actuellement, une partie de votre être se trouve dans la plus haute dimension ou dans le plan supérieur mais la majorité des personnes ne connaît pas ou n'accepte pas cette vérité et elle n'a aucune notion de base pour comprendre ce qui se passe.

La troisième dimension où vous résidez dans un corps physique est constituée de vibrations plus denses et la mort met un terme à son expérience de vie. Toutefois, en autant que votre coeur est ouvert et que votre esprit est dédié à l'amour de Dieu, vous pouvez opérer à partir de la quatrième dimension ou d'un niveau plus élevé grâce à votre intuition ou à la connaissance de l'âme. Il n'y a pas de mort physique possible dans la quatrième dimension. Je l'ai démontré par ma résurrection il y a près de deux mille ans. Cela signifie que l'essence divine en vous a la capacité d'opérer sur plusieurs paliers de croissance et de service au su ou à l'insu de votre personnalité. Cependant, le rythme même de la croissance de votre âme peut aller en s'accélérant si vous éveillez votre personnalité à son plus haut degré de conscience.

L'intention du Créateur étant d'élever votre magnifique planète ainsi que ses formes de vie dans la quatrième dimension, les individus qui ont des comportements négatifs et méchants n'auront pas accès à cette demeure plus subtile. Ce qui explique l'importance extrême pour vous de devenir des serviteurs de la lumière et des amants de Dieu. Les êtres sans amour ne pourraient pas survivre à l'intérieur de cet état de conscience éveillée ou de connaissance; Dieu est lumière et à moins que vous ne soyez éveillés, il y aurait trop de lumière et pas assez de ténèbres pour votre niveau de conscience. N'avez-vous jamais été aveuglés par une lumière si brillante que vous ne pouviez ouvrir les yeux? C'est ce dont je parle mais à une plus grande échelle.

Ceux qui aiment peuvent tolérer et utiliser la lumière, petit à petit, à mesure qu'ils s'adaptent à son intensité, **ce qui est impossible à ceux qui n'aiment pas**. C'est une réalité physique qui pourrait être amplement prouvée si vos savants étaient ouverts à ce phénomène. Entre-temps, vous pouvez être amenés à accepter cette vérité qui découle de votre savoir inné. Le libre arbitre est ce qui afflige cette planète et qui vous amène à toujours douter. Les «montre-moi...» et les «je ne le croirai que si je le vois» sont votre perte. Il ne s'agit pas d'accepter automatiquement tout ce qui se dit mais vous devriez être prêts à créer un système qui permette à votre personnalité humaine de percevoir la vérité. La plupart des habitants de la Terre n'arrivent à cette perception qu'en pratiquant la méditation.

Pour connaître la vérité d'un énoncé, vous devez recourir à cette partie à l'intérieur de vous qui sait, à votre enseignant, à votre guide ou à l'Esprit Saint. Quel réconfort de savoir que Dieu est toujours accessible! Nous vous avons prévenus que nous ne vous laisserions pas sans réconfort. Comprenez-vous qu'il vous faut bâtir «par la prière et par la méditation» un pont de lumière entre votre dimension physique et votre dimension spirituelle? C'est dans le silence de votre âme, dans le calme avec Dieu que votre conscience s'éveille en vous.

L'édification de la communication entre votre corps physique dans la troisième dimension et votre plus grand «corps de lumière» dans la quatrième dimension constitue le lien que vous devez choisir d'établir volontairement. Personne ne peut le faire à votre place. Malheureusement, la personnalité humaine s'égare souvent par son refus de méditer et de se rapprocher de **sa Source**, elle n'établit jamais le lien spirituel. Je vous incite à établir ce lien de communication pour vous-mêmes en méditant quotidiennement et, une fois par semaine, en vous joignant à un groupe avec qui vous partagez l'amour et l'information. Votre besoin de support sera crucial dans les jours à venir, je vous l'assure. N'aimeriez-vous pas avoir un lien de communication à un plus haut niveau advenant que vos systèmes terrestres comme le téléphone, la radio et la télévision ne soient endommagés ou s'ils venaient à manquer? Mais au-delà de tout, n'aspirez-vous pas aux directives du Ciel et de l'amour?

Je désire répéter ce que j'ai dit pour qu'on s'en souvienne bien. Vous les citoyens de la Terre, vous créez la paix ou la destruction selon l'évolution positive ou négative de vos esprits et de vos coeurs. A moins que la majorité d'entre vous ne s'engage dans la poursuite de la paix et n'y consacre chaque once de son énergie, les royaumes célestes ne pourront pas faire le travail à votre place à cause d'un décret du Créateur. Nous vous seconderons sans restriction **mais l'humanité doit assumer elle-même les conséquences de ses choix.**

Le genre humain peut choisir de se nuire mais les autres formes de vie ne permettront vraisemblablement pas que la haine, la violence et la guerre débordent vos frontières et accèdent à cet espace qui contient plus de vie que vos minuscules cerveaux et votre vision ne peuvent percevoir. Soyez avertis dès lors que tout l'armement que vous permettez à vos gouvernements et à vos forces militaires d'employer contre vos propres nations et contre votre Terre-Mère ou que vous permettez de lancer dans l'espace est la cause qui engendrera des effets terribles. Cette question de cause à effet est un principe universel qui vous régit. Par conséquent choisissez avec amour, que l'amour devienne la cause.

*** Une Légion d'amour est requise ***

La grâce ou le pardon de Dieu n'est pas un laissez-passer pour agir à votre guise sans changer votre coeur. C'est l'absolution des événements passés, un nouvel éveil de l'amour, une nouvelle attitude de joie et de paix. Ceci signifie que nos volontés sont réunies pour servir le dessein et la gloire du Créateur. Par conséquent pardonnez-vous à vous-mêmes et pardonnez aux autres en plus de libérer l'énergie statique qui maintient la colère, la peur et la culpabilité.

ABOLISSEZ LES ARMES. ABANDONNEZ VOTRE ATTITUDE D'ATTAQUE ET DE DEFENSE. - VOUS LA LEGION D'AMOUR, PRENEZ LA DIRECTION SPIRITUELLE ET TRANSFORMEZ LES CROYANCES NEGATIVES QUI PREVALENT SUR LA TERRE. - QUE L'AMOUR SOIT LE GUIDE DE VOTRE DESTINEE. Car vous êtes la lumière d'un jour nouveau, d'un Age d'Or nouveau.

Mais vous connaissez déjà la vérité, mes bien-aimés. Vous avez été créés dans l'amour et avec sagesse. Vous étiez et vous êtes les gardiens bienfaiteurs attitrés de la Terre. C'était pour remplir ce rôle que vous avez été amenés ici. En tant que gardiens, en tant que bienfaiteurs vous êtes venus ici pour être la récolte de l'amour de Dieu, un verger universel de joie et de beauté - tout comme la planète qui fournit elle aussi sa juste part de générosité. Que l'on vous reconnaisse donc à vos fruits car le temps de la récolte est arrivé.

Ensemble, réjouissons-nous et partageons la splendeur de l'amour et de la paix unifiés. Au nom du Grand UN, je certifie l'existence de cette cause commune, de cette aventure spirituelle à partager avec ceux et celles qui en font le choix. Avec ce pouvoir immense je ravive votre âme, j'éveille votre état de conscience, j'en rallume les cendres.

Quand votre coeur minuscule s'épanouira à la

grandeur à laquelle il est destiné et que votre cerveau étroit se développera au point d'embrasser la nature incommensurable de la vie dans les nombreux univers de Dieu, vous ressentirez alors de l'amour pour chaque précieuse création. Quand vous aurez élargi vos horizons au-delà même de ce qui vous est le plus cher, vous pourrez aussi avoir un aperçu de la vérité qui est au-delà de votre aveuglement temporaire. Venez! Recevez l'immense cadeau qui s'offre à votre perception naissante! Non seulement votre âme minuscule croîtra-t-elle mais en vous unissant aux autres âmes en état d'éveil vous pourrez bâtir une base solide et un pont robuste pour atteindre les dimensions et les niveaux élevés de la création et en réaliser les buts.

Acceptez dans votre coeur et dans votre esprit de bondir en avant plutôt que de continuer à ramper dans la boue. Acceptez de vous envoler et d'atteindre des lieux d'expérience qui vous seront devenus accessibles grâce à cette nouvelle intention doublée d'un engagement sérieux.

Bien-aimés de Dieu, souvenez-vous de votre identité. Soyez les gardiens bienfaiteurs de la planète et un jour, de la vie au-delà dans les étoiles. Prenez conscience de votre origine en tant que lumière et amour universels et faites vôtre cette réalité.

Jadis, la chance vous a été donnée de servir mais le temps a véhiculé son courant violent et épuisant jusqu'au moment présent, celui de votre expérience actuelle. Accepterez-vous de demeurer captifs de vos désirs sans grandeur et de votre attachement aux illusions qui emprisonnent votre conscience dans l'impuissance et dans la dépression continuelle?

Vous avez un dicton sur la planète: «C'est l'heure». Bien-aimés de la grande famille, votre heure est *maintenant* arrivée. Mes très chers, sortez de votre antre de la mort et goûtez aux bienfaits de la lumière.

Un monde divin et glorieux a besoin de vous. Entendez le clairon de Dieu qui vous incite à vous joindre à cette grande Légion d'amour qui est requise pour la libération la planète dont le droit divin à la paix doit être respecté. Soyez bénis car cet amour que vous partagez abolit à jamais toute négativité et toute pensée de guerre.

La paix est possible grâce à l'exemple que vous donnez. Alors marchons ensemble en union parfaite pour atteindre le but qui était la raison de votre venue ici-bas. Au nom du Dieu éternel, que cette réalisation sublime règne sur la Terre par votre amour et par votre engagement!

Que la paix soit avec vous!

Amen.

Chapitre 2

QUI ÊTES-VOUS ?

Existe-t-il un être vivant qui ne se soit jamais demandé: qui suis-je? – Non! – L'humanité entière se pose cette question. Plusieurs ajoutent: «Pour quelle raison ne puis-je jamais connaître la réponse? Ma vie entière s'écoule avec cette interrogation constante qui chuchote au fond de moi-même comme une sorte d'identité submergée qui chercherait à faire surface sans que je parvienne à l'entendre ou à la saisir.»

Et vous répétez: «QUI SUIS-JE? - QUI SUIS-JE? – Qu'en est-il au juste de cette chose qu'on appelle la vie? Mais enfin, qu'est-ce que je fais ici? Tout ceci n'est-il qu'une farce cosmique, une excursion sans but précis d'une durée de quelques années où il m'est loisible de faire tout ce qui me plaît? Ou bien existe-t-il vraiment un but, un dessein que je puisse connaître et accepter et qui donnerait tout son sens à la vie? Y a-t-il quelque chose dont je puisse reconnaître la justesse?»

En somme, vos interrogations sont celles de tous les êtres humains. Pour obtenir une réponse à ces questions: «Qui suis-je?... Pourquoi suis-je?... Où suis-je?... A quoi rime la vie?», il faut un schéma qui puisse illustrer cette expérience qu'on appelle la vie. Autrement vous vous sentez perdus et abandonnés, insécures et sans espoir. En ce moment, que peut-il y avoir de plus ultimement important pour l'humanité que la paix et la sécurité d'un avenir sans guerre et que la certitude de la continuité de la vie, quoi qu'il arrive?

Parce que je suis votre Enseignant au plan mondial, j'essaierai de vous donner suffisamment d'informations cosmologiques pour que vous puissiez situer toutes ces questions dans un contexte admissible à ceux et à celles dont la mentalité est orientée vers une approche plutôt technologique. Vous admettrez sans doute que cette approche était impossible il y a deux mille ans à cause de l'ignorance d'une humanité qui n'y était pas préparée.

Si je veux vous être utile en tant que Maître enseignant de ce monde, tout comme nombre d'entités qui s'approchent actuellement de la Terre pour aider l'humanité, je dois piquer votre imagination et vous amener à concevoir la création dans un contexte plus vaste que ne peuvent le comprendre actuellement vos petits cerveaux. Lorsque je vins sur Terre en tant que Jésus, l'humanité était totalement ignorante des choses mécaniques et elle ne disposait pas comme vous de systèmes de communications capables de propager la compréhension de ce qu'est vraiment la vie.

L'humanité était alors ignorante au-delà de toute description et la Terre avait la réputation d'être la planète sombre de votre système solaire et de votre univers. Il y avait peu de lumière et mes explications au sujet de l'action des douze univers du Créateur dépassaient complètement la perception mentale d'alors. J'ai donc présenté des exemples et des illustrations faciles qui devaient ouvrir le coeur humain à Dieu, à l'amour et à la nécessité de la paix par-dessus tout, ce qui est bien la plus haute forme d'amour n'est-ce pas?

Que pouvais-je dire à un être primitif du fonctionnement non pas d'un seul mais de douze univers? Ou de douze planètes vivantes et de leurs formes de vie, chacune représentant un aspect distinct du dessein de Dieu dans ce système solaire? J'ai donc choisi des exemples que le subconscient pourrait retenir et comprendre plus tard. J'ai choisi DOUZE apôtres pour représenter les caractéristiques de Dieu que l'humanité doit faire siennes et maintenir en équilibre dans la vie. La symbolique se maintient toujours dans l'esprit d'une race au cours de son cheminement vers les degrés supérieurs de sa conscience.

L'humanité est actuellement limitée mais il fut un temps où cette Terre lui servait de résidence grandiose et glorieuse, d'une beauté et d'un amour sans limite. Voyez-la maintenant comme elle nous apparaît: un lieu où se manifeste la noiceur de l'Esprit! Un lieu de guerre et de haine, un lieu où l'humanité a permis l'expression de ses propres peurs à travers les dirigeants militaires et gouvernementaux qui s'appuient sur ces peurs, sur l'ignorance et sur la méchanceté de la population pour blesser votre mère la Terre, un être animé de vie – sans parler de votre incursion dans l'espace où vous menacez d'autres formes de vie que vous ne pouvez pas voir mais qui vivent et qui entretiennent aussi une relation éternelle avec le Grand UN de toute création.

En vérité vous étiez des bébés il y a deux mille ans. A cette masse inconsciente je ne pouvais faire alors que des allusions au sujet de votre grandeur et de votre évolution spirituelle d'autrefois, de votre chute et de votre remontée vers le Créateur. Je ne pouvais m'adresser à vous qu'à la façon d'un membre adulte de la famille qui parle à un enfant qui balbutie.

Toutefois il se présente une autre difficulté maintenant que vous commencez à ramper. Vous vous êtes introduits dans l'arène scientifique et technologique sans posséder au préalable la nature appropriée, celle qui devait être animée de l'amour requis pour que l'exploration d'une telle information s'effectue d'une façon sécuritaire. Votre mécanisation a outrepassé votre âme. Vous ressemblez à une bombe amorcée que la première pensée négative d'importance risque de faire exploser.

Oh, vous vous dites probablement: «Je ne suis pas ainsi! Je paie mes taxes, je travaille tous les jours, je donne à l'église et je fais de bonnes actions. Non, je ne suis pas responsable des événements qui surviennent sur la Terre ni même du gouvernement de l'endroit où je vis.» Vous vous leurrez vraiment car si l'amour et la bonté régnaient, comment expliquer la situation actuelle de votre monde et le fait que vous ayez envoyé tellement de méchanceté dans l'espace? Sachez que plusieurs représentants officiels des autres planètes de votre propre système solaire et diverses autres entités qui résident dans votre galaxie la Voie Lactée m'ont sommé de vous enjoindre de cesser votre abus flagrant de l'espace. L'espace est protégé par la loi galactique.

De grâce comprenez que je ne cherche pas à vous paralyser par un sentiment de culpabilité car au point de vue émotionnel les attitudes restrictives qui en résultent entravent votre démarche vers le progrès. Mais je vous fais part de ces faits afin que vous amélioriez **immédiatement** votre propre comportement et que vous partagiez votre inquiétude avec d'autres individus dans un engagement ouvert et sans détour. **Le moment est venu d'être la paix** mais c'est aussi le moment de la partager; seuls le partage et la multiplication des énergies en vue d'élaborer une magnifique *forme-pensée* nettoieront la couche de noirceur qui réside dans le corps émotionnel de la Terre-Mère. Vous avez souillé votre habitat et vous devez changer de comportement. La Terre a comme vous des couches d'énergie physique, émotionnelle, mentale et spirituelle; elle est l'immense reflet des éléments dont vous l'alimentez. Puisque vous êtes une cellule de son corps, assurez-vous que votre influence soit imprégnée d'un amour profond, de respect et de reconnaissance pour chaque chose merveilleuse et unique qu'elle alimente sur son corps, sur sa surface.

Que vous le croyiez ou non, chaque planète est aussi vivante que vous tout en étant une grande entité de lumière et de sagesse. Vous et vos scientifiques devrez un jour accepter cette vérité puisque c'est à cause de votre ignorance de la vie que vous violez les corps subtils de la Terre (ou d'essence non physique) en outrepassant vos propres frontières avec votre armement. Aucun être sain d'esprit n'oserait déranger, exaspérer ou blesser ainsi le terrain de sa mère, de sa propre existence... mais c'est ce que vous faites! Comment assureriez-vous votre subsistance sans elle? Mes bien-aimés, comprenez bien ces mots car vos vies en dépendent: vous devez être les **gardiens bienfaiteurs** de la Terre et les protecteurs affiliés de l'espace. C'est la raison de votre mise au monde.

Maintenant que je suis venu spécifiquement pour partager la vérité avec vous, m'écouterez-vous réellement et reconnaîtrez-vous ma bonne volonté de diminuer votre confusion? Ouvrirez-vous votre coeur et écouterez-vous avec le seul souci d'obtenir un brillant éclairage sur qui vous êtes et sur ce que vous êtes? Nous verrons au fur et à mesure que je vous fournirai l'information qui suit.

L'Ancien Testament, l'un de vos Livres Sacrés, fait allusion au commencement des temps sans vous en donner aucune explication scientifique. Vous avez pourtant la notion qu'il y a eu un commencement qui s'est opéré d'une façon quelconque. Ce sujet vous tourmente car la réponse vous semble proche, à peine l'espace d'une pensée cachée. (A cet égard, les enseignements hindous s'avèrent sûrement plus utiles que ceux des religions juives et chrétiennes).

Avant de continuer, fermez vos yeux un moment

et prenez plusieurs respirations profondes. Ecoutez attentivement. Quelques-uns ont peut-être une perception différente de ces choses mais elle n'interfère pas chez celui qui a un esprit et un coeur vraiment ouverts; oui, il y eut un commencement et la chance de progresser dans l'univers est présentement offerte à l'humanité. Je fais maintenant une mise au point quant à cette chance.

Comment expliqueriez-vous à un bébé qu'il a été créé par un pouvoir omnipotent d'une telle ampleur qu'un Esprit ou l'Energie de vie peut naître dès que cette Force décide de visualiser ce qu'elle veut pour ensuite énergiser cette pensée avec la puissance d'un million de soleils. J'essaierai d'éviter ici les formules mathématiques sauf pour dire que le nombre des soleils se situe au-delà de votre capacité actuelle de compter et de comprendre mais peut-être avez-vous un aperçu de cette ampleur lorsque vous cherchez à comprendre l'unique soleil autour duquel gravite votre petite planète Terre. Vous n'avez pas fait le soleil que vous voyez ni les étoiles ni les corps lumineux ni les corps planétaires – la Source les a créés. Interrogez-vous: «Puisque je n'ai pas créé toute cette beauté qui se manifeste autour de moi sur cette planète, qu'est-ce donc ou qui donc en est le créateur?»

DIEU EST LE PRINCIPE CREATEUR si vous pouviez saisir cette expression dans son vrai sens, c'est-à-dire qu'Il est LE CREATEUR DE TOUTES CHOSES. C'est une Force si puissante que vous ne pouvez la décrire dans vos langages. Par conséquent, ressentez Sa grandeur incommensurable en vos coeurs et de là poursuivons ensemble – car je vous invite à connaître des choses dont peu de personnes sur Terre ont déjà entendu parler. Le pouvoir de l'électricité, l'énergie solaire, la radio, l'aéronautique et la télévision ont toujours existé mais ce n'est que récemment que vous en avez compris les principes, n'est-ce pas? — Réalisez enfin combien l'humanité est ignorante et restez calmes au-dedans de vous-mêmes afin d'apprendre de nouvelles vérités.

Ceux qui sont à l'écoute recevront beaucoup de révélations par la méditation et ils acquerront une grande paix de l'esprit, ils feront confiance à tout ce qui excède les limites de la Terre et ils franchiront sans difficultés les étapes du voyage de retour préparé pour chaque âme qui a choisi d'accepter le don déjà offert à l'humanité. C'est à travers la transformation de votre petite conscience en une plus grande réalité et c'est en vous harmonisant à cette grande puissance que vous grandissez, progressez et avancez sur la Terre et à l'intérieur du système solaire dont elle fait partie.

Un énoncé dans votre Bible terrestre dit: «A moins que vous ne redeveniez comme de petits enfants vous n'entrerez pas dans le royaume des cieux.» C'est vrai parce que les enfants sont ouverts à la connaissance tandis que les adultes sur Terre sont gonflés d'auto-suffisance; en effet votre société déclare: «Ils ont étudié, donc ils connaissent tout». Ce sont de soi-disant experts en tout. En fait, très peu de ces prétendus experts, spécialement dans les secteurs que vous appelez «les sciences», n'ont de connaissances très profondes. Les historiens subissent peut-être plus de pressions que les autres lorsqu'ils tentent de réunir les pièces d'un casse-tête dont la plupart sont ostensiblement manquantes. Comment de telles données fragmentaires peuvent-elles alors être étudiées et expliquées par ceux qui croient comprendre?

Puisque plusieurs parties de la Terre ont été submergées ou entassées sous les soulèvements montagneux, comment un géologue peut-il (avec les données actuelles) expliquer la face de la Terre sinon en spéculant? Durant la méditation, les secrets du silence peuvent être révélés et les pièces peuvent être réunies à partir de la base où tout a commencé. Vous pouvez difficilement voyager d'un point à l'autre si vous manquez d'information au sujet de ces deux points de départ et d'arrivée. C'est cette lacune que l'humanité de la Terre doit affronter aujourd'hui dans ce que vous appelez l'instruction. Vous ne savez pas d'où vous venez ni où vous allez.

Ironiquement, plutôt que d'admettre leur ignorance vos experts continuent de prôner leurs demi-vérités sous prétexte qu'ils ont étudié et ils persistent à offrir leur vision des choses sans avoir à en faire la preuve. Il est sage de demander aux experts sur quelles prémisses ils se fondent et ce qui leur fait croire qu'ils ont raison. Et surtout, il faut leur demander s'ils adorent et respectent Dieu. Les assertions péremptoires et la certitude de tout connaître de la vie ne font que vous mener à votre perte. Laissez tomber vos interprétations sans fondement et demandez que la vérité vous soit accessible.

Vos pseudo-scientifiques ne saisissent pas le fait que le soleil de votre système solaire est né du souffle il y a environ deux cent dix-huit milliards d'années et qu'il a fallu presque un million d'années avant qu'il ne devienne habitable par les énergies de lumière hautement raffinées des grands Etres qui dirigent ce système solaire. Ces énergies que votre langage ne peut décrire sont comme des fournaises de lumière dans leur forme créatrice et elles pourraient vous anéantir. A cause de la nature et de la très haute vibration de leur propre lumière, le soleil est leur habitat naturel. Votre minuscule et frêle organisme y trouverait la mort. Voilà pourquoi j'ai dit que vous deviez passer par le Christ pour connaître Dieu car, sans le vouloir, la puissance de Dieu tuerait instantanément votre corps. Est-ce sensé selon vous?

Maintenant, il y a dans le douzième univers qui est le vôtre, douze systèmes solaires différents qui totalisent environ un million neuf cent mille ou presque deux millions de planètes qui emploient activement l'énergie divine. Chaque système solaire a sa propre source de pouvoir central (le Logos solaire) et ses douze rayons de spectre sonore et lumineux qu'on ne comprend pas sur Terre. Ces rayons sont eux-mêmes de grands Etres nantis d'un pouvoir immense, représentant chacun un aspect particulier ou une facette de Dieu et dont la vie dans le système solaire consiste à stimuler le développement et à maintenir l'équilibre. Chacun de ces courants d'énergie contrôle un certain aspect de créativité ou d'influence avec sa couleur particulière. Ainsi vous êtes ici sur une planète unique, une planète du deuxième rayon où l'amour et la sagesse sont l'objectif particulier des rayons à ce niveau. La planète Terre a été créée pour manifester ces deux qualités d'amour et de sagesse qui sont les seuls aspects que chaque âme doit perfectionner ici-bas.

Si, pour renforcer en vous les attentes de Dieu, vous utilisez les rayons qui imprègnent constamment la Terre, celle-ci s'élèvera de façon naturelle dans le royaume céleste. Par contre, si l'humanité persiste à ignorer les rayons d'amour et de sagesse ou à mal utiliser son libre arbitre, la Terre devra d'une manière ou d'une autre être nettoyée de l'usage négatif des énergies rayonnantes. C'est la raison pour laquelle je vous dis qu'il y aura bientôt la séparation des âmes qui aiment de celles qui n'aiment pas. Actuellement, le pouvoir des nombreuses énergies spirituelles stimule les rayons d'amour et de sagesse pour amener les êtres à leur plus haut degré de perfection, ce qui provoque un changement dans les corps physiques et subtils, un changement que ne pourront pas supporter les âmes qui ne peuvent s'harmoniser avec ce courant d'énergie.

Mes bien-aimés, vous êtes présentement infusés par les rayons et la lumière de Dieu qui agissent comme carburant ou nourriture de l'âme et dont l'intensité et l'ampleur de leur nature vous seront insupportables si votre coeur ne s'ouvre pas à l'amour. Seuls les enfants de la lumière sauront ce qui se passe et pourront employer adéquatement les rayons d'amour et de sagesse pendant le nettoyage prévu prochainement. Employez donc sagement votre libre arbitre.

Puisqu'il est impossible à la plupart d'entre vous de voir la lumière dans ses plus hautes vibrations, vous ne pouvez admirer la majesté et la puissance de votre univers et des royaumes qui pourraient vous aider. Seules quelques personnes clairvoyantes peuvent voir ce dont je parle. Ces personnes clairvoyantes doivent être traitées avec respect en raison de leurs pouvoirs qui seront un jour l'apanage de l'ensemble de l'humanité comme c'était autrefois. C'est au moment de la chute ou de la séparation que se produisit cette perte de la vision véritable ou de la vision intérieure.

Cette incapacité de voir les vibrations plus élevées de la lumière vous est pénible car vous ne considérez que la dimension physique dans tout ce que vous faites. Vous ne voyez pas que la matière, loin d'être le commencement d'un processus ou une réalité en soi, n'est que la dernière étape d'une grande manifestation. Soyez donc prêts à reconnaître que vous êtes limités et demandez sans cesse que les plus hautes formes de vie subtile se manifestent à vous pour que vous ne détruisiez pas la Terre et l'espace à cause de votre ignorance misérable et de votre aveuglement. Les enfants de la lumière, bientôt (quand vous serez réveillés) vous vous acheminerez vers ces hautes sphères et vous recevrez de l'aide dans cette démarche si vous êtes sincères. Toutefois, n'oubliez pas de reconnaître d'ici là que vous êtes ignorants et que cette ignorance est la cause de vos maladresses et de vos éparpillements actuels sur Terre et dans l'espace.

Alors, pour répondre à vos questions au sujet de qui vous êtes et de ce que vous êtes prenez donc pour acquis que vous êtes **lumière** et **énergie** parce que c'est là l'essence de Dieu. Vous avez donc toujours existé en tant que créatures spirituelles. **Oui, toujours.** Par conséquent, vous vous identifiez au niveau de l'Esprit à une masse immense d'énergie collective. Vous êtes sans âge et éternels. Vous êtes bien au-delà de toute forme de description puisque vous avez été créés au commencement et que vous avez franchi le pont de l'infini pour venir évoluer temporairement dans votre forme physique actuelle.

A cause de votre perception limitée ici dans la troisième dimension de la conscience, vous ne pouvez généralement pas vous souvenir de cela quoique vous possédiez en vous-mêmes toute la vérité dont vous pouvez avoir besoin. Grâce à votre identité originelle vous êtes capables d'une compréhension et d'une connaissance illimitées de vous-mêmes, de cette Terre que vous appelez votre patrie et de ces dimensions (imperceptibles à vos yeux ou qualifiées d'invisibles) qui ne sont éloignées que de l'espace d'une pensée.

Votre «Moi spirituel» est grand, il a vécu plusieurs expériences avant votre vie actuelle; ainsi, non seulement vous infuse-t-il un dynamisme qui vous pousse à apprendre mais il vous communique en plus l'expérience d'un entraînement antérieur afin de vous assister au cours de votre existence actuelle dans le monde de la matière. Alors ne pensez pas que vous êtes faibles, sans ressources et ignorants! Pas quand vous avez l'Esprit ou le Moi supérieur qui vous alimente et que, à chaque jour vécu sur la planète, l'assistance et la vérité vous sont accessibles. Rappelez-vous que vous avez toujours en vous une identité intrinsèque sous forme de lumière et d'énergie; toutefois, vous devez d'abord reconnaître cette identité et ensuite lui demander son aide. C'est là la clef. Ce Moi supérieur doué de sagesse et doté de possibilités énormes, ne peut se manifester à vous que si vous en reconnaissez l'existence. «Cherchez et vous trouverez» n'est pas un précepte futile je vous l'assure, non plus que «Demandez et vous recevrez.»

En cette période de réveil, les membres des Légions

d'amour recouvreront beaucoup de l'expérience et de la gloire antérieurement acquises par chaque âme. Ceci est un cadeau offert à ceux qui servent la lumière.

Qui êtes-vous? — Vous êtes une réalité spirituelle qui habite un corps physique parce que cette expérience contribue à l'avancement de votre âme. L'immense intelligence de Dieu, notre Source à tous, vous a présenté un plan pour permettre à plusieurs âmes de s'épanouir en développant les qualités d'amour et de dévouement. Vous avez accepté cette occasion unique de croissance et d'épanouissement parce que telle est la nature de Dieu qui, par Sa division en plusieurs parties, Se propage de plus en plus loin et réalise une Puissance et une Sagesse toujours plus grandes. Dieu et vous travaillez ensemble pour le bien de tous, vous déployant de plus en plus dans les régions éloignées de la conscience et de l'amour. Voilà un but noble et enthousiasmant, n'est-ce pas?

Vous habitez donc une planète appelée Terre qui peut vous apporter le plus grand défi, celui de croître, d'apprendre et de réaliser que votre Esprit est le créateur, l'architecte ou le constructeur de tout ce qui apparaît dans ce monde physique, celui qu'en ce moment vous reconnaissez comme votre patrie. Vous êtes venus pour apprendre et votre Esprit a choisi cette époque et cet endroit pour vous aider, vous et la famille humaine à évoluer spirituellement. Vous avez fait ce choix, comme on choisit un programme d'étude en sachant que votre propre apprentissage et celui de la Terre elle-même auraient un rôle à jouer dans l'évolution de cette dernière.

Ce fut un choix délibéré et non quelque accident attribuable à un Dieu féroce et cruel. Vous avez toujours existé et vous existerez toujours. Alors qu'avez-vous d'autre à faire si ce n'est apprendre et aimer? Croyez-vous vraiment que l'Esprit reste inactif durant toute l'éternité? Quand vous fonctionnez dans les limites d'un corps physique, cette existence temporaire vous paraît-elle sensée? A coup sûr, la vie est une action en devenir. Seule la mort fait prendre conscience de la transformation de la vie car vous êtes vivants à jamais. Vous êtes sages aussi et la sagesse qui vous caractérise grandit continuellement. Cette croissance en amour et en sagesse est la promesse que je suis venu vous apporter mes bien-aimés et vous n'êtes pas seuls à vivre ce processus. Plusieurs parmi nous sont venus ensemble comme de vrais frères et de vraies soeurs. A l'occasion d'un grand rassemblement familial nous avons résolu à l'unisson de toucher la Terre, de palper le Soleil et de voir l'oeuvre magnifique du Dieu tout-puissant manifestée dans la densité physique.

Plusieurs se demandent: «Pourquoi ferais-je ceci? A quoi sert d'avoir un corps physique de toute façon?» Il est bien de poser ces questions. Et pour en illustrer la réponse, je vous demanderai si vous avez déjà utilisé une glace? Si oui, vous avez noté qu'elle réfléchit tout ce qui est devant elle. Vous pouvez donc y observer la réalité qu'elle présente. La forme physique agit à la façon d'un miroir à l'endroit de votre Esprit qui désire doter la personnalité d'une motivation et d'une intention pures. Comme l'Esprit doit dans cette démarche pénétrer les filtres mental et émotionnel de chaque être humain, toutes les barrières élevées par l'ignorance ou par des informations inadéquates entraînent des distorsions qui provoquent de la souffrance. Votre corps physique sert à identifier ces distorsions et à les éliminer de votre personnalité. Il réfléchit vos pensées, vos jugements et vos différentes attitudes face à la vie. Votre corps physique est comme le miroir de votre Esprit, il vous permet d'identifier vos croyances erronées et de vous en départir. C'est là l'application du principe **«l'Esprit au-dessus de la matière»**. La santé de votre corps et la bonne marche de vos affaires témoignent constamment de votre progrès.

L'univers que vous habitez appartient au niveau mental; sa structure repose sur douze lois spéciales dont l'une porte sur les causes à effets, ce qui explique pourquoi vous devez subir le retour de ce que vous propagez par vos pensées. Ce que l'Esprit crée est la cause et ce que le corps subit est l'effet. Malheureusement, plusieurs individus ne reconnaissent pas leurs responsabilités et ils se sentent continuellement persécutés par la vie ou par Dieu face à ce qui leur arrive. Pendant qu'à partir de ce que vous appelez les dimensions supérieures ou intérieures il y a de grands Etres d'amour et de sagesse qui dirigent la destinée de cette planète, vous êtes ici pour apprendre à vous servir avec pureté de ce pouvoir de l'Esprit en prévision du moment où vous serez à nouveau libérés du corps physique.

S'il-vous-plaît, pensez à nous des Cieux comme à une énergie ou à une lumière compatissante qui vous guide et qui vous inspire dans votre démarche. Ainsi, si vous choisissez de recourir à notre assistance en vue de votre développement et de votre épanouissement, vous ne serez jamais seuls ni le jour ni la nuit ni pendant le sommeil ou l'éveil. Vous choisissez de vous unir à une puissance merveilleuse lorsque dans vos pensées vous invitez Dieu, les anges ou tout grand maître spirituel ou enseignant. Cette union vous conduit rapidement et sagement à travers les expériences d'équilibre et de déséquilibre offertes sur la planète Terre et elle vous apprend à contrôler votre esprit. S'il vous était donné une grande mission dans l'univers, celle de créer au nom de Dieu, votre petit cerveau non entraîné créerait la pagaille comme il le fait en ce moment dans votre propre vie. Cet entraînement à utiliser l'énergie de l'Esprit d'une façon uniquement positive est décisif si vous devez croître et servir (dans l'adoration et le dévouement) votre propre personne, l'humanité, la planète et Dieu.

Combien de prières me sont parvenues en disant: «Aidez-moi! Aidez-moi!» — Pourtant vous ne voulez pas accepter nos suggestions lorsque nous d'un niveau de connaissance plus élevé vous proposons des façons de croître et de vous départir de vos limites et de vos attentes quant à ce que devrait être votre monde – votre vie continue donc dans sa misère, son malheur, sa peur, sa colère et la guerre. A quoi bon demander de l'aide si vous ne suivez pas les instructions précises que nous vous fournissons pour comprendre les événements de la vie et pour en accepter les leçons? Pourtant la réponse demeure et demeurera toujours la même: l'amour et la pureté des pensées et des actions. Si dans ces circonstances la personnalité se soumet à l'Esprit, celui-ci grandit et il atteint des niveaux plus élevés de croissance qui lui sont profitables à lui-même et à toute la vie.

Par conséquent, comprenez bien que la faim, la guerre ou la maladie (toutes choses que vous qualifiez de néfastes ou de négatives sur cette Terre) sont là pour vous faire évoluer à travers la compréhension et la réaction qu'elles suscitent. Chaque Esprit se situe à un niveau de conscience différent et ces expériences fournissent des leçons péremptoires et souvent très pénibles qui ne seront JAMAIS oubliées. C'est ainsi que ces famines et ces horreurs servent l'humanité; elles rassemblent autour des mêmes événements des personnes aux attitudes et aux croyances opposées et elles fournissent à tous un programme d'étude et une ébauche d'apprentissage de l'amour et de la paix. Vous êtes ici pour démontrer la maîtrise de vous-mêmes par l'usage que vous faites de votre esprit et de vos pensées sinon vous ne seriez pas sur la planète en ce moment.

Par conséquent, il s'agit d'une occasion unique qui sert un objectif plus grand que ce que votre minuscule personnalité humaine ne peut concevoir.

Il peut être difficile d'accorder une valeur significative à ces événements et de reconnaître qu'ils peuvent vous aider à distinguer l'équilibre du déséquilibre, l'amour de la peur. Vous admettrez sûrement qu'il est difficile d'apprécier sa liberté sans avoir été emprisonné et d'apprécier sa santé sans avoir été malade. Pourtant, ces situations désagréables vous aident à croître dans la perfection. La perception ou l'acuité de l'esprit vous libère et vous fait mériter l'accès aux royaumes plus élevés de la connaissance.

Cependant vous disposez toujours de deux éléments pour vous faciliter la tâche et pour la rendre plus féconde pour votre âme. Premièrement, vous avez un cerveau qui peut s'entraîner à rejeter tout jugement influencé par la personnalité et à n'adopter que des réactions positives face à tout ce qui peut arriver dans le monde, un cerveau qui peut accepter qu'il existe un plan et que, si l'amour agit en toutes circonstances, la paix pourra régner. Deuxièmement, vous n'êtes pas seuls dans cette existence temporaire à moins d'en faire le choix. Jamais l'infusion de notre pouvoir, de notre amour et de nos conseils ne vous est refusée. Toutefois dans le cas d'un séisme par exemple, il pourrait nous être impossible de franchir la barrière dressée par vos activités égocentriques qui vous retiennent de méditer et de trouver le temps de syntoniser la fréquence que nous utiliserions à ce moment-là pour vous secourir.

Combien de fois au cours de votre vie votre âme vous a-t-elle mis en garde contre des activités ou des décisions dénuées d'amour, inappropriées et susceptibles de ne vous causer que de la misère? Combien de fois vos guides personnels qui sont spécialement assignés à votre service et que vous appelez ou non vos anges, ont-ils essayé de murmurer à votre oreille des suggestions que vos préoccupations ne vous permettaient pas d'entendre? Combien de fois les enseignants spirituels sont-ils venus au sein de cette négativité funeste et barbare pour vous rappeler votre identité et la raison de votre venue? Combien de fois ont-ils été simplement ignorés, incompris ou déifiés dans des rites dépourvus de sens où le guide intérieur de chaque être est bientôt oublié sinon jamais reconnu comme la clef donnant accès à la liberté et à la joie?

Je n'insisterai pas davantage sur ce sujet mais rappelez-vous qu'un jour votre âme devra elle-même rendre compte de vos réponses à ses enseignants. Bien qu'investi de l'Esprit Christique, j'ai eu moi-même plusieurs enseignants et j'ai appris plusieurs leçons pendant mon séjour sur la Terre, cette planète minuscule. Cela faisait partie d'ailleurs du plan de Père-Mère qui prévoyait que je servirais mieux l'humanité en partageant l'expérience collective sur un pied d'égalité.

Cette planète vivante qu'on qualifie souvent par ignorance de masse rocheuse flottant dans l'espace fait aussi partie du plan divin en ce qui a trait à la croissance et au service. Comme vous, elle a des sentiments intimes et des caractéristiques mentales et spirituelles. Vous la famille humaine et elle la mère qui est votre demeure à tous, vous travaillez ensemble de plusieurs façons pour répandre la vie et l'amour sur des horizons plus vastes et de façon plus pure. Ne doutez jamais qu'elle ait sa propre destinée et ne l'attaquez jamais sinon vous attaqueriez la polarité féminine en vous-mêmes. Ceci est à ce point fondamental que je vous le répète sans fin. Ce que vous faites à tout être vivant quel qu'il soit devra vous revenir de la même façon. Et cela s'applique aux règnes minéral, végétal et animal, à l'humanité et à vous-mêmes, aux forces de vie plus élevées qui vivent dans une forme physique dans l'espace ainsi qu'à toutes les énergies invisibles (ou que vous ne voyez pas) qui abondent dans la création.

Mes bien-aimés, accepterez-vous l'idée qu'il y ait ici une grande possibilité d'évolution dans ce lieu d'équilibre et de déséquilibre, dans ce monde qui reflète vos pensées? Nous du Ciel sommes conscients que si vous ne comprenez pas l'objectif et si vous ne suivez pas les règles, vous aurez à souffrir. Toutefois, vous progressez à travers vos erreurs; l'amour est alors le baume nécessaire à toutes les blessures et la guérison est le résultat que vous obtenez en premier lieu pour l'offrir ensuite aux autres.

Plusieurs de vos Livres Sacrés et de vos Ecritures Saintes disent qu'il existe une Force omnisciente, omniprésente et toujours en expansion, une Source ou une Energie que l'on désigne sous plusieurs noms dans plusieurs langues. **DIEU** suffit. La plupart de ces enseignements affirment que ce Dieu est en mouvement perpétuel, en expansion et qu'Il augmente Sa puissance par le développement de chaque être qui est une petite partie du Tout. Même vos physiciens commencent à saisir le potentiel de ce concept à mesure qu'ils explorent les secrets que renferme l'éther.

L'espace contient une myriade de formes de vie, la plupart étant inconnues de vous à cause de votre définition extrêmement limitée de la vie. Soyez prudents dans votre façon de traiter l'espace, avancez avec d'infinies précautions comme si vous étiez dans une pièce noire remplie d'objets précieux et très délicats que vous ne voulez pas endommager. Une partie de l'espace contient le prolongement des champs d'énergie de vie de votre propre Terre-Mère qui est perturbée par vos vaisseaux spatiaux et par votre armement quand il explose dans ses champs d'énergie invisible.

Prenez garde où vous vous aventurez en pensée ou en action. Une fleur n'est-elle pas une étoile? Une étoile n'est-elle pas un atome de Dieu comme vous? Soyez calmes et écoutez. Ceux qui prêteront l'oreille entendront la symphonie des étoiles en gestation et la vérité de Dieu qui se manifeste dans des directions et de façons telles que vous ne pouvez les imaginer présentement. Le son, la chaleur, la lumière et les rayons colorés de l'énergie sont présents partout, ils se meuvent sans contrainte à partir d'énergies plus subtiles et plus élevées jusqu'aux formes les plus denses. A mesure que vous étudiez ces énergies, vous pouvez vous mériter une place au milieu de ceux qui respectent et honorent ces mêmes énergies! Oui, vous devez accepter de dire: «Apprenez-moi! Apprenez-moi l'amour et la sagesse».

Grâce à cette humble requête et à cette attitude honorable appelée vénération, vous serez instruits lors de vos méditations quotidiennes. Vos ondes cervicales s'assouplissent dans le silence, votre réception mentale est meilleure, ce qui nous permet de vous atteindre individuellement ou en groupes ... là où les forces combinées permettent un plus grand influx d'énergie, d'amour et de guérison pour tous.

Je désire vous communiquer une notion essentielle: la Terre qui est une très petite planète au plan physique fait partie d'une famille du système solaire. En utilisant les énergies de vie du soleil, cette famille nourrit toutes les formes de vie, même par le biais de la nourriture que vous introduisez dans votre bouche pour être assimilée, digérée et éliminée d'une façon propice à la santé. Certains ridiculisent les adorateurs du soleil d'autrefois mais la justesse de leur dévotion surpasse la vôtre. Qui ne voudrait exprimer sa gratitude à un groupe de créatures de Dieu ou à des Etres qui, grâce à leur amour et à leur bonne volonté, acceptent sans fin de nourrir et de fournir le combustible nécessaire à la force vitale de votre système solaire, à la Terre et à vous-mêmes?

Vos deux plus grandes difficultés proviennent de

votre libre choix (par conséquent du doute face à deux ou à plusieurs options) et de votre manque de gratitude pour votre cadeau de vie et pour le soutien vital que la Terre reçoit. Il est sage de lui exprimer de la vénération car sans elle vous déviez de votre croissance spirituelle. Ne rejetez pas la dévotion, ne doutez pas de Dieu! Celui qui doute et qui rejette la vérité devient une âme dépourvue d'amour qui n'a aucune reconnaissance pour tout ce qui vient du Créateur et de toutes les énergies créatrices... même si celles-ci travaillent sans relâche à vous redonner la plénitude de votre être. Sans leur amour et sans leur sollicitude, on ne peut espérer que la population de la planète Terre parvienne à se souvenir de son engagement et à rétablir la relation originelle avec l'Etre Suprême telle qu'Il l'avait conçue.

Si le bref aperçu que j'ébauche en ce moment au sujet de cet immense univers dont vous n'occupez qu'une infime partie ne provoque en vous aucun sentiment de gratitude, cette information alors ne contribuera aucunement à ramener l'humanité dans son contexte initial de sagesse et d'amour. Il fut un temps où la Terre rutilait d'une lumière éthérique tellement belle qu'elle était reconnue comme le joyau de ce secteur de l'univers. L'aiderez-vous à retrouver sa condition première?

Pour vous faire une idée de cette information, prenez le temps s'il-vous-plaît de vous asseoir un soir de ciel sans nuages et de surveiller tout ce que vous voyez là-haut. Chaque scintillement de lumière représente un nombre immense de formes de vie – quelques milliards, c'est-à-dire un nombre comparable à ce que contient la Terre. Sachez que le lieu du gouvernement, la Voie Lactée, est la patrie de plusieurs Etres, de corps célestes, d'énergies et de vibrations très élevées qui y résident et qui exercent une profonde influence spirituelle sur la Terre.

Il est encore plus important de se rappeler qu'il y a environ huit millions d'années, certains Esprits, tous intégrés dans un corps spirituel, choisirent de venir sur la Terre dans le cadre d'un plan d'immigration de masse pour établir les bases de cette planète nouvellement née. L'intention était d'en faire un merveilleux endroit d'apprentissage à l'intérieur de ce système solaire et de cette galaxie, un endroit où l'amour et la sagesse atteindraient un haut niveau d'expression. Vous n'êtes donc pas ici par accident et vous n'avez pas toujours été dans cette forme dense qui emprisonne votre âme à l'intérieur d'un corps physique.

La plupart des religions parlent d'une séparation ou d'une chute de l'humanité qui est survenue dans le passé; j'aurais beaucoup à vous dire au sujet de cet enlisement de la conscience dans sa pitoyable condition actuelle. Mon but toutefois est d'éviter de provoquer un sentiment de culpabilité qui paralyserait votre capacité de changer et d'aller de l'avant. Par conséquent, je me limiterai à vous dire que ce qui est passé est passé. Que vous soyez un ange déchu, un sauveteur d'anges déchus, des enfants de ces anges, un visiteur possédant une autre ascendance stellaire ou simplement une âme ignorante et sans lumière, **nous avons besoin de vous!** L'avenir du genre humain dépend en grande partie de votre engagement à garder la paix et rien que la paix. Que ceci soit notre but commun et notre chance de progresser, indépendamment de l'histoire ancienne.

Je vous répète que la planète fut créée il y a des éons pour élever cette nouvelle création dans la gloire. Tel un phare lumineux, elle devait donner l'exemple d'une création qui honore sa Source par l'adoration et le véritable amour tout en continuant de grandir en sagesse. Par conséquent, ceux de la galaxie qui n'avaient pas encore reçu la capacité d'exprimer l'amour qui vient du coeur auraient pu y voir un sujet d'émulation. Car je vous le dis, certains êtres de cette galaxie ont désespérément besoin d'un exemple d'amour, d'un modèle d'amour pour le manifester à leur tour.

En cette période d'expérience terrestre où toutes les âmes doivent évoluer en amour et en sagesse, je vous invite sans malice à évaluer le comportement de l'humanité en ce moment. Votre civilisation actuelle pourrait-elle servir de prototype à d'autres membres de la création de Dieu quant à la façon d'aimer avec le coeur? Remarquez que la capacité mentale et les connaissances scientifiques et technologiques de ces derniers éclipsent déjà les vôtres. Mais jusqu'à présent ces grands étudiants du monde mental ont centré presque totalement leur attention sur l'aspect intellectuel de la vie sans tenir compte du reste.

Vous de la Terre qui deviez devenir pour ces êtres du plan mental le modèle de ceux qui propagent l'amour, vous avez beaucoup à apprendre d'eux mais vous avez aussi beaucoup à leur enseigner sur la nature émotionnelle des êtres mortels. Vous pouvez enseigner comment aimer Dieu totalement tout en étant emprisonnés dans un corps de chair. Peut-être pourrait-on vous décrire comme une énergie qui vit dans la matière et qui se souvient d'elle-même comme d'une grande entité d'amour. Mais quelle que soit votre façon de l'expliquer, ayez l'assurance que c'était le plan que les royaumes spirituels et éthériques élaborèrent ici il y a environ huit millions d'années et dont certains d'entre vous sont issus et font partie.

Quelques Esprits acceptèrent de leur plein gré de demeurer sur la Terre jusqu'au parachèvement du plan originel c'est-à-dire jusqu'au moment où la Terre de concert avec les autres planètes du système solaire et de la galaxie ne devienne enfin cet endroit où l'on peut observer et expérimenter l'amour de Dieu et de la vie sous toutes ses formes. Les lauréats pourraient ensuite aller enseigner aux autres et pratiquer ce qu'ils auraient appris eux-mêmes. Vous devez vous interroger sur la valeur de votre expérience et de là, sans pour autant céder à la culpabilité ou sans vous laisser accabler par un sentiment d'échec, vous devez identifier et reconnaître ce qui doit être changé afin d'atteindre ce but ... si cette possibilité demeure encore.

Que chaque personne sur la Terre reconnaisse que *le comportement témoigne de la connaissance.* Comment vous comportez-vous? Qu'avez-vous appris, citoyens de la Terre, que vous pourriez partager avec votre propre famille humaine ici-bas? Et qu'enseigneriez-vous aux autres formes de vie de cette galaxie au sujet de l'**AMOUR**? Evidemment, ceux qui enseignent l'amour et la paix approfondiront ces sujets qui, au départ, nécessitent une compétence de base.

Imaginez, si vous voulez bien, que vous êtes membres d'une autre branche de la création de Dieu et que vous résidez dans la même galaxie à proximité de ce petit système solaire dans lequel se trouve la Terre. S'il en était ainsi, auriez-vous envie de rencontrer les habitants actuels de la Terre et de les accepter comme vos modèles de paix, les verriez-vous comme des voisins animés d'amour? Vraisemblablement, vous penseriez à quelques individus qui, en raison de leur nature douce et de leur propension à l'amour, pourraient servir d'ambassadeurs de la paix mais qu'en serait-il des autres? Et dans quel groupe vous situez-vous vous-mêmes?

Je viens vous dire que votre âme désire l'amour et la paix et qu'elle veut les partager non seulement sur la planète mais aussi dans tout le système solaire et par-delà. Il y a des énergies de vie que vous ne pouvez même pas voir présentement sinon quand elles se matérialisent temporairement au cours de leurs visites occasionnelles de surveillance et de reconnaissance. Vous avez assailli les champs de l'énergie invisible de votre propre Terre aussi bien que vos frères et vos soeurs de l'espace, votre conduite vous rend vraiment suspects. Si la situation changeait et que vous étiez à la place de ceux qui détiennent la supériorité technologique, ne surveilleriez-vous pas la Terre avec méfiance vous aussi quand elle crache à la ronde des satellites meurtriers, quand elle menace les autres formes de vie par des explosions nucléaires et lorsqu'elle se propose d'expédier dans l'univers, comme atout, d'autres armes destructives encore plus puissantes?

J'ai le coeur lourd en vous exposant ces faits. Ils apparaissent comme un cauchemar dont il vaudrait mieux taire la réalité. Pourtant, il faut soumettre à votre examen la chance qui vous échoit d'atteindre à la divinité telle qu'elle est prévue pour vous avec l'espoir que vous entendiez, que vous vous souveniez et que vous vous conformiez au plan originel de la Terre. En tant que Maître enseignant du monde, je dois tenter de changer la réputation de noirceur profonde que la Terre s'est maintenant méritée après avoir été exquise pendant un million d'années avant sa chute spirituelle dans la densité. M'entendez-vous? Répondrez-vous à ma demande?

Je vous dis à tous que j'ai l'intention de conduire la Terre vers son but originel et de la réorienter au service de Dieu. **La Terre s'élèvera à sa gloire première et toutes les âmes doivent maintenant choisir leur voie afin de prendre part à cette ascension.**

En lisant ceci et en y réfléchissant certains individus se rappelleront que toutes les erreurs passées ont été pardonnées et c'est avec joie qu'ils choisiront de joindre leurs énergies à celles de leurs semblables et de s'unir à ceux qui sont dédiés et engagés dans l'enseignement de l'amour et de la sagesse. D'autres ridiculiseront tout et en riront. Plusieurs refuseront d'y croire. De telles réactions nécessiteront l'apprentissage de leçons encore plus pénibles pour l'âme. Mais ceux qui se concentreront sur les aspects amour et sagesse de la vie humaine et qui les pratiqueront avec la plus grande ferveur se rapprocheront de Dieu et de nous (grands Etres de lumière) qui nous offrons à vous enseigner la maîtrise spirituelle. Ils se rapprocheront également de ces autres formes de vie des autres demeures et de d'autres patries de ce système solaire (et de l'au-delà) qui, suite à une requête du Ciel, cherchent à nous aider de toutes les façons nécessaires.

Oui, il y a une Légion de volontaires célestes prêts à aider à la renaissance de la Terre et au réveil de l'humanité. Nous des royaumes spirituels utiliserions cette Légion si l'expérience de la Terre échouait par suite d'un désastre nucléaire ou si la Terre elle-même voulait éliminer la violence et les émotions négatives accumulées par l'humanité.

A vous qui raillez, ridiculisez, niez et doutez de ce que je dis, permettez-moi de vous parler de la nature du doute et de sa répercussion sur l'humanité. Le doute est vraiment un grand ennemi et la pire des attitudes à adopter. Douter est fatal spirituellement car c'est en refusant de garder un esprit ouvert que tous périssent. L'Esprit est coincé. La vie est gâchée. Si vous saviez combien d'esprits doutent de tout sur la Terre en ce moment, vous sauriez pourquoi cette planète a la réputation d'être aussi sombre.

L'Esprit est libre, actif, sans limite et il fait **un** avec le Créateur. Le doute paralyse la pleine expression de l'Esprit, l'emprisonne dans une cellule minuscule et noire, sans air vivifiant et où toute possibilité de croissance est vouée à l'échec. Ce n'est qu'en faisant confiance à ce qui dépasse vos sens que vous pouvez croître. Par conséquent, je vous le dis, cessez de douter! Et laissez le vent de l'acceptation emporter les poussières de l'illusion selon laquelle vous seriez autre chose qu'une création du Dieu vivant.

Le doute est satanique. L'écouter jugule votre croissance aussi sûrement que si vous vous donniez la mort. Il a un effet suicidaire sur l'Esprit. Le doute a retardé l'évolution de beaucoup d'âmes humaines. Il est l'enfer personnifié. Il ne laisse aucune place à l'espoir, aucune chance d'accéder à la paix. Le doute est votre ennemi intime de même que celui de toute l'humanité.

Le doute se crée dans votre esprit. Il commence souvent comme un murmure puis s'amplifie jusqu'à devenir reniement total; entièrement dénué de foi, il rejette tout bien, il renie le Créateur. Quand cela se produit, le doute tend à contaminer les esprits, il en vient à contrôler les affaires de la race et les individus s'enlisent de plus en plus profondément dans un abîme de douleur et de souffrance où aucune lumière ne peut pénétrer. Je dis que le doute est votre Némésis (1) et le plus grand ennemi de votre époque.

Non pas Dieu mais votre propre conscience se charge de la conséquence ou de la punition qu'entraîne le doute dans votre vie. Qu'on sache bien ceci et qu'on le retienne: c'est la dernière fois pour les mille années à venir que la possibilité de douter sera tolérée sur la planète Terre. Après cette période il ne restera plus d'âmes qui doutent ici-bas. Elles auront toutes été dirigées ailleurs. Tel est votre avenir, les enfants de la lumière: vous n'aurez plus à combattre cet aspect hideux d'une pensée contaminée. Donc, demeurez forts. Portez haut votre foi et réalisez que dans quelques années le nettoyage spirituel bannira ces âmes qui ne veulent pas honorer Dieu ou entendre la voix intérieure qui témoigne de Dieu. Voici ce qui devrait alléger votre démarche: le combat épuisant des croyants se terminera et il sera suivi d'un lendemain radieux de paix et de

(1) N. du T. - Némésis - déesse grecque de la vengeance (dictionnaire Larousse).

vénération.

Réjouissez-vous de connaître le sens de la foi qui est de faire confiance au Créateur dans l'exécution la plus parfaite de ce plan divin. Votre acte de foi ultime consiste à accepter un Dieu que la plupart d'entre vous ne pouvez voir autrement qu'à travers votre environnement naturel et lors de vos activités quotidiennes imprégnées d'amour. Cette foi consiste également à suivre la spirale évolutive de Son dessein qui est de vous ramener là où vous serez à nouveau les vrais enfants de Dieu.

La foi requiert l'obéissance à votre guide intérieur, cette étincelle de Dieu qui vous fut donnée lors de la création de votre âme individuelle en des temps immémoriaux. C'est pourquoi j'ai demandé aux croyants ou à ceux qui voudraient faire l'apprentissage de cette qualité d'amour de méditer chaque jour et de se joindre à d'autres individus dans le cadre d'une méditation hebdomadaire dédiée à la guérison de la planète et de tous ses habitants car, à travers cette expérience d'écoute, vous vous fortifiez et vous vous souvenez ou vous pouvez percevoir ce que vous êtes vraiment.

Dans ces temps qui approchent, vous vous sentirez perdus spirituellement si vous n'avez pas accès à la voix de Dieu à l'intérieur de vous. Sans ce moyen de communication spirituelle, qu'adviendra-t-il de vous en périodes d'urgence sur la Terre? Mon coeur ne peut en supporter la pensée car la peur et la souffrance seront grandes.

Ayez donc la foi. Soyez raffermis par votre gouverne intérieure, ce cadeau donné à tous ceux qui le demandent et qui démontrent leur sincérité en méditant. En tant que Fils ressuscité de Dieu, je vous assure que si vous pouvez vous asseoir en silence et dire simplement:

«Enlevez mes doutes, Père-Mère, je suis prêt à laisser mon coeur et mon âme se remplir uniquement d'amour et de foi» et que si vous persistez dans cette disposition et que vous continuez de méditer régulièrement vous avez encore le temps (avec l'aide des royaumes célestes) de vous sauver, d'aider les autres à s'éveiller ou à poursuivre votre croissance si vous avez déjà commencé cette démarche.

Mes bien-aimés, je vous affirme que vous êtes dignes et capables de beaucoup plus que vous ne pouvez le concevoir car vous êtes les créatures issues d'une Source sublime et merveilleuse. Vous ne pouvez imaginer la magnificence que vous atteindrez en manifestant votre dévouement et en rendant service aux autres. C'est dans l'amour et dans la lumière de la joie et de la paix que nous partagerons ensemble cette opportunité exaltante.

Sachez que dès le début de ce voyage vous serez constamment en compagnie de grands Esprits et d'Enseignants supérieurs, n'en craignez donc point le dénouement. Vous marcherez jusqu'à ce que vous puissiez voler. Vous volerez jusqu'à ce que vous deveniez lumière. Un jour, vos corps physiques se transformeront comme celui que je vous ai montré au temps de ma résurrection pour devenir toujours de plus en plus légers. Reconnaître et utiliser *de façon positive* cette étincelle d'identité divine constitue notre tâche primordiale. Tous et chacun à l'unisson nous ferons des choses bien plus grandes qu'il n'est possible de l'expliquer maintenant. Mais croyez bien qu'il n'y a aucune limite au dessein de Dieu. Aucune. Quel magnifique présent pour nous tous!

En vérité, si vous avez un tant soit peu le sens de la grandeur de Dieu, il vous sera facile de servir et d'apprécier cette Source sublime et d'abandonner ces minables repaires humains – la peur, la colère, la culpabilité, l'orgueil et l'avarice – si répandus sur cette infime parcelle qu'est la Terre à l'intérieur du vaste océan de la création.

Je vous recommande encore de commencer immédiatement sinon de continuer à méditer seul *tous les jours*, et de participer *une fois la semaine* à une méditation en petits groupes avec des amis ou avec des membres de votre famille. Soyez à l'écoute de votre guide intérieur au moment de prendre des décisions concernant le groupe. Rappelez-vous que c'est maintenant l'ère des solutions basées sur des accords, sur des consensus. Que votre vie, celle de votre famille, celles de votre milieu d'affaires ou de travail soient sous la gouverne du guide intérieur des individus. Les plus petites unités politiques de votre monde peuvent aussi mettre ces vérités en pratique en oeuvrant ensemble grâce au doux rouage de l'amour et des buts communs. Les nations pourraient ainsi s'exprimer d'une seule voix à l'échelle planétaire.

Voici ma promesse. Chaque âme qui manifeste son amour tel qu'exprimé par son Moi supérieur se trouvera (dans les dernières années de ce siècle) un travail basé sur l'amour et elle pourra aussi se joindre à d'autres personnes qui vivent le même idéal pour avancer ensemble dans l'Age d'Or. Mes bien-aimés, prenez mes mains. C'est le moment opportun. Une joie inexprimable nous attend dans l'accomplissement de notre mission commune.

Conservez précieusement le souvenir de Dieu dans votre coeur et dans votre Esprit au cours du voyage vous menant encore une fois auprès de votre Créateur. Qu'aujourd'hui soit le jour où commence votre engagement à aimer Dieu plus profondément et à abandonner tout doute. Je vous assure que toute requête sincère pour remplacer le doute par la foi sera entendue et bénéficiera de l'aide de ceux d'entre nous qui vous aiment. Nous vous supporterons sans réserve dans votre renoncement au doute et au manque de respect. Prenez paisiblement la main d'un autre qui vous aidera à diminuer le doute car vous ne pouvez pas nous revenir les mains et le coeur vides.

Moi le Jésus des temps passés, je vous rappelle ces choses pour que vous-mêmes et toute l'humanité, vous puissiez être ramenés à la plénitude de la création selon la volonté de Dieu. Si vous avez trébuché ou si vous êtes tombés, recourez à mon amour et à celui de tous ceux du Ciel pour obtenir le support nécessaire et pour être élevés à nouveau à votre pleine grandeur en tant qu'âmes pardonnées, renouvelées, purifiées. En vérité, vous devenez la lumière sans tache et innocente dès que vous désirez l'accueillir. Acceptez de prendre conscience de votre nature spirituelle et que la pluie libératrice de vos chagrins et de vos regrets se répande avec des larmes purifiantes qui rafraîchiront le sol assoiffé de votre âme. Grâce aux Rayons de guérison argent et or, le tableau de votre vie est nettoyé d'un passé révolu. Il est temps pour les êtres négatifs et endormis de recommencer. – Avancez! – Voici le temps d'un doux retour pour tous les êtres humains qui auront choisi de reprendre leur véritable identité.

Mais vous êtes les seuls à pouvoir prendre cette décision, mes bien-aimés; je ne peux que vous guider avec mes recommandations et le support des armées célestes. Les saints, les anges, les guides, les sages, les gourous, les avatars, les maîtres, les adeptes et les seigneurs de tous lieux et de toutes dimensions se tiennent aussi auprès de vous.

Recevez aujourd'hui de l'encouragement et même des éloges pour votre nouvelle attitude orientée vers la poursuite d'un but plus élevé car la maladie insidieuse appelée le doute habite vos régions les plus profondes et elle doit être complètement supprimée.

*** Qui êtes-vous ? ***

Rendez hommage afin de mériter le respect de vous-mêmes, l'amour et la paix. Par la vénération et l'humilité, les erreurs d'une âme peuvent être facilement pardonnées et transmuées. Accordez ensuite votre entière vénération au Créateur, remplacez le doute par la foi et vibrez au plaisir du renouveau que procure un sain départ. Car lequel parmi vous ne traîne à sa suite des pensées de regrets, de remords et de récriminations contre lui-même ou contre les autres?

Avez-vous rendu à la Terre toute sa gloire et avez-vous procuré à votre âme de profondes satisfactions avec vos définitions et vos jugements personnels en regard de la vie?

NON – Et c'est pourquoi nous vous invitons à vous joindre à la Légion des êtres motivés par l'amour.

Abandonnez donc votre doute et vos jugements et laissez-nous aider l'humanité dans l'ascension prévue pour elle. Votre heure est venue: ici et maintenant. Faites-en bon usage!

Paix à tous de la part de vos frères et de vos soeurs des dimensions spirituelles et de la part du Grand UN dont l'Esprit et le Coeur aimant vous ont amenés dans la lumière et dans la vie.

Nous vous encourageons et nous vous appuyons de toute éternité dans vos efforts pour revenir au bercail, dans la conscience de ce magnifique créateur de l'amour et de la paix appelé Dieu.

A chacun de vous, qu'il en soit ainsi.
Amen.

Chapitre 3

MA MISSION SUR LA TERRE

A l'époque historique qui précéda ma naissance sur la planète Terre, la hiérarchie spirituelle et la communauté des Esséniens de foi hébraïque avaient déjà préparé les voies nécessaires à mon incarnation en tant que Jésus dans le monde physique. Ma lignée familiale avait été choisie, mon plan de vie était mis en action et les événements que plus tard les Chrétiens allaient incorporer dans leurs croyances se sont alors enclenchés. Il sembla pour un certain temps que l'attention du Moyen-Orient était centrée sur un enfant, sur une naissance, sur un porteur de lumière et d'amour.

Cependant, mes bien-aimés frères et soeurs, je vous prie de comprendre que ceci n'était pas un cas isolé mais plutôt une séquence dans la chronologie des enseignements apportés sur la planète Terre par plusieurs Enseignants angéliques ou de haut rang. Et quoique la Bible chrétienne n'ait pas reconnu ces faits, ce n'était ni le premier ni le plus haut enseignement offert à l'humanité puisque plus tard dans cette ère nouvelle qui nous attend et qu'on appelle l'Age du Verseau (ou l'Age d'Or) vous recevrez les plus hauts enseignements dont je vous présente ici le thème.

*** Ma mission sur la Terre ***

Pour comprendre la venue de Jésus dans le monde physique il y a deux mille ans, il faut savoir qu'il y avait beaucoup de noirceur, de misère et de négativité dans le coeur humain. Il y en avait à tel point que, sans un nettoyage, une grande partie de l'humanité aurait raté à jamais toute son évolution spirituelle. Je le répète: A JAMAIS, pour souligner la très grande préoccupation des royaumes célestes quant à la capacité de l'humanité de retourner au Créateur dans l'amour. Nous étions inquiets car les humains voyaient Dieu comme une Entité extérieure à eux-mêmes, ils avaient oublié qu'on fait l'expérience de Dieu en soi-même et d'une façon très intime.

Il fallait instaurer l'inspiration divine afin de guérir le coeur humain par l'amour et le pardon avant que d'autres chances d'évolution ne deviennent possibles. Le réveil devait être stimulé. Il fallait donc un prophète ou un messager pour rappeler à chaque âme son identité éternelle, sa responsabilité d'aimer Dieu par-dessus tout et d'aimer ses frères et ses soeurs comme elle-même. Je vous dirai que ce ne fut pas une tâche facile car celui qui arrivait sur Terre devait pénétrer et vaincre les pensées négatives accumulées par les humains depuis des éons.

Régulièrement, à des intervalles allant de quatre cents à sept cents ans, ce voile de noirceur, d'ignorance et d'ignominie a été pénétré par de grandes entités qui se sont présentées d'une façon ou d'une autre et à différents endroits sur la planète. Toutefois, cette ultime intervention témoignait d'un effort désespéré et urgent de la part du Christ, le Bien-Aimé de Père-Mère, pour assister ceux qui imploraient le secours.

En observant la Terre depuis les royaumes célestes, il paraissait impossible au Christ de vaincre un tel manque d'amour et de raisonner ces personnalités tellement égoïstes qui sans se soucier de la lumière divine ne cherchaient qu'à dominer les autres. J'avoue en toute humilité, avec amour, qu'à cette époque il y avait peu de volontaires spirituels qui étaient prêts à venir aider les êtres humains en leur procurant une dernière chance de purifier leur coeur et en leur rappelant la présence de Dieu en eux. Plusieurs enseignants sont venus comme vous le savez. La plupart ont été maltraités, injuriés, déshonorés, ignorés ou rejetés. Ceci explique la présence de nos jours de plusieurs groupes d'obédiences religieuses diverses sur la Terre dont l'origine remonte à différentes époques. Chaque enseignant apporta le message de la bonne parole et la promesse de la rédemption qui n'est possible que si vous entrez en vous-mêmes et que vous écoutez la voix de l'âme reçue lors de la création.

Ma tâche consistait à surmonter l'ignominie, le manque d'amour, la haine et la peur de l'humanité; je vous assure en toute sincérité et sans hésiter que si l'entité appelée Jésus ne vous avait pas aimés de l'amour du Créateur, je n'aurais jamais pu demeurer sur Terre et surmonter les pensées négatives qui prévalaient ici. Sans cet amour, il n'y aurait eu aucune chance de succès. Sans le profond engagement de la Lumière et du Dieu intérieur, Jésus n'aurait pu vous apporter le message d'amour et de pardon que plusieurs attendaient depuis longtemps – le message du dessein de Père-Mère pour l'Age d'Or sur la Terre.

Lorsque j'ai marché en tant que Jésus sur cette planète dotée de volonté libre, vous comprendrez que mon désir d'inspirer l'amour n'a pas annihilé ni les pensées ignobles des humains ni leurs actes de violence non plus qu'il a changé le cours de leur vie dénuée de foi. Vos livres d'histoire précédant et suivant la venue de Jésus vous rappelleront de façon indéniable que même si cette planète est une création magnifique, elle est peuplée d'êtres dont les actions funestes ne peuvent être tolérés indéfiniment. C'était là mon message à l'humanité il y a environ deux mille ans. Vous avez été créés par une Force ou une Puissance qui est au-delà de votre niveau de compréhension mais dont une étincelle demeure au-dedans de vous, toujours prête à vous guider, à vous protéger et à vous élever vers votre lieu d'origine, vers votre résidence de lumière, d'amour et de paix. Ce périple de l'âme s'éveillant dans la chair était à son plus bas déclin et on s'inquiétait dans les cieux du fait que le projet de créer sur la Terre un peuple vivant l'amour et la sagesse de façon équilibrée ne soit devenu un échec.

Comprenez bien que ma venue en tant que Jésus fut planifiée chronologiquement pour donner à l'humanité un exemple d'amour et de pardon qui, à cette époque, s'avérait d'une nécessité cruciale. Pour moi c'était aussi une réponse du coeur et la manifestation de mon désir débordant d'amour de ne pas vous laisser sans secours, de ne pas vous abandonner dans votre foi. A noter qu'il y a aujourd'hui sur cette planète un petit pourcentage de croyants qui, depuis le début des temps et grâce à l'expérience acquise le long de leur route, ont évolué dans la lumière, ont pratiqué l'amour et enseigné la vérité.

Parce que les ouvriers de la lumière appelaient l'aide, je suis venu les soutenir et, encore une fois, former avec les mains, les coeurs et les consciences un vaste réseau d'amour depuis la Chine jusqu'à la pointe de l'Afrique, du pôle nord au pôle sud et dans toutes les directions tout autour du globe. Tel un berger regroupant son troupeau, les royaumes célestes pouvaient repérer et identifier ces lueurs; les contacts étaient ensuite possibles grâce à la voix du guide intérieur présente en chacun de ceux qui avaient choisi de l'écouter. Sachant que ces petits centres de lumière, ces âmes radieuses seraient disséminés dans les ténèbres entourant le globe, Jésus vint.

Je constate à regret que mes enseignements d'il y a deux mille ans n'ont pas été compris ni suivis selon le dessein initial. Plus loin, je parlerai de la nécessité pour les églises et pour les institutions telles que vous les connaissez de s'analyser et de saisir leur dernière chance de se départir de leur quête de valorisation et de pouvoir personnel. Ces personnalités doivent coopérer avec les Enseignants de la lumière que nous sommes, en se rappelant que le seul but à atteindre pour un ministre ou un enseignant est de servir de modèle d'amour. Ce faisant ils introduisent l'idée de regarder au-dedans de soi-même, ce qui permet alors à l'étincelle de Dieu à l'intérieur de chacun de resplendir plus intensément. Tout le reste s'enchaîne.

Ma mission consistait à réunir toutes les âmes qui depuis les derniers deux cent cinquante mille ans avaient déjà cru en un Dieu-Créateur, qui pratiquaient l'amour au lieu du mal et qui se dévouaient aux autres de bon gré: je venais leur rappeler qu'il leur serait donné l'opportunité de démontrer leur maîtrise personnelle vers l'an deux mille. A ceux qui écoutent, je rappelle maintenant qu'à la fin du vingtième siècle vous pourrez réaliser votre maîtrise personnelle et accéder à une expérience encore plus grande pendant l'Age d'Or. Vous pouvez faire confiance en la portée de mon message car je suis actuellement le Maître enseignant du monde, cette responsabilité m'ayant été octroyée grâce à ma bonne volonté de venir parmi mes frères et mes soeurs leur apporter une dernière offre d'amour et de pardon. S'il-vous-plaît, **écoutez avec votre coeur et avec votre âme.**

Je suis venu vous présenter le modèle d'un corps apparemment crucifié et pourtant capable de continuer une expérience de vie ininterrompue après la mort. Voilà ce que la résurrection a prouvé. La vie continue. La résurrection constitue un symbole: mourir à l'ancien et renaître au nouveau. Ceci est vrai non seulement pour vos corps de chair mais aussi pour vos idées et pour vos croyances. En conséquence, mon message insistait sur votre devoir d'apprendre constamment de nouvelles choses, d'acquérir une compréhension plus large et plus profonde de ce qu'est la vie dans les univers de Dieu. Vous devez prendre conscience du rôle que les êtres humains de la Terre ont à jouer sur le plan universel car, bien que la vie soit l'expression vitale de l'énergie en action, il existe une variété de courants de conscience possédant chacun son propre sentier à suivre – celui de la Terre consiste à apprendre la leçon de l'amour. Selon mon message, chaque fois que vous refusez de vous développer, d'apprendre les grandes leçons d'amour et d'intégrer la connaissance qui vous est donnée, vous érigez par votre résistance de véritables murailles qui privent votre âme de clarté et de lumière.

Oui, je suis venu vous dire que vous êtes une création choisie de Dieu investie de la liberté de vivre spirituellement ou de mourir, de croire ou de ne pas croire... et je vous ai encouragés à choisir positivement. **C'était mon message à cette époque et il demeure le même.** Mon coeur accueille tous ceux qui ont choisi la foi en Dieu ou qui voudront s'engager dès aujourd'hui. Vous êtes la lumière du monde grâce à votre foi et à vos actions. Vous êtes tels que Dieu vous a créés. Vous pouvez camoufler ou même nier cette vérité à votre gré, il n'en reste pas moins que l'énergie de Dieu réside en vous. Vous guérissez quand vous pensez positivement et quand vous vous abandonnez à cet amour qui est en vous. C'est à votre nature spirituelle que vous devez vos chances de progresser, de croître, d'évoluer et de retourner dans les bras de Dieu et dans ceux de toute la création. **Ce processus fait de vous des êtres en état d'éveil constant.**

Il y a deux mille ans j'ai dit et je le répète encore: vous devez vous centrer en vous-mêmes car c'est de là que vous recevez du Ciel les bénédictions et les indications à suivre. En d'autres mots, accordez-vous du temps pour prier et pour méditer tous les jours. Lors de ma résurection il y a deux mille ans mes propres disciples pouvaient difficilement croire ou comprendre que je ne les avais pas abandonnés car ils n'avaient ni cru sans restriction en ma parole ni eu leur propre expérience profonde de l'Esprit. Ils se sentirent confus et désorientés. J'aurais préféré leur éviter ce qui fut un choc mais c'est ainsi qu'ils apprirent et qu'ils partirent ensuite enseigner ce qu'ils comprenaient de Dieu. Grâce à mon exemple, mes disciples et vous, vous disposez d'un modèle pour démontrer la capacité de l'homme de s'élever au-dessus de ses pensées négatives et de survivre à cette expérience appelée la mort.

Quand vous contemplez ma vie passée, celle de Jésus, votre coeur devrait donc vous dire qu'un grand frère, un Enseignant qui vous aimait tendrement a quitté les royaumes célestes pour passer un court laps de temps avec vous afin de vous enseigner le pardon et pour déposer en vous les semences d'amour et de paix qui produisent la maîtrise de soi. Je viens maintenant vous rappeler que vous êtes *tous conjointement responsables* des conditions qui prévalent actuellement sur votre Terre-Mère et vous prévenir que bientôt viendra le moment de la rétribution requise par la loi universelle de cause à effet. Vous vous êtes vous-mêmes séparés de Dieu et c'est à vous de retourner vers Lui de votre plein gré. Avez-vous oublié le dessein initial?...

Pendant mon séjour ici-bas, il y a deux mille ans, j'aurais voulu vous informer de ce qui vous attendait deux mille ans plus tard mais à cette époque l'humanité aurait-elle voulu croire aux avions, aux automobiles, à la radio et à la télévision à venir? Non. Tout comme vous ne croirez vraisemblablement pas que dans quelques siècles les humains feront repousser leurs membres, guériront presque instantanément et jouiront d'une santé inimaginable de nos jours. Plusieurs découvertes technologiques vous attendent telle une énergie peu coûteuse comme carburant pour les vaisseaux de l'espace. Et beaucoup, beaucoup plus encore!

Ceux qui seront admis ici au cours des mille années de paix à venir verront les mystères se dissiper dans la lumière du soleil; les inventions et la connaissance créatrice infiltreront facilement les âmes animées d'amour ainsi que les yeux qui auront de l'Esprit la vision pure à laquelle ils étaient destinés. Chaque être humain distinguera le rayonnement d'énergie autour de toutes les choses vivantes; la vie se manifestera par une douce entente entre ceux qui auront conservé le corps physique et ceux qui seront parés du vêtement de lumière, tous étant fraternellement unis!

J'ai déjà dit que ce n'était pas mon intention d'être déifié ou désigné comme un sauveur de l'humanité. Mon rôle consistait à être «Celui qui montre la voie.» Et j'insiste pour que ce rôle soit compris dans le cas où vous auriez des idées confuses sur la notion de la renaissance dans l'Esprit.

Vous êtes une création spirituelle, voilà votre véritable identité et vous ne pouvez *jamais* en changer à moins que vous ne la rejetiez. Cependant, parce que Dieu vous a permis d'accepter ou de rejeter l'amour, vous avez couvert la Terre de souffrances et d'événements malheureux. Cette expérience sur la planète Terre n'a pas été heureuse. C'est pourquoi il y aura bientôt un partage entre ceux qui croient en Dieu et ceux qui n'y croient pas, entre les serviteurs de l'amour et de la paix et ceux qui n'en font pas l'apprentissage, une séparation entre ceux qui désirent démontrer leur maîtrise et les autres. Ceci n'est pas une punition mais une conséquence que *vous* avez créée. Il n'en reste pas moins que le temps est écoulé. L'école doit maintenant procéder à la remise des diplômes. L'année scolaire est terminée. Un certain nombre d'âmes s'élèveront vers un plan supérieur où elles pratiqueront les leçons de la connaissance de soi, de l'amour et du service. D'autres seront dirigées là où elles pourront encore apprendre à accepter les premiers éléments de la conscience de Dieu. La maîtrise de vous-mêmes est votre objectif. Revendiquez-la maintenant en compagnie d'êtres semblables à vous-mêmes qui oeuvrent dans la Légion d'amour.

Pour vous, j'ai revisé le but de ma venue ici. Permettez-moi maintenant de vous dire qu'après la crucifixion lorsque je me suis élevé dans mon corps de lumière céleste (que le Créateur nous a tous donné à notre naissance dans les Cieux), je brillais comme un soleil pour vous rappeler que chacun de vous est aussi cette étincelle du Dieu vivant. Vous êtes une forme créée avec la lumière, capable de manifester un grand amour en plus de pouvoir appliquer les lois universelles du comportement ici, dans votre forme physique.

Je ne suis pas venu pour vous soustraire à votre responsabilité personnelle, celle de croître en amour et de vous pardonner à vous-mêmes ainsi qu'à tous les autres. Je le répète, je le souligne et je le proclame: **je ne suis pas venu endosser votre responsabilité personnelle quant à vos choix et à votre comportement.** Je ne suis venu que pour vous libérer de vos fautes passées afin que vous puissiez choisir plus sagement, avec plus d'amour, ce que vous voulez sincèrement. C'était à vrai dire une seconde chance, un recommencement, un nettoyage des actions et des attitudes malsaines du passé qui vous auraient empêché d'accepter une autre vision plus raffinée. Mes enseignements n'ont pas suffi comme vous pouvez le constater d'après les conditions actuelles sur la Terre. La guerre et la destruction ont persisté et maintenant elles menacent de contaminer également le système solaire.

Je suis venu vous montrer le moyen de grandir en connaissance et vous enseigner la pratique de l'amour où que vous soyez dans l'omnivers de Dieu. Car le Père a plusieurs demeures ou plusieurs niveaux de conscience. Je suis venu vous montrer que lorsque votre forme physique meurt, vous ressuscitez dans votre corps de lumière. J'ai aussi démontré qu'un corps peut littéralement s'élever dans la lumière au lieu de dépérir et de sombrer dans la mort ici-bas. J'ai démontré que d'une façon ou d'une autre vous ne devez pas craindre la mort. Loin de vouloir être déifié en vous donnant cet exemple, je voulais plutôt demeurer un point de reférence pour plus tard et vous permettre d'élargir votre compréhension de qui vous êtes et de ce que vous êtes.

Grâce à mon corps ressuscité je prouvais que j'avais surmonté les pensées négatives même si elles m'entouraient de toutes parts. Je vous ai démontré que vous pouviez vous élever au-dessus du mal (même quand vous habitez un corps de chair) en autant que vous mainteniez la relation avec la Source éternelle à l'intérieur de vous. Mon exemple a été encadré et déifié au lieu d'être suivi. Je viens en pensée vous libérer et vous retourner à votre Dieu intérieur pour qu'Il prenne soin de vous et qu'Il vous garde. **Accepterez-vous de vous réveiller?**

Je vous ai dit que ma venue sur la planète Terre devait vous démontrer le pouvoir de la pensée: de la pensée positive sur la pensée négative, de la croyance positive sur la noirceur, de l'amour sur la haine. Votre périple sur Terre pourrait échouer si vous ne croyez pas en ce que je fis en ce temps-là ni à ce dont je vous fais part en ce moment. Je me rappelais clairement qui j'étais et je suis revenu au bercail en pleine conscience. **Et vous aussi, voulez-vous revenir au bercail en tant que maîtres de vous-mêmes?**

La différence entre vous et moi est petite en principe mais grande en pratique. Je crois entièrement en Père-Mère et en rien d'autre. J'ai la maîtrise, vous avez des doutes. Vous n'avez pas engagé totalement votre coeur et votre esprit, par conséquent vous avez besoin de croître encore. Mon but est de vous assister dans votre croissance au cours de votre vie. Tous les autres grands enseignants des religions à travers le monde cherchent aussi à vous aider dans la croissance, dans la pratique de l'amour et de la compassion. C'est là notre fonction, c'est là notre objectif, c'est la raison de ma venue.

Afin de créer la Seconde Venue de la Terre, vous devez en tant qu'êtres de lumière choisir encore une fois et vous engager avec le plus de ferveur possible sur une voie spirituelle d'où tout désir de guerre et de haine est exclu. Ce nettoyage commence à l'intérieur de chaque homme, de chaque femme et de chaque enfant et la responsabilité en incombe à chacun. Quand vous choisissez la paix pour vous-mêmes, vous êtes amenés à rencontrer d'autres personnes de même allégeance que vous, ce qui contribue à l'amélioration de l'humanité. Ce n'est pas le moment d'être passifs ou solitaires mais bien celui de se regrouper dans la paix. Le nouvel Age nous amène à renouer avec Dieu et avec la vie spirituelle des frères et des soeurs que vous côtoyez, qu'ils soient visibles ou invisibles. Nous sommes maintenant à l'apogée des deux cent cinquante mille années d'apprentissage et de poursuite de la maîtrise personnelle pour ceux qui la recherchent. Vos Esprits ne sont pas restés inactifs au Ciel pendant tout ce temps, ils ont grandi dans l'amour et dans le service comme je l'ai fait moi-même.

Ma plus grande déception au sujet des églises chrétiennes actuelles concerne les nombreuses sectes qui n'acceptent pas ces notions ni ne comprennent les prophéties et les révélations issues directement de Dieu. Pourtant quand un être humain est relié à la plus haute vérité en l'Esprit, il entend vraiment la voix de Dieu et il est amené à agir de la façon la plus appropriée et la plus imprégnée d'amour qui soit.

Je désire souligner qu'à l'intérieur des groupes religieux, certains adeptes appliquent ce principe au meilleur de leurs capacités mais plusieurs autres se sont séparés des autres races, des autres nationalités, des autres croyances et des autres religions. Je vous le dis: que chacun examine sa conscience. Je vous demande d'écouter la voix de Dieu en vous, la voix qui vous guidera vers les actions que vous devriez poser immédiatement.

J'accorde un dernier pardon à chaque enfant et à chaque adulte sur cette planète, ceci m'est permis parce que j'ai surmonté les pensées négatives et parce que je suis retourné à Dieu en toute conscience et pleinement christifié. (Ceci signifie que je ne doute jamais ni du pouvoir ni de la vérité ni de l'amour de notre Créateur). Mais chaque âme est libre d'accepter ou de refuser. J'ai déjà dit: «Va et ne pèche plus». Je vous rappelle que cela signifie: «Ne doute plus, ne manque plus à l'amour.»

En ce moment j'assiste mes frères et mes soeurs de la lumière qui enseignent à l'intérieur de plusieurs religions tout autour de la Terre pour vous rappeler que partout les concepts d'amour et de compassion peuvent être intégrés à votre âme, peu importe l'endroit où vous résidez sur la planète.

L'amour et la compassion apportent le pardon mais le pardon requiert la responsabilité. Dès que vous avez réalisé que votre âme a été pardonnée de ses fautes passées vous devez aussitôt exercer au plus haut degré de votre capacité l'amour «que vous êtes vraiment». Vous devez vous concentrer à l'intérieur de vous-mêmes et méditer chaque jour pour connaître le comportement et les actions qui vous sont le plus appropriés. Si vous agissez ainsi en étant convaincus que vous êtes pardonnés et que le passé est effacé, nous pourrons, si le temps le permet encore, recommencer et regrouper une grande partie de l'humanité coeur à coeur, Esprit à Esprit. Peut-être pourrons-nous éviter certaines prophéties de destruction contenues dans le Nouveau Testament, dans l'Apocalypse, celles émises par Jean notre bien-aimé frère-en-esprit, par d'autres religions mondiales ainsi que par des groupes métaphysiques qui apportent des présages du même ordre.

Chaque époque connaît ses prophètes et ses porteurs de vérité mais peu d'individus dans la population écoutent et agissent. Vous devez écouter et agir maintenant. L'Age d'Or permettra à chaque âme d'entendre sa voix intérieure et la Terre sera peuplée de plusieurs émissaires inspirés de Dieu. Vous pouvez parvenir à ce merveilleux résultat en vous engageant à méditer tous les jours et en vous joignant à d'autres âmes aimantes pour une méditation hebdomadaire. *Vous ne pouvez pas entrer seuls dans l'Age d'Or.* Il faudra deux ou plusieurs individus réunis pour apprécier et honorer cette Source suprême sans laquelle nous cesserions d'exister.

Nous établirons un Age d'Or sur la planète avec l'aide de ces êtres de lumière qui travaillent à préparer la Seconde Venue. Cette période suivra le nettoyage des influences négatives sur la planète Terre. Je ne suis pas seul dans cette aventure glorieuse: nous avons aussi la collaboration de nombreuses âmes généreuses visibles et invisibles qui désirent stimuler la croissance de l'humanité en favorisant une compréhension plus large et une plus grande implication dans le service.

Le Dieu omnipotent proclame maintenant à l'intention de ses nombreux enfants ici-bas que, moyennant une nouvelle orientation du coeur et de la bonne volonté, chaque âme peut connaître cette expérience en or, en autant qu'elle témoigne des enseignements de l'amour et du pardon.

Je vous enjoins moi-même de conjuguer en vous un coeur engagé et un esprit fertile pour créer sur cette planète un champ de force, de lumière, de paix et d'énergie qui resplendisse au loin d'une lumière aussi brillante que celle du soleil lui-même. Cet éclat de lumière encouragera plusieurs Enseignants comme moi à s'engager dans notre prochaine étape de croissance spirituelle et de prise de conscience, c'est-à-dire l'étape de la Seconde Venue. Vous les êtres négatifs qui avez cherché le pouvoir et donné la mort aux autres, je vous dis que vous serez même pardonnés si vous cessez et si vous vous désistez MAINTENANT de ces activités et si vous vous abandonnez à la connaissance et à la pratique de l'amour.

Par contre, si vous choisissez de continuer dans vos pensés et dans vos actions basées sur la négativité et sur la violence telles que manifestées ici sur cette planète, il vous faudra accepter les conséquences de ce choix. *Il ne vous sera pas permis de poursuivre ici votre vie spirituelle après le nettoyage de la planète.* Il y aura plus tard deux niveaux distincts d'évolution tels que planifiés pour l'humanité, l'un pour ceux qui aiment Dieu et l'autre pour ceux qui vivent l'inconscience spirituelle. Ce vaste terrain neutre des «peut-être...» ou des «j'y penserai un de ces jours» n'existera plus. Les contours s'estompent déjà. Les équipes se forment. Le jeu va bientôt commencer et je vous promets que cette fois les porte-couleurs de la lumière seront vainqueurs!...

J'insiste sur la nécessité de faire le bon choix parce que mon coeur désire que vous sachiez la vérité et que vous ne puissiez jamais dire plus tard: «Je ne savais pas, on ne m'en a jamais informé». C'est pourquoi ce message sera traduit dans les langues les plus connues à travers le monde et il sera répandu jusqu'aux confins du globe. Que chaque être humain capable de comprendre cette déclaration fasse son choix en toute sagesse. Unissons-nous pour assurer le couronnement de ce renouveau spirituel.

Le but de ma visite il y a deux mille ans s'est presque réalisé quoique les résultats ne sont pas ceux escomptés. Dans un avenir désormais très rapproché, la séparation des **pour** et des **contre**, des **oui** et des **non** doit s'opérer. Je vous engage à tout faire pour vous joindre au **groupe des «oui»**, car c'est un passeport pour atteindre les objectifs plus élevés que vous désirez. C'est le moment de vous *rassembler*.

S'il-vous-plaît contemplez, méditez et priez très sincèrement la Source Toute-Puissante tout en réalisant que les âmes éveillées à la lumière recevront de l'amour et de l'aide. Dans les jours à venir vous aurez besoin de vous fortifier en communiquant chaque jour avec votre MOI supérieur pour pouvoir survivre aux événements susceptibles de se produire (comme les tribulations) et pour accéder à cette période de transformation qui vous conduira aux mille années de paix. De toute façon opérez le nettoyage en vous-mêmes, spécialement aux niveaux mental, émotionnel et psychique où les aberrations du doute éprouvé par la personnalité humaine vous empêchent de vous abandonner au Créateur universel.

Puisque la famille humaine doit préparer sa nature aimante à s'élever dans les royaumes célestes, je vous supplie d'abolir les contraintes inconscientes qui sont à l'intérieur de vous c'est-à-dire votre peur, votre colère, votre tristesse, vos regrets, votre sentiment de culpabilité. En vous confiant à un guérisseur compétant vous pouvez vous départir de votre comportement négatif qui entrave la pleine expression de l'amour de Dieu envers vous-mêmes et envers ceux de votre entourage. Le moment est venu de vous purifier, *tous et chacun*.

Lorsque vous serez guéris et que chacun de vous

sera capable de vivre la paix, **la planète elle-même deviendra l'expression de la paix et la guerre cessera.** La plus grande difficulté consistera à amener l'égo (la personnalité) à se départir de son désir de maintenir le contrôle et de sa conviction de connaître mieux que quiconque les actions à poser en tout temps. Je vous assure qu'il n'y a personne, **«personne»** sur cette planète qui ne connaisse la décision la plus adéquate à prendre à tout moment à moins qu'elle ne soit à l'écoute de la voix de Dieu à l'intérieur d'elle-même. Vous avez une vue de l'ensemble mais vous n'en connaissez pas les composantes. La seule règle à suivre est l'écoute et la bonne volonté dans la coopération avec chacun en attendant que se déroule le plan universel depuis les royaumes plus élevés. Nous attendons et nous surveillons pour voir combien d'âmes choisiront d'avancer dans une attitude de paix, d'amour et de service.

Oui, il y a un plan d'ensemble que vous devez suivre mais les détails précis et le moment de son application dépendront **de votre attitude.** Il est possible que les événements se déclenchent au cours de la prochaine année mais votre recherche de la paix ainsi que votre renoncement à la guerre et à l'agression militaire sur la Terre comme dans l'espace pourront temporiser et minimiser cette action.

Chacun de vous sera «sauvé» *selon le degré d'abandon de sa petite volonté personnelle à la grande volonté du Créateur* et à celle des royaumes célestes. Vous participerez tous aux événements glorieux de l'Age d'Or dans la mesure où vous démontrez déjà l'amour et où vous témoignez de votre engagement à une cause juste et spirituelle.

Je vous donne ma parole – jointe à celle de milliers d'autres enseignants spirituels et religieux de tous les temps – que nous ne vous abandonnons pas quand la réalisation spirituelle approche. Choisissez Dieu, choisissez l'amour et soyez assurés que **votre choix sera enregistré pour ou contre vous selon ce que vous décréterez.**

Je vous ai dit un jour que chaque âme devra prendre sa propre décision et que Dieu Lui-même n'exigera pas votre obéissance. Evaluez ce choix bien attentivement avec sincérité et vous ne serez pas leurrés par ceux qui ont une compréhension négative des choses. Faites confiance à votre coeur et à la voix de Dieu (qui est en vous) pour vous guider en toutes occasions; ainsi, vous connaîtrez toujours la meilleure voie à suivre en tout temps.

Si vous vous êtes engagés à servir Dieu, tous les autres engagements envers votre famille, votre conjoint, vos amis, vos voisins, votre travail seront nécessairement subordonnés à votre première implication. Vous ne devez faire aucun compromis avec les enseignements de Dieu en faveur d'aucune idole de la vie physique, ce qui ne relèverait pas du plus noble amour, du bien total. En certains cas cela signifie que vous serez en désaccord avec ceux qui vous sont chers. Il n'en demeure pas moins que l'amour de Dieu doit occuper la **première place** dans toute vie. **Tout le reste vient après cet engagement.**

Parce que vous êtes la lumière et la connaissance je vous enjoins fortement de mettre en valeur cette identité et cet attribut dans toutes les activités qui se déroulent dans votre monde. Manifestez-les plus particulièrement dans les projets de sensibilisation, les mouvements, les rassemblements et les organisations qui tendent à améliorer la responsabilité des humains en tant que gardiens bienfaiteurs de la Terre. Les mouvements pour la paix offrent un bon exemple d'activités où la puissance de la méditation jointe à celle de la visualisation sont primordiales.

Si vous compreniez l'énergie et si vous pouviez la voir avec vos yeux, vous réaliseriez pourquoi les groupes deviennent d'immenses génératrices de lumière et de pensée concentrée; c'est cette pensée concentrée et partagée avec nous des dimensions supérieures qui augmente l'impact de votre amour. Aussi longtemps que vous pensez pouvoir réussir seuls, vous limitez la quantité de puissance nécessaire pour accomplir la tâche. En soi, votre lumière a un très petit voltage mais quand vous demandez au Créateur de vous aider à manifester votre raison d'être ou de suppléer à vos besoins, cette lumière et ce voltage sont grandement, très grandement augmentés. Nous voyons cependant que vous ne le réalisez pas et que vous suivez un sentier séculaire qui, fréquemment, ne mentionne même pas le mot **DIEU** ou **l'ETRE SUPERIEUR**. Ceci n'est guère à votre avantage et n'accélère pas votre démarche au moment où nous entourons votre planète d'une immense quantité de lumière et d'amour pour que vous puissiez manifester la paix.

Nous sommes à l'affût, prêts à vous aider, pourtant vous ignorez notre présence et notre dévouement à satisfaire le désir le plus profond du coeur humain – **la paix.** Si vous pouviez voir la quantité de lumière et d'énergie que nous ajoutons à vos bonnes pensées quand vous nous sollicitez, vous envisageriez peut-être de demander de l'aide. La crainte que les organisations pacifiques ne soient interprétées comme des mouvements religieux vous prive de votre propre bien.

En conséquence je vous dis qu'à chaque fois que vous vous réunissez au nom de la paix ou lors d'une marche de la paix, vous devriez demander que le pouvoir et le support de Dieu ou des Forces célestes interviennent pour aider au succès de l'idéal poursuivi. Ce faisant, vous recevriez au-delà de ce que vous ne pourriez jamais rêver. **Etre spirituel et être religieux sont deux**

choses différentes. Nous ne vous demandons pas de vous identifier à quelque religion que ce soit, mais nous vous demandons de reconnaître le Créateur-de-tout et de vous adresser à cette Puissance, à cette Force ou à cette Source pour obtenir le support nécessaire à la poursuite de vos objectifs. Il se peut que pendant de tels moments de quiétude nous puissions introduire dans vos consciences des suggestions et des idées utiles à l'obtention de la paix que vous recherchez.

Vous avez un dicton sur la Terre qui dit: «L'essayer c'est l'aimer!»... Je vous suggère donc d'essayer. Il y a beaucoup à gagner. Si vous y pensez bien, la paix est une cause spirituelle parce qu'elle nécessite l'amour et l'amour est Dieu. Par conséquent, si les dirigeants des différents mouvements de paix ne reconnaissent pas que l'amour est à la source de la paix et que la source même de l'amour est Dieu, leurs efforts seront automatiquement minimisés par la loi de cause à effet. Car vous ne pouvez rien produire de plus grand que ce que vous pouvez imaginer et projeter avec votre pensée.

Récemment, lors d'une importante réunion pour la paix il n'y eut au préalable aucune tentative d'amener l'assistance nombreuse à se centrer et à adopter cette profonde attitude d'intention pacifique ni aucune cérémonie de clôture pour unifier les énergies de guérison à l'égard de la Terre et de l'humanité. Ceci occasionna une grande perte d'énergies dans l'assistance mais bien davantage pour la planète et pour l'humanité. Nous sommes confiants que les organisateurs des réunions de ce genre comprendront la nécessité d'inclure une formule simple à l'ouverture ou à la clôture de chaque réunion, même pour celles qui ont été planifiées. A moins que vous ne préfériez continuer de fonctionner seuls et de récolter l'échec démontré par votre histoire?...

Oui, il vous faut réunir plus d'ouvriers de la paix

mais en contrepartie de chaque être humain n'aimeriez-vous pas compter dans votre équipe autant ou même plus d'assistants venus des royaumes spirituels? Mieux encore, nous vous suggérerions qu'au lieu d'avoir près d'un millier d'organismes pour la paix, chacun visant son objectif particulier, vous acceptiez tous de coopérer afin d'unifier votre pouvoir en vue d'un coup d'envoi majeur. Ce regroupement ou ce réseau de coopérants comme vous dites, représente un atout capital jusqu'après mille neuf cent quatre-vingt six quand il nous sera loisible de seconder activement vos efforts.

Vous réalisez, mes bien-aimés, que si vous des mouvements de paix ne pouvez vous regrouper dans un effort commun, comment voulez-vous que ceux qui ne croient pas à la paix puissent apprendre par votre exemple? Ce n'est qu'en alliant vos talents et votre bonne volonté que vous pourrez servir de modèle et montrer aux autres que l'entente est possible. Sincèrement, j'espère que vous saisissez le sens profond de mes paroles. Si vous n'y parvenez pas, alors qui d'autre deviendra ce modèle tangible qui fera la démonstration de la paix? Les groupes pour la paix ne devraient pas davantage travailler seuls. Les écologistes, les guérisseurs, les groupes religieux, les hommes et les femmes de bonne volonté de partout peuvent **se joindre à la Légion d'amour**.

J'insiste pour vous rappeler que vos initiatives personnelles qui sont privées des directives de Dieu depuis les sept derniers millions d'années vous ont plongés dans une situation tragique. Il est sûrement temps que la multitude des habitants de la Terre reconnaisse qu'il faut franchir les lignes de cette séparation apparente, réunir les énergies dans un but pacifique et demander notre aide. C'est ce que représente l'Age d'Or.

Je vous le dis encore une fois: vos mouvements pour la paix ou les groupes orientés vers une cause quelconque, individualistes comme ils le sont, échoueront sans la coopération mutuelle et la reconnaissance d'une puissance supérieure à vous-mêmes. C'est à vous d'inviter l'Esprit au milieu de vous puisque vous êtes des êtres libres. Oui, vous les faiseurs d'images, vous avez été dotés du libre arbitre et vous êtes à même de contempler ce que vous avez fait de ce cadeau. La dissension, la fureur, la violence et la guerre s'étalent sous vos yeux. Est-ce là votre ambition? Ou enfin, êtes-vous prêts à vous entraider et à accepter l'aide et les conseils des sages et des porteurs de vérité de tous les temps?...

De mettre fin à la séparation d'avec le Créateur et d'avec tous et chacun constitue la forme la plus élevée de sagesse. S'il-vous-plaît n'attendez pas que les déflagrations échappent à tout contrôle et que la peste sévisse sans aucune mesure d'éradication possible avant de nous demander de vous aider dans votre travail, dans votre cause honorable c'est-à-dire dans l'instauration de la paix. Saisissez-vous la raison de ma préoccupation? Je vous en fais part avec amour même si j'éprouve un pincement au coeur – car la tristesse m'assaille quand j'observe l'humanité qui continue de s'enliser dans les sables mouvants de l'ignorance et de sa volonté libre. Au nom de notre Créateur, je vous demande encore de vous entraider pour accéder à la paix et de nous inviter à nous joindre à vous qui désirez obtenir cette paix.

Pensez au rôle que vous avez à jouer, bien-aimés frères et soeurs, et choisissez Dieu par-dessus tout. Mettez votre projet à exécution. Dans une magnifique explosion de lumière quittons les limites de la densité terrestre et volons sur les rayons colorés d'un arc-en-ciel pour illuminer votre âme. Ecoutez les doux refrains célestes qui rafraîchissent votre mémoire en vous rappelant joyeusement votre identité véritable.

Semences d'étoiles, avancez; le long sommeil touche à sa fin. Retrouvez le souvenir de Dieu, prenez nos mains et élevez-vous avec nous dans les royaumes de plus en plus élevés de la connaissance. Renaissez au lendemain d'une création nouvelle.

Levez-vous mes bien-aimés et prenez votre place au sein de la félicité cosmique d'un Age d'Or chatoyant car, une fois réveillés, les enfants de la lumière sont aimés et ils sont sains et saufs... Devant une telle promesse, je vous invite à *rendre gloire à Dieu.* Que votre reconnaissance aille à Dieu de ce que vous, les enfants prodigues, vous puissiez Lui revenir et qu'enfin vous ayez abandonné tous vos doutes.

Votre absence a été longue mais bientôt vous vous reposerez, vous rirez et vous brillerez d'autant plus ardemment que vous êtes les habitants des soleils, des planètes et des étoiles qui sont toutes des créations glorieuses de Dieu.

Le dessein du Créateur comporte des possibilités infinies pour chacun. Notre Légion d'amour est déjà en marche, joignez-vous joyeusement dès maintenant à tous ceux qui oeuvrent main dans la main, le coeur rempli de foi et d'enthousiasme. Nous n'abandonnons personne qui désire s'unir à nous.

Venez, c'est maintenant votre chance. L'heure du rendez-vous a sonné.

Je termine avec l'espoir que vous êtes rassérénés en connaissant la vérité et en étant conscients de l'opportunité qui vous permet de devenir un brillant exemple de la puissance de cette vérité.

Au nom du Créateur disons ensemble: amen.

Chapitre 4

LA MISSION DE LA TERRE DANS LE DOUZIEME UNIVERS DE DIEU

Pour comprendre la raison de mon apparition sur la Terre il y a presque deux mille ans, vous devez disposer d'un cadre de reférence et connaître le contexte de cette époque sinon ma venue a peu de sens pour le chercheur doté d'un esprit éclairé et d'un coeur anxieux de connaître. Mais je vous préviens que la vérité vous fera probablement sursauter car les données historiques de cette planète ont été tellement décimées au cours des éons que vous connaissez à peine les rudiments de sa géologie, de sa géographie, de ses peuples ou de leurs activités. Par conséquent, vous ne pouvez y voir clair ou bien vous ignorez la vérité.

Dans vos écoles, les manuels scolaires n'ont malheureusement pas apporté l'information qui aurait pu éclairer la vérité car il n'y a qu'un minimum de données qui soient susceptibles d'être corroborées par les éléments de preuve que vous possédez actuellement. Les terres et les cultures se sont succédées, plusieurs reposent à des milles (1) sous l'océan ou sous des montagnes de débris qui échappent à votre connaissance

(1) N. du T. – Un mille, mesure anglaise, équivaut à 1,6 km.

directe. Ce n'est que récemment, grâce aux techniques photographiques employées dans l'espace, que vos géologues en étudiant la surface de la Terre ont commencé à discerner le portrait physique qui se cache en-dessous. Il en reste d'ailleurs beaucoup plus à comprendre! Beaucoup plus!

C'est pourquoi je suis venu vous faire part d'un abrégé de l'histoire de la Terre ou d'une partie au moins afin que vous commenciez à saisir l'énormité de votre situation actuelle et que vous compreniez les raisons pour lesquelles un Enseignant du monde comme moi vint ici il y a deux mille ans avec la mission de mener à terme cette phase de deux cent cinquante mille ans de l'évolution spirituelle de l'humanité.

Vous auriez beaucoup à gagner si vous acceptiez de donner libre cours à votre imagination et de devenir comme de petits enfants. Mettez votre intellect au repos et détendez-vous pendant qu'en douceur vous appréhendez intuitivement la connaissance. Accordez la priorité absolue à votre *connexion* avec l'âme et permettez à son savoir (joint à la réponse de votre coeur) de confirmer ce que je dis. Si vous osez vous conformer à ces dispositions, votre vie changera d'une façon que vous auriez crue impossible et vous vous retrouverez reliés au Dieu vivant d'une manière plus profonde, plus déterminante que jamais auparavant. Nous sommes arrivés à la fin d'une ère, à la fin d'un âge, *à la fin de mon leadership sur la Terre tel que décrit par vos Ecritures* quand elles se refèrent au Jésus de Nazareth. Le Jésus d'aujourd'hui est plus grand car j'ai grandi et j'ai pris de l'expansion tout comme vous, les enfants de la lumière. Comprenez que mon essence est maintenant dans la Conscience Christique même si une partie de mon énergie sert à guider la planète Terre.

Ceci étant dit, permettez-moi de vous en expliquer le sens.

*** La mission de la Terre... ***

L'existence de notre grand Créateur spirituel à tous remonte si loin dans l'histoire que vous ne croirez peut-être pas aux dates indiquant la relation de la planète Terre avec le Grand UN. Je vous ai dit que depuis environ huit millions d'années la vie (dans sa dimension spirituelle) existe dans le royaume éthérique au-dessus de la surface de la Terre – mais la vie comme telle existait déjà depuis des milliards d'années. Le douzième univers dont la Terre fait partie est plus jeune que les onze premiers qui ont pris plusieurs éons à se développer conformément aux schémas originaux du Créateur, mais il présente une plus grande variété de vie.

Saviez-vous qu'il y a littéralement des millions de planètes dans quelques-uns de ces univers? Que plusieurs recèlent des choses vivantes, pas seulement des plantes, des oiseaux, des animaux et une vie minérale, mais aussi des créations *que vous appelez des corps spirituels* ainsi que des formes physiques semblables aux vôtres et d'autres créations que vous ne pouvez même pas imaginer? Vous n'êtes sûrement pas seuls dans l'univers bien que plusieurs de vos frères et de vos soeurs de l'espace diffèrent en grandeur, en structure, en densité de lumière et en capacité mentale.

Centrez votre attention sur le ciel noir et étoilé au-dessus de vous et remarquez chaque lumière scintillante que vous pouvez énumérer. Ce sont d'énormes globes planétaires, des systèmes solaires et des structures lumineuses qui se manifestent dans le firmament comme des reflets de l'Esprit de Dieu. Oui c'est vrai, il y a plusieurs formes de vie parce que notre Père-Mère en a fait l'expérience pendant plus d'un milliard d'années pour connaître quels types de vie sont les plus efficaces et quelles créations sont les plus agréables. Si vous pouviez circuler au milieu des étoiles, vous sauriez qu'elles sont habitées par des êtres qui furent également créés par une Source dont la dimension échappe à votre compréhension mortelle.

Cherchez-vous d'autres vérités, aussi étranges qu'elles puissent paraître? Alors sachez que ces douze univers ont chacun un but et un type particulier d'expérience à poursuivre pour satisfaire aux plans du Créateur.

Notre Créateur Père-Mère (ou L'ETRE SUPREME) réside seul en un lieu spécial parce que l'intensité de la nature de Dieu (le terme d'électricité est probablement ce que vous pouvez le mieux concevoir bien qu'ici l'implication soit plus grande) est si forte que même moi qui en suis issu directement, je ne demeure pas longtemps en la présence du Tout-Puissant. D'autres entités de la hiérarchie immédiate de Dieu (à l'exception d'une seule) ne peuvent aucunement supporter cette Présence si puissante, il m'arrive donc parfois de servir d'intermédiaire. Il y a peu de mots dans votre langage écrit pour traduire ces notions et comme nous des Cieux utilisons des émissions de lumière, des images et des sons à la place de la communication verbale, je ne peux pas m'attendre à ce que vous captiez l'imagerie ou l'harmonie que je vous transmets pour décrire le Parent-de-tous.

Permettez-moi maintenant de faire une pause et de vous décrire Celui qu'on appelle PARENT afin que vous en reteniez l'image dans votre esprit et dans votre coeur. Sous plusieurs rapports, vous êtes créés à l'image de Dieu, même si Dieu est à la fois l'énergie mâle et l'énergie femelle, les deux étant combinées en parfait équilibre comme nous l'avons dit. Il est important de le comprendre car, au moment de la «séparation» ou de la descente dans le monde de la troisième dimension, la plénitude de Dieu eut à souffrir de la division manifestée sous forme de dualité (puisque sur votre Terre où vous êtes densifiés ou solidifiés vos corps présentent les deux portions séparées qu'on appelle mâle et femelle). Un jour tous les humains qui auront choisi de retourner à Dieu perdront la densité du corps physique et ils deviendront des formes de lumière renfermant en proportions équilibrées les deux principes mâle et femelle. C'est dans cette ascension que vous deviendrez davantage semblables à moi, le Fils de Dieu fait purement à l'image et à la ressemblance du Tout-Puissant.

Dieu a une forme d'une taille immense et d'un rayonnement aveuglant qui dépasse tout ce que vous pourriez décrire. Bien qu'il soit vrai que le Père-Mère est omniscient, omniprésent et omnipotent, n'oubliez pas que Dieu entretient un amour passionné et infini pour tout ce qu'Il a créé. Dieu n'est pas une vapeur gazeuse ni une nébuleuse ni un «quelque chose» sans forme. C'est de cet amour parfait et de l'immense puissance de cet ETRE indescriptible que vous êtes nés en tant qu'âmes, en tant qu'enfants du cosmos.

Bénis soient ceux qui choisissent de croire car la puissance et l'amour de ce TRES GRAND sont au-delà des mots. Oui, vous êtes les enfants d'un ETRE très grand qui vous aime. Le plus important est que notre Parent dirige personnellement votre destinée à travers nous au moment où nous voulons assurer votre retour au bercail, là où seules sont bienvenues les âmes de la Terre qui sont dévouées et engagées dans le service et qui contribuent à l'élévation de la planète auprès de Dieu, là où seules les âmes qui manifestent des dispositions et des intentions basées sur l'amour sont admises. Je vous le dis mes bien-aimés, votre Parent est un ETRE DE LUMIERE magnifique que vous ne pouvez décrire dans votre langage. Mais vous pourrez peut-être vous en faire une idée à partir de ces réflexions rudimentaires? Que tous les coeurs remplis de doute en viennent à reconnaître l'existence de votre PARENT car ceux qui persistent à nier cette Cause Première impossible à décrire renient également leur propre identité et ils seront profondément affectés par leur mauvais choix qui sera une conséquence de leur libre arbitre.

*** La mission de la Terre... ***

Ecoutez encore une fois ce que je vous dis. En niant l'origine de Dieu vous reniez aussi la vôtre. C'est l'erreur mortelle qui conduit à l'arriération spirituelle. Soit que vous viviez à l'intérieur de l'amour que Dieu répand, soit que par votre refus vous vous retranchiez de cet amour immense... et pour plus longtemps que ces quelques années que vous appelez une vie. Que ça vous soit agréable ou non, Dieu permet à chaque âme d'établir son propre choix car, pour obtenir le ciel, il faut l'accepter et le désirer. Il n'y a que sur la Terre qu'on retrouve ce large éventail d'expériences comme dans une école d'entraînement où l'on observe de multiples attitudes et dispositions négatives.

Ici, vous avez différents centres pédagogiques et d'entraînement militaire où la personne s'inscrit ou s'enrôle et qu'elle fréquente en vue d'acquérir une certaine formation ouvrant la voie à des promotions et à des positions de responsabilité. Je vous prie de comprendre que ce système basé sur la faculté de choisir vous a été donné sur la Terre pour vous enseigner uniquement l'amour et le dévouement. Mais nous allons maintenant procéder à la séparation spirituelle entre ceux qui veulent coopérer aux grandes entreprises de Dieu et ceux qui s'en abstiennent car cette période du choix est presque terminée étant donné que le douzième univers retourne à notre Créateur. Ceux qui ne peuvent s'impliquer par amour et dans la paix seront confinés dans une autre expérience.

LE CIEL N'EST PAS UN LIEU INERTE. - SES NOMBREUSES ACTIVITES ONT BESOIN AU SEIN DE LA FAMILLE DE MEMBRES QUI SONT DEVOUES ET REMPLIS D'AMOUR POUR TRAVAILLER HARMONIEUSEMENT A L'ORGANISATION ET A L'ENTRETIEN DE L'OEUVRE DU PARENT. Comment pourrait-il en être autrement? La lumière n'est-elle pas partout?

Les enfants de la lumière, je vais maintenant décrire pour vous les douze univers que notre Père-Mère a créés et la position que la Terre y occupe. Il y a douze secteurs ou systèmes solaires dans votre univers local et la Terre se trouve dans le plus petit d'entre eux. Gardez vos esprits ouverts pour comprendre qu'au cours des périodes depuis longtemps révolues de l'histoire cosmique, d'autres univers ont été créés avant le vôtre. Ceci vous aidera à comprendre beaucoup plus facilement la situation actuelle où se trouve la Terre.

Mon univers fut créé le premier; il possède un magnifique système solaire qui comprend seulement deux planètes que le Créateur a formées dans un acte d'amour profond et d'imagination intense. Dans mon univers, on ne trouve que l'amour parfait dont j'ai témoigné lorsqu'une partie de mon énergie s'est manifestée sur la Terre en tant que Jésus. Ceux qui ont le privilège d'y habiter s'y trouvent véritablement au Ciel.

D'autres univers apparurent qui furent autant d'expériences à la suite du premier. Il existe un second univers où le Créateur a conçu tous les êtres de nature féminine pour être des manifestations de l'amour et de l'aspect providence de Dieu (2); dans un troisième univers les attributs sont tous masculins et ils manifestent la volonté, la puissance et des aspects actifs de Dieu. Les vibrations de ces deux univers sont tellement élevées que votre vision humaine ne pourrait les percevoir, tout comme la plupart des habitants de la Terre ne peuvent me voir, ni moi ni les hôtes angéliques d'ailleurs. Dans ces univers séparés, les mâles et les femelles peuvent reproduire un rejeton par eux-mêmes, individuellement, au moyen du souffle – tout comme Dieu l'a fait sans l'aide d'une contrepartie physique sexuée. Je réalise que cette dimension spirituelle est étrangère à vos propres limites corporelles mais ce n'en est pas moins vrai. (Ceux qui ont de la difficulté à

---

(2) N. du T. – Nurturing side of God – traduit par l'aspect providence de Dieu.

comprendre la naissance provenant d'une vierge peuvent maintenant voir le fait sous un jour nouveau).

Le quatrième univers a suivi l'expérience où les deux principes masculin et féminin avaient été séparés l'un de l'autre. Ils ont été réunis dans le quatrième univers puisque l'amour et la puissance devraient toujours fonctionner ensemble et non séparément. Je parle ici d'essence, de qualités spirituelles et non de votre chair physique et dense qui se manifesta des éons plus tard après le parachèvement des autres univers.

Ensuite, le souffle de Père-Mère a créé selon le mode utilisé pour les quatre premiers univers une série de planètes spécialisées où des caractéristiques (ou des fonctions particulières) furent attribuées tant aux mâles qu'aux femelles. Le pouvoir de la pensée – qui est différent de l'intellect – fut développé dans le cinquième univers. Précisons qu'en Dieu, tous sont UN quoique pourvus d'une nature individuelle. Quand l'Esprit quitte la pensée de Dieu pour aller expérimenter la vie dans les mondes de matière, il acquiert alors des âmes séparées qui sont capables d'expériences spirituelles individuelles. Malgré cette diversité, l'univers entier réussit à maintenir la pensée ou l'intention unifiée telle que conçue originalement c'est-à-dire celle d'aimer Dieu par-dessus tout même en des âmes séparées. Selon vos barêmes cela tenait du miracle!

Chez vous les humains, la pensée a besoin d'être alimentée par une énergie qui est motivée par l'amour sinon vous en faites un mauvais usage. Une pensée est une énergie qui concrétise son intention dans la réalité. Une pensée est vivante. La pensée de Dieu est de l'énergie concrétisée grâce à l'intention centrée sur une seule création; elle n'analyse pas et ne morcelle pas en portions séparées comme le fait l'intellect humain. Plusieurs de vos technologues sur la Terre ont de grands intellects mais ils ne possèdent pas la pleine vision des choses puisque seul l'amour du coeur assure l'intégrité de l'esprit. L'intellect ne fournit que cinquante pour cent de la pensée. L'équilibre est parfait quand l'intellect et l'intuition (ou le savoir de Dieu) sont combinés.

Les habitants de ce cinquième univers ont si bien réussi qu'il leur a été permis de retourner au Créateur *en masse* (en français dans le texte en anglais). Il est devenu un endroit désert dans ce que vous appelez l'espace. Parmi les nombreuses créations, seules les entités du cinquième univers n'ont jamais succombé comme groupe à la tentation qui les aurait éloignées de Dieu. Bien qu'il existe ailleurs des exemples isolés de ce grand amour de Dieu manifesté dans l'esprit de ses créatures, jamais un univers entier n'a saisi aussi parfaitement le principe de l'amour ni ne l'a mis en pratique aussi parfaitement. Ce sont ceux-là que vous devez imiter, mes bien-aimés, pour que vous puissiez vous aussi rentrer ensemble au bercail. Il aura donc fallu des éons pour parfaire cette démonstration et pendant ce temps le Créateur s'occupait ailleurs à créer d'autres univers.

Le sixième univers est un endroit où l'accent a été mis sur la miniaturisation des formes de vie; les habitants y sont de petite taille, les planètes sont plus petites que la plupart des autres et les êtres aiment Dieu et Lui sont dévoués comme le prouvent leurs actions qui consistent à produire de magnifiques choses naturelles comme les fleurs. Les descendants de ces minuscules créations qui vivent dans le niveau éthérique de votre Terre sont souvent identifiés comme les «esprits de la nature» par ceux qui sont dotés de clairvoyance pour les voir; leur implication consiste à amener la vie des fleurs et des plantes à son plein épanouissement. Ces petits ouvriers sont entièrement dédiés à leur oeuvre de beauté et ne se sont jamais écartés de la fonction pour laquelle ils furent créés.

Dans le septième univers de huit millions de

planètes dont un million sont habitées, les êtres mâles et femelles furent orientés dans le seul domaine de l'expertise intellectuelle, surtout dans celui de la science mathématique. A cause de cette grande insistance pour l'acquisition de la connaissance scientifique, leur nature n'incluait pas le côté amour des uns pour les autres ni le côté amour pour le Créateur. Ici, l'expérience a prouvé que sans l'amour du coeur l'intellect est dépourvu de l'équilibre souhaitable autant chez le mâle que chez la femelle. Ce septième univers fonctionne toujours mais ses citoyens payent encore à Dieu une dette dont je ne peux rien révéler pour le moment. Qu'il suffise de dire que tous doivent accepter que la science vient de Dieu, qu'elle n'est pas l'accomplissement de simples mortels qui s'en prévalent comme si c'était leur oeuvre. Un véritable scientifique ne peut découvrir que des lois ou des principes universels qui remplissent une fonction vitale et il ne doit s'en servir que pour le bien de tous. En vérité, tout scientifique a l'obligation de procéder respectueusement à la recherche des principes divins et sa seule intention doit être de ne servir que le bien commun.

Des quatre millions de planètes du huitième univers, notre Créateur choisit d'en peupler un million et Il se livra à une variété d'expériences pour observer les effets des rayons sur la matière. Certains êtres reçurent une vision presque aussi puissante que les rayons-X; d'autres furent imprégnés de rayons de chaleur, de magnétisme, d'électricité et de la capacité d'osciller et de s'élever par lévitation. Je dirai seulement que plusieurs expériences différentes furent menées pour découvrir les effets produits par des changements variés de température, par des séjours prolongés dans l'obscurité, par une exposition intense à la lumière et ainsi de suite. Ces créatures se soumirent de bon gré à ces expériences pour le bien des formes de vie qui allaient leur succéder. Toutefois, je vins leur apporter mon amour et ma paix au moment des nombreux cataclysmes qu'elles traversèrent à cause des difficultés qu'elles rencontrèrent au cours de ces expériences auxquelles elles étaient soumises. Même si elles pouvaient sentir la présence de Dieu pendant ces diverses expériences, ce fut mon émanation de la puissante vibration du Créateur qui leur apporta une plus grande conscience de la présence et du confort divins. Ainsi mes bien-aimés, vous constatez que toutes les créations de Dieu dans l'Omnivers suivent un plan et qu'elles ont leur but à suivre. *Chacun construit à partir des cadeaux accumulés par ceux qui l'ont précédé.* Dans votre situation, à l'intérieur du douzième et dernier univers, pendant que Dieu se dispose à vous ramener au bercail, vous avez donc à votre disposition les aspects de toute cette connaissance à condition que vous la recherchiez et que vous la synthétisiez.

Le neuvième univers avec seulement environ neuf cents planètes habitées était une expérience inhabituelle de grande envergure. Les êtres portaient tout leur intérêt sur leur nature spirituelle et sur leur amour de Dieu; ils le manifestaient de façon si constante et si consistante que cette région ne compta bientôt plus une seule entité. A peine reste-t-il dans les éthers un silence parfumé de paix en souvenir de leur douce nature. A cause de leur profond attachement le Créateur les visitait souvent pour se rapprocher d'eux qui étaient de taille et de dimensions différentes entre eux mais qui ne se différenciaient pas dans l'ampleur de leur affection. Tous étaient nantis des dons de clairvoyance, de clairaudience et de médiumnité. Où sont-ils allés? Quelques-uns auprès de Dieu et d'autres vinrent se réincarner dans votre douzième univers, mes bien-aimés. Quelques-uns font partie de cet univers, de ce système solaire et de votre planète sous des formes de manifestation que vous trouveriez difficiles à comprendre. Mais ils peuvent s'unir à quelques-uns d'entre vous si vous le leur demandez.

A la différence de leurs prédécesseurs très pieux du neuvième univers, les créations du dixième univers ne portaient attention qu'aux questions de théologie ou à l'étude comparée des religions à travers les nombreux univers. Parmi les neuf cents planètes créées, dix pour-cent seulement étaient habitées et les entités consacraient leur temps à l'étude et à la réflexion. Dans leurs séminaires, elles absorbaient intellectuellement ces différents enseignements sans chercher à connaître Dieu autrement que par la pensée. Mais disséquer Dieu pour trouver le coeur de l'amour rapporte peu et ce fut là leur contribution à la connaissance et le cadeau qu'ils vous ont laissé. Connaître les définitions mentales de l'homme au sujet du Créateur et faire l'expérience de l'amour du coeur sont deux choses bien différentes. Il y a deux mille ans mon but était d'apporter à nouveau l'expérience et l'enseignement de l'amour sur la Terre comme d'autres l'avaient fait avant moi et continuèrent de le faire par la suite.

Voici maintenant une bien triste histoire. Le onzième univers de la **mécanisation** n'aurait pas pu exister n'eût été son intérêt pour l'ingénierie. C'est ainsi que **tous les hommes et toutes les femmes occupant ce million et demi de planètes ont été décimés par la guerre** à l'exception des résidents de deux d'entre elles. A cette époque et en ce lieu, les pensées orientées vers de grandioses inventions mais privées de l'influence de l'amour y produisirent des schémas qui aboutirent à un usage militaire. Même si la machinerie inventée par ces entités était le premier facteur de guerre, au moins huit cent soixante des planètes de Dieu furent presque décimées par la violence.

Quel malheur que cette agglomération effervescente d'équipement et d'instrumentation métallique n'ait été agencée que pour servir aux forces destructives et qu'elle ait créé des ravages qui dépassent toute description.

Ceci fut toléré à cause du même libre arbitre qui existe sur votre planète. Ces créatures n'avaient aucun amour dans le coeur pour tempérer leur génie inventif même si elles craignaient Dieu. C'est ainsi que ces formes de vie préférèrent leur machinerie à Dieu. Leurs inventions devenant leur maître, elles ne purent jamais reprendre le contrôle de leur équipement qui était le résultat de leurs monstrueuses pensées projetées dans la réalité.

Peut-être reconnaissez-vous une certaine influence de cette expérience du onzième univers dans le déroulement des événements de votre propre douzième univers? Vous qui habitez la planète Terre parmi environ cinq cents autres formes planétaires de ce douzième univers vous êtes actuellement coincés dans la perspective d'une destruction possible et consécutive au développement du génie mécanique. (Naturellement, la technologie de la plupart des autres planètes est supérieure à la vôtre quoique vous refusiez de le reconnaître – cette même dénégation s'appliquant aussi à leur présence dans les dimensions interplanétaires. D'où viennent selon vous les ovnis ou soucoupes volantes?)

Etant donné que vous avez ici en nombre et en combinaisons variés le mélange de tous les onze univers qui l'ont précédé, votre douzième univers est donc un *pot-pourri* (en français dans le texte en anglais). On trouve ici tout le résultat de ces milliards d'années d'étude et de croissance dont le concept existait avant même que le temps ne fût.

Votre douzième univers est le plus vaste par rapport à tous ceux qui l'ont précédé. Il possède le plus large éventail de possibilités d'acquérir des connaissances et la plus formidable occasion d'apprendre à partir des erreurs et des gloires passées. Toutes les forces et les faiblesses de ces expériences antérieures sont à la portée de votre connaissance. Quant à votre univers vous devez choisir avec sagesse et bien faire l'amalgame ou la synthèse de ce qu'il comporte de plus positif ***mais en rejetant cette mécanisation néfaste qui s'est manifestée avec tellement d'ampleur et de façon si destructive dans le onzième univers.*** Vous en tant qu'humanité, vous devez plus que jamais auparavant vous concentrer sur l'amour si vous voulez retourner à Dieu en étant purifiés de toute violence. Le retour est prévu pour bientôt mais seuls ceux qui vivent l'amour dans leur coeur pourront s'en prévaloir.

Maintenant, aimeriez-vous apprendre quelle a été l'histoire de votre propre univers au cours de ces derniers millions d'années? Surtout l'histoire des huit millions d'années qui concernent votre propre planète? Alors faisons ensemble une pause dans l'amour du Créateur et méditons sur ce qui a déjà été partagé.

Je veux parler de votre propre système solaire qui fait partie du douzième univers et de vos soi-disant programmes spatiaux. Vous pourriez demander à vos scientifiques qui lancent des astronautes et des instruments dans l'espace (à la recherche de d'autres manifestations de vie) d'élever leur propre niveau de conscience et de cesser de dépenser autant d'argent à chercher dans le monde de la troisième dimension des choses d'une autre essence. La plus grande partie de la vie sur les autres planètes se manifeste dans les niveaux éthériques de la quatrième dimension et au-delà. Ceux qui existent en-deçà de ces niveaux ne voudraient pas de toute façon être repérés par vous étant donné vos attitudes belliqueuses. Vos yeux et vos instruments de la troisième dimension sont donc aveugles. Vous êtes comme une personne qui se déplace avec un bandeau sur les yeux dans une pièce brillamment éclairée. Ne soyez pas surpris si, sur les autres planètes du système solaire, vous ne pouvez pas trouver la vie telle que vous la connaissez. A cause de votre ignorance vous cherchez au mauvais endroit.

Le fait lui-même que vous soyez spirituellement

aveugles fera que vos aventures dans l'espace vous laisseront davantage perplexes que satisfaits. Quand votre propre conscience pénétrera les réalités de la quatrième dimension, il vous sera donné de connaître beaucoup d'autres formes de vie, notamment celles d'entre nous qui attendent que vous sortiez de votre AMNESIE. Oui, vous souffrez d'amnésie spirituelle et la recherche d'une autre vie physique pendant que vous êtes dans un tel état vous assure un échec inévitable en raison de votre façon même de concevoir vos projets spatiaux.

Je vous ai prévenus en tant que groupe de ne pas introduire de violence ni aucune sorte d'armement dans l'espace. Par contre vous avez la permission de poursuivre des projets de recherche entièrement pacifiques et d'une nature sincèrement respectueuse ou scientifique. Cependant, à moins d'avoir la sagesse de choisir un capitaine et une équipe comptant plusieurs clairvoyants parmi eux, ne vous attendez pas à **VOIR** d'autres vies. Ceci est triste à dire mais en ce moment vos citoyens terrestres représentent à peu près la forme de conscience la moins évoluée du système solaire, c'est ce qui explique que la Terre soit actuellement bombardée par les hautes fréquences des vibrations lumineuses avec l'espoir de réveiller une race endormie.

Tout le Ciel dans sa réalité multidimensionnelle est présentement impliqué dans un énorme déversement d'énergie que la plupart d'entre vous, semble-t-il, sont incapables de saisir ni même d'apprécier. Néanmoins, nous continuerons l'application du décret de Dieu qui est d'assister tous ceux qui voudront bien se réveiller pendant cette période spéciale de répit d'une durée de dix-huit mois et qui a débuté le premier août, mille neuf cent quatre-vingt-cinq. C'est pourquoi j'ai dit et je le répéterai encore et encore que le temps est critique pour vous. Ces énergies supplémentaires d'amour et de puissance qui vous sont destinées représentent l'un des plus vastes engagements poursuivi par des millions d'entre nous qui ne sont pas visibles à vos yeux. Elles provoquent le même genre d'accélération de la conscience que celui connu au temps de votre soi-disant Renaissance en Europe ainsi qu'aux autres Ages d'Or de la Sagesse connus en Orient et ailleurs – quoique celui-ci soit multiplié par un facteur beaucoup plus grand.

Le fait que la plupart des gens n'ont même pas une idée vague de cette énergie nous fait réaliser que vous êtes plus limités et inconscients que nous ne l'avions imaginé. Malgré tout nous nous sommes engagés (et notre promesse sera maintenue) à ne pas abandonner aucun de ceux qui ont choisi de se réveiller. Remarquez bien que ce flux d'énergie déversé sur votre planète a déjà apporté des changements chez ceux qui sont déjà réveillés et qui coopèrent avec nous, de sorte que ceux dont la conscience est éveillée sont un peu plus qu'à mi-chemin des troisième et quatrième dimensions c'est-à-dire à environ 3,6 sur 4. Les ouvriers de la lumière seront près de la conscience de la quatrième dimension, d'ici la fin de notre infusion spirituelle.

Les autres âmes nombreuses qui reportent leur réveil à plus tard dans ce siècle ne pourront probablement pas le faire sans douleur ni souffrance. Plus la personnalité résiste à son réveil plus les expériences que l'âme déclenchera pour allumer la conscience seront pénibles. Ce pourrait être très intense pour certaines personnes. Par conséquent faites votre choix maintenant et épargnez-vous la nécessité de subir ces désagréments plus tard. Votre âme fera probablement passer le test de la maîtrise du Soi à votre personnalité car c'était la réalisation même que vous désiriez obtenir.

Ceux qui ont pratiqué la méditation et qui peuvent maintenant recevoir de nous des communications télépathiques provenant de d'autres dimensions peuvent avoir déjà dépassé le chiffre 4 que j'ai mentionné, car pendant vos périodes de méditation quotidienne vous purifiez vos pensées limitées et vous vous ouvrez au contenu plus étendu et plus universel de tout ce qu'est Dieu. Vous êtes en voie d'accéder à la divinité bien qu'elle soit enfouie dans la noirceur et l'ignorance de l'illusion. Voici l'occasion d'opérer votre transformation.

Vous pourriez recevoir un milliard de dollars et voir se réaliser tous les désirs que votre personnalité terrestre peut entretenir mais je vous assure que le cadeau de l'énergie de Dieu surpasse tout le reste en ce moment. Non que vous ne devriez pas avoir d'argent pour la nourriture et les choses qui représentent l'abondance de Dieu mais si la poursuite de ces biens devenait votre unique préoccupation et que vous n'accordiez d'attention qu'aux choses matérielles et avec exagération, alors vous paieriez tribut à des fausses idoles. Ayez donc dans votre vie des choses matérielles pour subvenir à vos besoins élémentaires et partagez ensuite vos richesses aussi grandes ou aussi petites qu'elles puissent être. Car la vraie prospérité de l'âme se manifeste dans la mesure où vous donnez aux autres à partir des ressources que Dieu a partagées avec vous.

Au moment que vous désignez comme étant la mort, là où vous vous élevez dans votre corps spirituel, on vous a dit que le contenu de votre pensée, de vos sentiments et de votre coeur quitte aussi le corps physique pour prendre une forme d'identité dont la vibration est plus subtile. Il est à espérer que vous aurez alors maîtrisé toutes les tendances physiques qui font partie de la liste usuelle dont vous avez déjà entendu parler: la concupiscence, toutes les formes de dépendance, la gourmandise, la cupidité sous toutes ses formes car sans un corps physique pour expérimenter ces désirs vous vous retrouveriez avec un esprit rempli d'une multitude de pensées qui n'apporteraient pas de joie, surtout si vous n'aviez plus de corps de chair pour en jouir.

Nombreuses sont les prières qui nous parviennent

implorant: «Père, donnez-moi»... ceci, cela ou autre chose. Nous fournissons vraiment tous les efforts possibles pour que votre croyance mentale et vos expériences émotionnelles soient assez purifiées pour permettre l'abolition des barrières qui empêchent l'obtention de votre bien. Mais le plus grand cadeau à recevoir et la plus grande prière à adresser se résument à accepter simplement tout ce qui a déjà été donné à chaque enfant de Dieu. Par cette prière vous devenez un réceptacle qui accepte les choses parfaites que votre âme veut vous offrir. Incidemment, la plupart de ces choses ne correspondent nullement à celles que vous pensez vouloir ou dont vous croyez avoir besoin.

Donc, demandez ce qui vous a déjà été donné et libérez-vous de la fausse croyance que vous n'y avez pas droit. Vous connaîtrez ensuite le Ciel sur Terre tandis que vous vous éleverez spirituellement vers le palier supérieur de la conscience de Dieu qui est le seul véritable besoin de l'humanité. C'est tellement simple, pourtant peu s'en rendront compte, peu répondront. Nous sommes toujours déterminés et étant forts de notre amour, de notre compassion et de notre désir de servir, nous vous apporterons ce que Dieu vous a accordé. En retour, suivrez-vous cet exemple ici sur la Terre-Mère qui requiert si désespérément votre support et où l'humanité a un besoin tellement urgent de se réveiller? Nous du Ciel demandons votre appui et votre aide dans notre entreprise pour conduire l'humanité comme des bergers vers l'Age d'Or. Nous avons vraiment besoin de la Légion d'amour, ce groupe d'apôtres, de disciples et de croyants de l'Age d'Or.

J'ai parlé de ce nouvel âge mais laissez-moi brosser une esquisse de ce qu'il représente pour la Terre et pour la vie qui s'y trouve. L'Age d'Or, ou l'Age du Verseau est une période de changement d'énergie et d'élévation pour toute l'humanité. C'est un moment où les choses autrefois invisibles deviennent réelles pour vous; c'est un temps de réunion du Ciel et de la Terre grâce à la communication et à la coopération sans détour. Par conséquent c'est un temps où vos habitudes régulières ou restrictives doivent changer parce que, tout comme vous, la structure de la conscience elle-même est en train de changer. C'est aussi la chance de reconnaître et de devenir dans la plus grande mesure le Moi supérieur ou le Moi spirituel, tout en vivant dans la matière et dans une forme physique. POUR Y PARVENIR CHACUN DOIT BATIR UN PONT D'ENERGIE RELIANT LA PERSONNALITE AU MOI DIVIN! Car voici venu le moment d'aligner le plus bas avec le plus haut afin d'arriver à une seule motivation et à un seul mode d'expression: **l'amour.** Ce n'est rien de moins qu'une intégration où l'aspect le plus sage de l'âme devient l'influence dominante et montre le chemin pour le bénéfice des individus et des groupes.

Vous voyez, l'Esprit est orienté vers l'intégration à l'intérieur du groupe parce qu'il émane de Dieu et qu'il est déjà en contact avec l'unité, une chose que les terriens oublient dans leurs corps de chair séparés. La méditation est une façon d'accélérer grandement votre réalisation car par le contact avec l'âme la possibilité vous est donnée de déployer vos efforts dans un service désintéressé, ce à quoi résiste la personnalité humaine moyenne. Ne dites-vous pas «Ça m'appartient» quand vous faites reférence aux cadeaux de Dieu qui vous entourent? Ceci n'est-il pas la manifestation de la séparation ou le contraire de l'unité? N'est-il pas plus exact de dire que **tout appartient à Dieu** et que certaines choses vous sont prêtées temporairement pour la durée de votre séjour sur la Terre?

Après tout, lors de votre départ qu'emportez-vous de votre monde physique mis à part les souvenirs de vos pensées, de vos comportements et les émotions qui s'y rattachent?

L'Age d'Or représente une période de rassemblement où les personnes qui ont établi le contact avec l'âme peuvent déterminer un objectif à réaliser ensemble et s'y appliquer avec une pensée et un engagement imprégnés d'amour, leur intention étant soutenue par une immense énergie. Ceci peut se comparer à la différence qui existe entre des petites lampes de poche individuelles dans une tempête et le faisceau clair et puissant d'un très grand phare.

Tout comme la lumière d'une personne se fusionne avec d'autres lumières pour former une plus grande *connexion* spirituelle et une *forme-pensée* plus étendue, les pensées réunies de plusieurs personnes s'amalgament vraiment en une seule et immense pensée qui peut être plus efficace que les pensées de moindre envergure de plusieurs personnes qui *agissent séparément*. L'essence de cet Age d'Or sera caractérisée par la *puissance unifiée* d'énergies multiples. Cette modalité et la paix en constituent les assises.

Maintenant, inspirez une bouffée de paix et pensez à quelque chose de magnifiquement beau. Soyez assurés que pendant l'Age d'Or la manifestation de votre pensée persistera si celle-ci vient de Dieu. Si par contre votre pensée est orientée vers les choses purement mécaniques, méfiez-vous de la destruction et concentrez-vous sur cette Source qui a créé tous les univers, toutes les planètes, toutes les étoiles ainsi que la vie qui les habite. Et pensez à nouveau à ce qui est magnifique. Votre réponse sera guidée par la perception de votre âme qui sait que vous avez été créés par une Force au-delà de votre compréhension – mais pas sans que vous-mêmes n'en ayez le sentiment, l'intuition.

C'est pourquoi la méditation est si importante. En cherchant Dieu dans la tranquillité vous devenez calmes et remplis de paix. Par ce seul geste vous manifestez la simple vérité qui est la plus grande de toutes les expériences dans tous les univers. En quelques instants vous devenez un être ou une création de lumière qui n'exerce pas de jugements, qui est libre de préoccupations et de peurs. Vous devenez sages dans la paix. En quelques instants vous rejoignez votre propre identité qui est amour.

En méditation vous laissez tomber tout le reste, vous inspirez et vous expirez cet amour et cette paix tout comme l'a fait le Créateur pour toutes les choses émanées du «Verbe» ou de la pensée qui fut mise à exécution à l'origine des univers. Comme vous l'apprendrez, Dieu a produit la vie par l'expiration et Il nous ramène au bercail dans un mouvement d'inspiration; et vous du douzième univers, vous partez des plus grandes profondeurs pour revenir au centre de la lumière et de l'énergie d'où vous avez émergé.

Cette période historique particulière de la conscience humaine est centrée sur cet aspect de Dieu qui apporte la lumière sur la différence qui existe entre la science du monde matériel et concret et la science de l'Esprit qui est de beaucoup supérieure. Par conséquent, chaque être sur la Terre doit choisir entre les choses qui relèvent des perceptions sensorielles (des sens physiques et de l'intellect) et la connaissance plus élevée de l'aspect intuitif ou spirituel du soi. Tous doivent d'abord chercher la science de l'Esprit pour réaliser l'équilibre nécessaire à la vie.

Ceux qui ont choisi sagement de connaître la vérité sur la vie aideront la planète ainsi qu'eux-mêmes dans l'ascension vers les royaumes plus élevés. Les autres maintiendront que le monde matériel est la seule réalité et ils passeront à côté du défi qui leur est posé. La planète doit faire preuve d'amour et de sagesse lors de son évaluation qui vise à sa promotion et il en est de même pour l'humanité. L'intellect ne peut pas apporter l'amour ni la paix! Ce n'est pas son rôle. Votre clef pour y parvenir réside dans l'équilibre de la science de l'Esprit (ou la connaissance des lois universelles) et sa manifestation dans le corps physique sur la Terre. Il y aura plusieurs de vos scientifiques actuels entre autres qui seront pris au piège de ces réalités cruciales. Chaque personne doit assumer le choix de son âme si elle veut progresser et s'élever.

Envoyez donc de l'amour et des bénédictions aux associations de technologues et de scientifiques de cette planète car ils ont besoin de vos prières et de votre support en ces temps de défi. Autrement dit, ceci est l'Armegeddon de la personnalité: l'intelligence à l'affût versus la connaissance intuitive. Dans ce conflit apparent entre l'intellect et le coeur la paix doit être obtenue grâce au parfait équilibre des deux... mais en commençant par le côté intuitif. Car c'est à partir d'une conscience et d'une recherche imprégnées de respect que l'humanité peut croître en la vérité impérissable et cachée à sa vision ici dans le monde de la troisième dimension.

Rappelez-vous que ce n'est que lorsque vous êtes bien orientés dans la véritable direction spirituelle que vous pouvez devenir un membre efficace au sein d'un groupe et que vous êtes prêts à servir librement selon les suggestions de votre âme. Ce n'est que lorsque vous aurez intégré votre personnalité, que vous l'aurez purifiée et laissée devenir un canal pour l'expression de votre âme que vous serez bénis par une véritable mesure de Conscience Christique.

Lorsque la personnalité du petit soi humain est finalement infusée par la connaissance et par l'engagement de l'âme, la vie change alors complètement grâce au miracle de cette réussite. Les événements de votre vie sont guidés à partir d'ici par une Puissance bien plus grande que votre habileté à prendre des décisions. Et vous transcendez la personnalité en devenant comme une cellule saine dans le précieux corps de la Terre. Quand les groupes auront été formés par ceux qui de bonne grâce se seront joints d'âme à âme vous ferez l'expérience de l'amour transpersonnel qui brille d'un éclat qui vous aveuglerait si vous pouviez le percevoir avec vos yeux. C'est pourquoi j'insiste pour que vous rencontriez chaque semaine d'autres personnes motivées comme vous pour méditer. Vous ne ferez pas que jouir de la compagnie d'amis engagés sur le même sentier, vous aurez aussi une meilleure connaissance de la réception potentielle de l'énergie vécue par le groupe.

L'énergie de haute vibration transforme littéralement vos corps subtil, mental et émotionnel: c'est donc un cadeau immédiat que vous recevez directement. A partir de cette haute vibration vos cellules elles-mêmes changent la structure de la vie à l'intérieur de vous. Tel est le pouvoir d'un *contact* avec l'amour inconditionnel et universel au sein d'un groupe important. C'est ainsi que vous demeurez avec un sentiment d'UNITE que les mots ne peuvent pas vraiment traduire. La vérité est que par l'union en force de votre énergie spirituelle avec d'autres énergies spirituelles vous êtes amenés dans ce Ciel qui fut déjà votre résidence permanente et dont vous ne jouissez maintenant qu'en de courtes occasions. Grâce à cet engagement constant de méditer chaque jour et chaque semaine, vous grandirez rapidement sous notre déluge d'amour qui se déverse sur vous avec persistance et d'une façon particulière au cours de l'année mille neuf cent quatre-vingt six.

Le terme **confrérie** désigne cette union en force, profonde et indescriptible où les grandes visées de l'humanité éclipsent les désirs de la volonté minuscule de chaque personne. L'unité se crée ainsi dans la diversité, ce qui amène le chaos individuel (qui provient de l'égo) à céder le pas au but et à l'idéal communs. En vérité, le contact de l'Esprit avec soi-même et avec d'autres remplit le corps d'une lumière dont la qualité raffine et purifie tous les niveaux de la conscience en synthétisant les aspects physique, émotionnel, mental et spirituel de l'être. Et, en vous réunissant avec d'autres dans un réseau de lumière, vous brillez davantage comme individus et comme groupes.

Ne soyez pas surpris de vous sentir réellement plus légers, d'entendre les autres dire que vous paraissez rajeunir et que vous semblez être plus en paix et plus contents car ce sont là les marques de Dieu et de la présence spirituelle de cette Puissance en vous.

La paix et un coeur joyeux sont vos récompenses pour votre bonne grâce à recevoir cette Présence infinie en vous et à la laisser diriger votre vie. Ceux qui sont au service des autres reçoivent joie, lumière et amour, ce qui surpasse tous les trésors terrestres que vous considérez comme précieux car ces qualités immortelles vous conduisent par-delà le pont des illusions vers la seule véritable vision qui soit.

Mes bien-aimés, votre retour est attendu dans votre résidence authentique et immaculée qui se trouve dans la lumière. Tout comme nous des Cieux vous attendons aussi! Alors appliquez-vous de bon gré à croître et à servir pour retourner à l'état souverain de votre conscience.

Le fait de savoir ce qui se passe vous donnera la force de surmonter avec un coeur rempli d'amour tout ce qui pourra se produire. Toutes les grandes expériences ont d'ailleurs prouvé que l'amour et la sagesse réunis en une même expression assurent la continuité car ils sont seuls à apporter la paix.

Mes bien-aimés, prenez possession de votre héritage et suivez-moi, quoi qu'il arrive. Nous de la divinité vous aimons: VOUS POUVEZ Y COMPTER, VOUS DEVEZ Y CROIRE. Ne me voyez plus à Jérusalem car cela ne correspond pas à mon identité essentielle ni à la vôtre si vous en faites le choix.

Oubliez votre passé et les souvenirs figés que vous

avez gardés de moi; laissez-moi me présenter à vous dans la plénitude de mes nombreux talents et de mon grand savoir. Vous ne devez plus demeurer coincés dans l'expérience austère et sombre de votre ignorance pendant que votre planète et votre système solaire sont en progression. Il faut rattrapper le temps perdu et rejoindre votre famille qui se dédie à l'avancement de la vérité et de la vie. VOUS DEVEZ ACCEPTER UN NOUVEAU DROIT DE NAISSANCE AUX PROPORTIONS COSMIQUES ET UN NOUVEAU JESUS A LA DIMENSION UNIVERSELLE POUR ENFIN CONNAITRE VOTRE PROPRE POTENTIEL D'EVOLUTION.

«Mais qui est ce nouveau Jésus que vous prétendez être?» demanderez-vous peut-être. «Une telle chose peut-elle vraiment exister? Jésus pourrait-il être une puissance et une présence encore plus grandes qu'autrefois?»

Je dis «OUI!» Et je vous communiquerai ce que vous devez savoir pour vous libérer du passé car ceux qui se cramponnent au passé ont tendance à lui donner encore plus d'importance dans leurs actions et ils sont incapables d'apporter la douce pluie du changement pour ameublir le sol et nourrir les minuscules vrilles de vie qui aspirent à plus d'agrément dans leur croissance au-dessus du sol.

Vous est-il déjà arrivé d'entendre quelqu'un tenter d'expliquer quelque chose que vous aviez déjà exposé à une autre personne, ou encore de vous faire interviewer pour un article de journal, pour la radio ou pour la télévision? Vous connaissez par conséquent le sentiment de frustration ressenti lorsque quelqu'un d'autre parle à votre place. Une partie de vos paroles peut être rapportée avec précision et une autre peut-être totalement incomprise ou encore tout le thème que vous désirez transmettre peut être si mal interprété que l'information véhiculée est absolument fausse. En vous reportant ainsi à votre propre expérience, vous pouvez vous imaginer combien il est difficile pour les enseignants spirituels vivants ou trépassés de ne pas être mal cités ou bien d'être réellement compris dans les Livres Sacrés.

C'est pourquoi dans le passé les grandes religions du monde ont amené sur la planète des enseignants pourvus d'un corps physique ou bien elles ont fait venir des prophètes pour éclairer leur compréhension des enseignements et pour permettre aux autres d'en saisir le sens. C'était nécessaire étant donné que la plupart des êtres humains n'avaient aucune notion *d'un contact intérieur* avec l'Esprit. C'est ainsi que le message était transmis directement mais les intervalles entre les visites étaient distancés et ceux qui ont mis les enseignements par écrit n'avaient aucun moyen de les tenir à jour.

Dans l'Age d'Or nous délaissons cet ancien *pattern* car chaque âme en viendra à parler directement à l'Esprit à partir de sa personnalité. Dans les moments de silence et de solitude qui caractérisent la méditation et la contemplation, des messages de l'intérieur et une assistance directe peuvent être apportés.

C'est pourquoi j'intitule ces chapitres ENSEIGNEMENTS NOUVEAUX car dans cet ouvrage je vous dis que l'humanité peut maintenant atteindre la maîtrise de soi si elle développe son moyen de communication avec son âme et, par delà, avec le Créateur. Le lien établi par votre prière et par votre méditation peut vous amener à connaître directement la vérité au sujet de vous-mêmes et des actions que vous devriez poser... pourvu que vous ayez développé ce moyen de communication vous permettant d'atteindre la maîtrise de vous-mêmes. Ainsi par votre propre habileté vous deviendrez la création qui avait été planifiée dès le début. Suite à ce résultat nous pourrons vous guider tous d'une façon plus personnelle et plus immédiate que ce n'est possible présentement – ceci correspond à la signification ultime de la FILIATION. Grâce à votre croissance vous deviendrez cette population pacifique capable d'exprimer le dessein de Dieu sur la planète et de remplir les obligations de l'humanité en tant que gardiens bienfaiteurs.

Par conséquent, établissez ce nouveau moyen de communication avec votre âme par la contemplation, la prière et la méditation et réalisez que cette possibilité existe pour tous ceux qui lui accordent le temps et l'importance qu'elle doit occuper dans leur vie de tous les jours. Je vous en dirai davantage plus tard. Pour le moment reconnaissez s'il-vous-plaît qu'un plus haut degré de conscience est nécessaire pour comprendre les Livres Sacrés de toutes les religions et que seul votre désir vous aidera à l'acquérir. Pourquoi ne pas établir maintenant votre pont cosmique?

Je vous dis que les gens qui me réduisent à l'ancienne perception de qui je suis ou de ce que je suis représentent un danger pour eux-mêmes car la vie est en continuelle évolution dans l'Esprit et la croissance est son seul barême. Même votre univers est en expansion. Et pourquoi pas? Si l'amour s'épanouit et que les nouvelles semences poussent dans le sol fertile, n'est-ce pas là une chose naturelle pour tout le reste?

Par conséquent oubliez la vieille croix rugueuse de la crucifixion et remplacez-la par une autre qui symbolise la croissance et l'expansion. Permettez-moi de vous expliquer pour qu'il n'y ait définitivement aucun malentendu.

Quand je suis venu en tant que lumière de ce premier Fils de Dieu, le Christ, il était nécessaire que je prenne un corps physique pour y habiter et pour prouver par mon amour que la véritable identité de l'humanité ne connaît pas la mort. Ma **résurrection** est la force énergétique qui m'habite maintenant. J'ai divorcé de la crucifixion. C'est passé et terminé; cette histoire appartient à un passé révolu de culpabilité que vous avez entretenue mais qui n'existe plus – à moins que vous continuiez de vous y attacher et de vous y identifier.

Descendez-moi de la vieille croix rugueuse si vous voulez vous libérer vous-mêmes! Voyez-moi vivant et magnifique; oubliez l'histoire de la crucifixion avec tous ses remords et toute sa douleur. Concentrez-vous uniquement sur la **résurrection** si vous éprouvez de la reconnaissance pour ma venue, si vous voulez m'appeler le frère aîné de la famille humaine. Comme symbole servez-vous d'un cercle contenant une petite croix, d'un arc-en-ciel, d'un soleil radieux ou de n'importe quoi qui symbolise la vie, la croissance ou l'unité. Votre symbole du corps crucifié sur une croix doit être abandonné à moins que vous ne réalisiez que c'est votre personnalité humaine qui doit mourir à votre Esprit. Là seulement, ce symbole pourra-t-il vous servir.

Choisissons donc ensemble de nous pardonner pour toutes les choses réelles ou imaginaires qui ont été rattachées à cet événement terrestre survenu il y a près de deux mille ans. Assurez-vous bien en tant que groupe et individus que vous acceptez le pardon pour tout ce qui a trait à cet événement. Je vous libère aujourd'hui de tout sentiment de honte ou de culpabilité que vous pourriez entretenir, laissez-le se dissiper tout simplement. Il faut compléter votre expérience et la libérer de toute émotion négative si l'humanité doit avancer dans la lumière de ce temps nouveau, de cet Age d'Or.

Effacez le souvenir de la douleur et de la culpabilité pour vivre dans la gloire de mon amour pour vous – même quand je vous demande de me pardonner la façon que j'ai empruntée pour venir vous enseigner c'est-à-dire en me présentant à vous sans mon armée d'anges et sans le déploiement de la force militaire mais en n'offrant plutôt qu'un coeur rempli d'amour et paré du vêtement de la vérité. Ne reprochez à personne de ne pas comprendre les enseignements. Evitez de vous juger ou de juger les autres si vous voulez revivre le bonheur. Vous les églises, écoutez bien ceci et ne transmettez *que ce message*! Sachez dès maintenant que la question de la crucifixion est par la présente effacée et pardonnée et que **seule la résurrection compte!**

Chaque âme apprend par l'expérience mais si l'expérience ne guérit jamais ni n'amène à une plus grande compréhension, elle demeure comme une plaie purulente dans l'âme où elle occupe un espace important qui a besoin d'être libéré. Puisque dans votre conscience deux choses ne peuvent occuper la même place en même temps, je vous prie de jeter par-dessus bord les souvenirs anciens pour nous permettre d'en créer de nouveaux. Participez à cette guérison actuelle en étant prêts à oublier le passé. La religion chrétienne est remplie de culpabilité et de négativité et elle a besoin d'être changée. Ce sont là mes **enseignements nouveaux.** Suivez-les pour connaître la paix.

Laissez votre âme vomir les vieilles douleurs et s'imprégner du baume du pardon – mon pardon à votre égard et le vôtre envers moi. Mes bien-aimés, cet amour neutralise toute négativité. Libérez-vous dans la lumière actuelle en accordant au passé une sépulture décente. Quittez le cimetière de ce que vous étiez hier et centrez-vous seulement sur le nouveau VOUS et sur la responsabilité urgente qui vous incombe en ce moment sur la Terre. Une fois nettoyés et remplis de la grâce d'une connaissance nouvelle et d'une réalité transformée vous serez vraiment guéris. Alors laissez s'épancher vos derniers pleurs, quittez vos regrets et venez prendre ma main dans la paix. Les enfants de la lumière, vous qui êtes la Légion d'amour, il nous faut avancer car nous avons beaucoup à faire maintenant.

Pour vous aider à comprendre ma propre croissance et mon développement spirituel pendant ces derniers deux mille ans, examinons votre propre expérience de la naissance et du vieillissement au sein de votre famille sur la Terre. Peut-être possédez-vous un album de photos s'échelonnant sur une période de plusieurs années? Dans ce cas, choisissez une photo de n'importe qui, l'une des vôtres si possible et regardez de quoi vous aviez l'air au commencement de votre vie lorsque vous étiez des bébés ou de petits enfants. Tout comme vous à cet âge, imaginez-moi aussi comme un jeune enfant – en dépit de la grandeur qui me caractérisait – et réalisez que vous êtes devenus différents au cours des années, à mesure que vous avez grandi, changé, acquis de nouvelles idées et vécu des expériences. Alors, mes bien-aimés, JE SUIS VRAIMENT DIFFERENT APRES DEUX MILLE ANS D'EVOLUTION!

Il faut bien saisir que le Ciel n'est pas un endroit immuable où rien ne se passe. Nous sommes en relation avec l'univers et avec toute sa force active. La loi est ainsi! Chacun fait partie d'un tout, du minuscule à l'immensité. Il n'y a pas de distinction. Il est urgent de bien saisir cet énoncé et de s'en rappeler. Vous êtes sur la Terre dans un hologramme du grand dessein universel.

Par conséquent, je vous demande de croire le récit de mon trépas (de ma libération des tribulations humaines) et de mon retour à Dieu; d'abord pour en comprendre le sens et pour vous réjouir ensuite du niveau actuel de mon évolution pendant que tout autour de nous progresse et se développe dans la lumière et l'amour. Si ma puissance était grande il y a deux mille ans, vous pouvez vous attendre à la voir maintenant décuplée – tout comme vous vous améliorez vous-mêmes à mesure que vous évoluez dans votre travail, dans une activité préférée, dans un sport ou dans un hobby. Ainsi j'ai grandi en amour et en sagesse à l'instar de tous les êtres spirituels qui sont venus vous enseigner. Nous ne restons pas figés dans le temps et dans l'espace ni en suspension quelque part!

Que je sois pour vous le Jésus qui appartient à ce

temps et à cet endroit-ci et joignez-vous à tous ceux du Ciel (quand nous nous réunirons à nouveau) pour apprendre et devenir plus sages. Mettez de côté ces vieux clichés et la nostalgie qu'ils véhiculent et ne vous en tenez qu'au moment présent. Vous avez grandi, votre âme est ici et elle a le pouvoir de créer l'harmonie. Que créez-vous en ce moment? Que fera l'humanité pour parvenir à la paix, cette paix bénie qui vous a été promise?

Voyez Dieu, voyez-moi et voyez les autres qui assistent l'humanité avec joie pendant les jours ensoleillés ou nuageux et pendant la nuit éclairée par la lune et les étoiles et voyez-nous vous prodiguer notre amour – à vous et à la Terre. Laissez la poésie de votre sagesse vous rappeler que tout ce que nous faisons n'est que de changer et de grandir en étant toujours à la recherche de la plus grande conscience de l'amour.

L'Omnivers est comme un tisserand dont les doigts agiles créent une tapisserie d'une beauté superbe et d'un effet émouvant. Nous contribuons tous à cette oeuvre, chaque paire de mains étant reliée à un coeur et à un esprit aimants; nous sommes occupés à recueillir les secrets que Dieu veut partager. La sagesse s'exprime au coeur de cette tapisserie qui scintille de la clarté du cristal et qui est exposée à la vue et à la connaissance de tous. Tout en partageant la joie de reproduire cette nouvelle SCENE DE LA NATIVITE nous reconnaissons qu'en ce moment il y a la naissance d'un temps nouveau et d'une conscience spirituelle élargie dont découlent toutes les bonnes choses.

Il faut savoir que les bonnes choses du Jésus d'antan ne sont pas perdues: elles ne sont qu'amplifiées en un plus magnifique diadème d'amour et de sagesse. De la même façon, vos propres Esprits se déploient dans des territoires qui s'approchent de l'infini, s'intègrent à la Grande Lumière et deviennent le vrai savoir. Et nous cheminons ensemble, chacun y gagnant autant l'un que l'autre. Nous sommes UN.

Nous sommes le réseau inaltérable et éternel de la vie, de la beauté, de la joie et de l'amour. Par notre réunion, les vagues harmonieuses des sons et de la lumière remplissent l'univers jusqu'à le faire déborder et elles donnent l'élan à un autre mouvement de vie pour qu'il se répande et qu'il crée plus de lumière, plus de lumière, toujours plus de lumière. Le processus est sans fin jusqu'à ce que Dieu nous rappelle à Sa présence parentale dans le cosmos. Nous sommes enfantés par cette Puissance magnifique indescriptible – nous sommes projetés par le Souffle dans un jaillissement de vie qui explore, revient, repart et s'aventure toujours plus loin pour rapporter les expériences et la croissance que tous les voyageurs acquièrent.

Mes frères et mes soeurs, voyageons donc ensemble avec la lumière de Dieu comme phare, avec l'amour de Dieu comme nourriture et l'ultime sagesse de Dieu comme carte routière. «Cherchez le royaume des Cieux» a souvent été répété de bien des façons par tous les enseignants venus au nom de Dieu. N'écouterez-vous pas, ne vous unirez-vous pas à nous dans cette aventure de la vie sans fin où la mort n'existe pas?

Moi le Christ, je me suis élevé encore plus haut au cours de ces derniers deux mille ans, à l'instar de tous les êtres de lumière qui reconnaissent Dieu comme le seul créateur des âmes. Nous ne sommes pas demeurés inactifs. Entendez mon appel au nom des nombreux êtres ici au Ciel et par-delà qui remplissent vos pensées de lumière (source de transformation de la vie) et de la sagesse sur laquelle repose l'amour.

Vous les croyants, venez! Vous les retardataires, venez! Ne craignez pas de humer le doux parfum de l'éternité. En ce moment même, vous êtes nettoyés et purifiés afin d'être amenés dans la beauté florissante de la création de Dieu. Balayez le sommeil de votre esprit et laissez tomber les souvenirs imprégnés de poussière qui souillent le vêtement de votre âme. Rayonnez un instant avec moi pendant ces calmes moments de notre unification intérieure. Vos activités présentes sont-elles si importantes que vous ne voudriez pas les échanger contre la paix infinie apportée par l'amour?

Mes bien-aimés, le pardon vous est encore offert et déjà l'appel du Créateur nous stimule dans notre retour au bercail. Ne perdez pas un instant de plus avec vos bagatelles terrestres, élevez vos consciences par la méditation afin de recevoir l'infusion de l'énergie de l'amour qui insiste avec fermeté et éternellement sur la paix intérieure et extérieure. Le parfum de la vérité ne remplit-il pas votre être? Alors unissez votre souffle à celui de Dieu, au mien et à celui de tous ceux qui vous aiment divinement.

Expirez toute négativité personnelle, en particulier celle qui a infesté et matraqué la Terre-Mère et apportons-lui le baume de nos pensées et de nos actions de guérison dont elle a besoin. Enveloppez-la de votre amour tout comme elle vous a bercés sur son sol nourricier. Traitez-la avec respect et tendresse pour sa bonté; retournez le bien pour le bien. Elle aussi vit, croît et apprend. Si vous ne l'aimez pas et ne lui prodiguez pas les soins attentifs dont elle a besoin votre âme pleurera un jour en proie à un chagrin immense.

Que vos yeux s'ouvrent maintenant à la vérité de l'appel qui vous est lancé. La Terre doit devenir la planète de l'amour et de la sagesse. Inscrivez-vous à l'intérieur de ce grand mouvement planétaire pour devenir les citoyens des vibrations cosmiques et des pâturages paisibles. Nous avons encore besoin des bergers dont j'ai parlé il y a longtemps afin de réduire le nombre des âmes égarées. Faisons notre possible pour aller chercher celles qui ont oublié leur vraie beauté personnelle, leur vraie nature afin qu'elles puissent choisir à nouveau, correctement. Avec juste un peu de bonne volonté vous pouvez vous engager dans une vie d'amour et de sagesse que votre âme se languit d'expérimenter et de partager. N'importe qui peut encore en ce jour abandonner la vie et les coutumes d'autrefois.

Venez tous, alors! Etant donné que le Créateur des nombreux univers nous rappelle encore une fois au bercail, nous partagerons dans le sanctuaire intérieur de l'Esprit de ce Grand UN les récits de nos nombreuses visites et de nos nombreux périples dans la réalité de qui nous sommes et de ce que nous sommes. Oui mes bien-aimés, nous sommes les tisserands de la légende, les conteurs d'histoires à ceux qui cherchent la vérité. Nous sommes le baiser de Dieu.

Avancez dans les bras de l'amour que le Ciel promet. En extase et dans une félicité qui dépassera nos plus lointains souvenirs nous serons accueillis dans cette Source qui est le Tout-en-tout. Pour nous il n'y a qu'un commandement: la Paix! La Paix, mes bien-aimés! La Paix!

Avec reconnaissance et au nom de ce UN omnipotent, disons à l'unisson «Gloire à notre Créateur au plus haut des Cieux». Avec respect, interrompez un moment le périple de votre âme et goûtez à ce nectar de la certitude qu'on appelle l'amour.

Amen, mes frères et soeurs. Avec la bénédiction de Dieu, je vous laisse dans la paix.

Chapitre 5

A L'ECOUTE DE VOTRE VOIX INTERIEURE

Qu'il soit par la présente décrété dans chaque univers que pour toujours et à jamais les commandements de Dieu sont encore de rigueur – en particulier: «TU NE TUERAS POINT». Rien n'est changé, mais l'humanité en tant que groupe s'est écartée de ces directives. Puisque tant d'êtres humains ont transgressé les anciens commandements d'aimer Dieu de tout leur coeur et d'aimer leurs frères et leurs soeurs autant qu'eux-mêmes, attardons-nous sur la signification de ces commandements dans le contexte des temps modernes.

AIME DIEU — Cela signifie avoir la foi en une Force, en une Energie ou en un Etre de lumière qui possède une puissance terrifiante au-delà de votre compréhension et qui devrait, puisque vous êtes Sa création, recevoir votre entière contribution dans l'élaboration de votre vie qui est établie selon un plan divin que vous ne pouvez vraiment pas comprendre. En un mot, vous devez accepter l'existence d'un plan qui a été tracé pour vous indiquer les étapes de votre retour à Dieu; vous avez le devoir d'en suivre fidèlement les données en tout temps. Ne vous attardez pas à chercher la raison de votre séparation de Dieu. Sachez toutefois que la chose s'est produite, que tout a été pardonné et que vous avez été libérés de tout sentiment de culpabilité rattaché aux actions passées. Mais ce n'est qu'en changeant votre attitude et votre comportement vis-à-vis de vous-mêmes et des autres que cette grâce (ou le fait d'être libérés des effets négatifs des actions passées) peut être valide. A moins de passer à l'action, ce cadeau de la grâce est sans effet.

AIME TES FRERES ET TES SOEURS COMME TOI-MEME. Cette citation veut dire que chacun de vous doit s'aimer comme une création de la Source unique, à savoir que votre conscience spirituelle doit vous informer que vous êtes plus que le simple corps physique et plus que la personnalité que vous identifiez à votre JE. Votre conscience spirituelle n'émane pas d'un amour égocentrique mais d'une nature consciente de son essence qui sait que Dieu habite à l'intérieur de vous et qu'il est nécessaire de témoigner de Sa présence. En vous acceptant et en vous aimant vous-mêmes il vous est possible, dès lors, d'aimer vos frères et vos soeurs de la même façon. Mais n'essayez pas d'aimer quelqu'un à partir de votre nature égocentrique. Sans l'intervention de l'âme, la personnalité ne peut aimer et elle ne cherche qu'à posséder, contrôler ou à faire servir les autres à ses propres fins. Votre plus grand défi aujourd'hui est d'identifier en vous-mêmes les différents niveaux de votre personnalité (en particulier le niveau spirituel qui est vital) et d'explorer ensuite les caractéristiques personnelles qui sont enfouies dans l'aspect de vous-mêmes qui est inconscient de tout ce que vous avez déjà pu expérimenter et d'en faire le nettoyage. Malheureusement, ces aspects cachés s'ingèrent souvent dans l'expression d'une entière coopération avec l'Esprit.

Par conséquent, il faut éliminer de votre personnalité tout ce qui vous empêche de vous reconnaître vraiment en tant que lumière ou comme une âme dont la luminosité s'intensifie continuellement. Ce nettoyage va plus loin qu'une visite au psycholoque, au ministre du culte ou au conseiller et dont le résultat se limite à devenir «bien adapté». Ce processus consiste à coopérer avec votre propre enseignant intérieur qui connaît tous vos besoins. Votre sentier est unique et votre guide intérieur connaît les leçons particulières que vous avez à maîtriser. Faites ce qu'il vous demande. Je reconnais que d'autres êtres humains peuvent vous aider dans cette démarche parce qu'il y a beaucoup de guérisseurs ici sur cette planète. Choisissez-en un qui connaît la psychologie c'est-à-dire la science de l'âme – pas uniquement celle de la personnalité humaine.

Je veux dire que votre connaissance de vous-mêmes doit provenir de cette partie de vous qui n'a pas oublié qu'elle a été créée par Dieu, il s'agit de votre âme. Votre personnalité inférieure n'a ni connu ni accepté Dieu et elle doit être soumise aux intentions de l'âme. Toute thérapie ou soin découlant de l'art de guérir qui ne vous identifie pas d'abord comme une création de Dieu *vous sera inutile.* Vous serez incomplets sans l'apport de votre âme dans votre vie. Voilà la clef de votre bonheur. Aucun autre lien ne peut vous apporter de satisfaction car vous ne pouvez vous soustraire à votre identité profonde ni vraiment l'ignorer quand vous voulez vivre la joie véritable.

Quand vous reconnaissez que vous êtes une âme créée par une Puissance qui échappe à la compréhension de votre simple personnalité mortelle et qu'elle vous dirige vers un amour et une joie sans bornes, vous entamez le processus de la guérison. Vous commencez à ressentir la paix. Quand vous vous serez finalement guéris du doute de qui vous êtes et de ce que vous êtes ainsi que des restrictions que vous vous imposez, votre vie changera et vous pourrez alors aimer vos frères et vos soeurs comme vous-mêmes puisqu'ils sont tels que vous par l'Esprit, non pas en tant que personnalités bien sûr mais par l'Esprit. Quand vous pouvez aimer et honorer la création de Père-Mère en vous, vous pouvez alors affirmer sans risque de vous tromper que vous aimez les autres. Comprenez-vous?

Par conséquent, ne recherchez que des thérapeutes qui ont été guéris eux-mêmes et qui ont accepté dans leur coeur le fait qu'ils sont une création de Dieu; ceux-là peuvent vous aimer et mettre en pratique ce que je suis venu vous enseigner. Comment les reconnaîtrez-vous? Mes bien-aimés, par votre sensibilité, par la voix de votre âme. Laissez votre enseignant intérieur, votre intuition ou la voix de Dieu vous indiquer la route. Quand vous déciderez de vous reconnaître comme l'âme créée que vous êtes, vous serez conduits vers tous ceux qui vous assisteront dans votre développement complet et enrichissant.

Vous êtes venus sur Terre pour vivre à partir du niveau de compréhension de votre âme et quand vous y parviendrez, vous serez la paix de Dieu et cette planète sera transformée par l'éclat de votre lumière. «BENIS SOIENT CEUX QUI ONT SOIF» s'applique ici. Soif de devenir une lumière à plein temps pour le monde, le reste venant par surcroît. Etes-vous prêts à entamer cette démarche?... Si oui, mon coeur est prêt à vous aider. Vous aurez des compagnons robustes qui vous accompagneront dans tous les méandres de cette exploration.

Afin de vous permettre de découvrir de façon claire et nette l'objectif poursuivi par votre âme et pour vous aider dans votre démarche, je vous donne les indications les plus adéquates pour effectuer cette exploration divine et je vous encourage à accepter la responsabilité rattachée à ces indications car leur usage vous mènera à une vie nouvelle. S'il-vous-plaît, prêtez sérieusement votre attention à ces directives qui vous serviront d'outils pour atteindre la conscience de Dieu ou l'illumination.

PREMIEREMENT.

Pour entrer en communication avec le Dieu qui habite en vous, il faut déterminer une période journalière d'écoute. A cette expérience d'écoute silencieuse j'ai donné le nom **méditation.** Selon ma définition, la prière consiste à demander à Dieu certaines faveurs pour votre vie et à Le remercier pour les grâces obtenues. **La méditation par contre consiste à écouter**, ce qui est différent. Il n'y a pas d'horaire ou d'agenda à suivre (ou quelque nom que vous lui donniez) une fois que vous avez accepté le fait que vous êtes la lumière de Dieu. Faites alors appel à la lumière (ou Conscience Christique) car chacun doit en faire la demande s'il veut en être gratifié. Après vous être entourés de la lumière et de l'amour de Dieu, vous vous asseyez tout simplement dans le calme pour entendre ce qui vous est transmis par votre voix intérieure.

Plusieurs occidentaux sont attirés par les religions orientales parce qu'elles mettent l'accent sur la façon de calmer le *mental.* Elles enseignent comment devenir calme et attentif. Mes bien-aimés, il est vital d'acquérir cette habitude; aussi, je vous demande de vous asseoir calmement chaque jour (de préférence toujours à la même heure) afin d'établir votre propre canal de communication avec votre âme puis avec Dieu. Ensuite, puisse l'habitude qui joue un grand rôle dans votre vie vous amener à obtenir votre bien; mais que la période où vous présentez vos requêtes à Dieu soit bien distincte de celle où vous écoutez ce qu'Il pourrait vous dire car elles sont toutes deux de nature bien différente. J'ai employé l'expression méditer **dans le sens d'écouter Dieu** mais le mot **contemplation** pourrait aussi s'appliquer. «Apaise-toi et sache: je suis Dieu» était le sens original de cette invitation citée dans la Bible.

Ce qu'on appelle méditation, contemplation ou silence intérieur est une activité aussi vieille que la vie elle-même; en fait ce fut un cadeau offert initialement à ceux qui reçurent une âme individuelle pour leur permettre d'entretenir une relation constante avec la Cause Première pendant qu'ils sont investis d'un corps physique et qu'ils évoluent dans le monde matériel. Pour l'être humain, la méditation est la façon première de trouver la paix de la conscience et d'établir le contact avec l'amour, la lumière et les sources spirituelles qui sont toujours accessibles à ceux qui cherchent l'inspiration céleste, la véritable connaissance du plan de vie et la direction à suivre.

La méditation débute avec la simple interruption des activités quotidiennes; il s'agit de s'asseoir calmement et d'adresser mentalement, du fond du coeur, une salutation à Dieu ou bien de faire une prière empreinte de vénération et de recueillement; ensuite, grâce au processus naturel de la respiration profonde et continue vous atteignez un état de détente, le *mental* s'apaise et vous êtes amenés là où Dieu peut être connu. Car effectivement la nature divine ne peut s'exprimer à travers un *mental* agité; la communication n'est possible qu'avec une conscience calme, un coeur consentant et un corps détendu – toutes les religions le mentionnent y compris la Bible des chrétiens.

Lorsque vous saluez Dieu avec amour et respect et que vous vous plongez dans une détente profonde en prenant dix à quinze grandes respirations et que vous mettez de côté les détails et les préoccupations fébriles de la vie humaine, vous parvenez à un état calme et rafraîchissant. Si l'activité mentale devient une source de distraction, concentrez-vous sur votre inspiration et sur votre expiration car c'est le souffle qui relie votre fil de vie à la nature du Créateur pendant que vous évoluez dans un corps physique.

Respirez, respirez profondément et laissez s'envoler toutes vos pensées à l'exception de celles qui sont dédiées à Dieu et au Cosmos immense où la vie existe dans une myriade de formes et d'expériences.

Respirez. Ce geste très simple peut être posé en tout endroit et en toutes circonstances. Il n'y a là rien de mystérieux puisque vous respirez régulièrement sans y penser. Lorsque vous respirez consciemment, vous permettez à votre conscience et à votre coeur d'établir un lien avec votre âme et vous auréolez votre expérience de clarté, ce qui apporte en plus la preuve de son bien-fondé.

Le souffle fut un cadeau de Dieu lors de votre naissance dans un corps physique. Vous en avez l'usage jusqu'au moment de la restitution que vous appelez la mort. Toute votre existence est basée sur la respiration, faites-en donc un usage quotidien **conscient** pour vous relier à notre Parent à tous. De cette façon, vous établissez à nouveau la communication de votre âme avec la Source qui vous a toujours aimés et qui vous a donné ce processus très simple de vous mettre en rapport avec cet amour inconditionnel que vous désirez ardemment au centre de votre être, cet amour qui est la seule réalité incontestable.

Pendant cette période de méditation calme et silencieuse, vous pouvez entrer en communication avec la Source (tout comme il vous est possible sur Terre de communiquer avec d'autres humains en vous servant du téléphone) afin d'obtenir d'en haut la meilleure solution pour toutes les circonstances de la vie. Cette solution sera toujours la plus bénéfique pour vous et pour la planète. Soyez assurés qu'il y a des millions d'années ce cadeau inné a été accordé à chaque âme pour lui permettre de manifester son individualité ici sur la Terre. Sachez aussi que votre sauvegarde pour arriver à la vérité ou votre aide en toutes circonstances dépend de votre choix qui découle de votre libre arbitre d'accepter Dieu ou non. Vous n'avez pas été abandonnés sans recours, mes bien-aimés, mais vous devez *désirer et demander l'aide qui vous est nécessaire.* N'est-ce pas facile?...

Que feriez-vous si vous souffriez de la faim ou de la soif?... Espérons que vous demanderiez de l'aide advenant que vous ne puissiez vous soulager seuls. Ainsi, notre aide vous est-elle apportée en autant que vous la demandiez. En tant que maîtres de vos vies sur Terre, vous pouvez à votre gré demander de l'assistance ou vous en abstenir. Soyez assurés encore une fois et avec la plus profonde conviction que Dieu entendra toujours toute parole qui Lui sera adressée avec ferveur et clarté.

Dans la prière personnelle, si vous manifestez un désir sincère venant du coeur et si vous persistez dans votre demande pendant vingt-et-un à trente jours, soyez certains qu'une réponse vous parviendra éventuellement... à moins que vous refusiez de faire la part qui vous revient ou que le plan divin de votre âme n'en soit affecté. Vous ne devez pas non plus demander une chose nuisible à quelqu'un d'autre dans le seul but de satisfaire votre propre intérêt... à moins que vous ne désiriez vous associer aux forces des ténèbres qui vous assisteront prestement mais en y mettant le prix: votre âme!

Plusieurs sur Terre se sont malheureusement engagés sur cette dernière voie en consentant ou en abdiquant paresseusement leur sagesse intérieure. Même une telle bifurcation peut cependant être pardonnée. La paix et la lumière peuvent réintégrer l'âme grâce à l'adoration de Dieu et à la volonté de vivre l'amour au lieu de rechercher le pouvoir qui représente cette quête vieille comme le monde et contre laquelle l'humanité se débat. Par malheur, plusieurs âmes voient la possession du pouvoir comme l'aspect le plus important de la vie. Le pouvoir recherché par une personnalité mesquine n'est qu'un substitut de la Puissance divine et ne peut jamais apporter le bonheur même si l'objectif est temporairement atteint. Plusieurs devront apprendre péniblement cette leçon.

Le seul et vrai pouvoir digne de foi et sans danger vient de Dieu. Quand vous inviterez cette manifestation à entrer dans votre vie, vous découvrirez la sécurité que vous avez recherchée et le pouvoir vous sera donné de manifester le désir d'une âme aimante. Le pouvoir de Dieu qui coule à travers vous comme dans un canal de lumière et de paix est la plus grande expérience qu'un être humain puisse connaître. Animée par cette motivation très pure, votre vie présentera l'équilibre divin de l'amour et de la sagesse, ce qui devait servir à identifier votre espèce. Soyez reconnaissants qu'il en soit réellement ainsi et que votre gratitude s'exprime par un coeur heureux et une âme débordante d'amour!

La pratique de la méditation et de la contemplation s'est toujours retrouvée quelque part dans presque toutes les religions principales de votre monde et dans les sectes de moindre importance. Par conséquent, si vous appartenez à une église particulière repérez ceux qui méditent et apprenez vous-mêmes à leur contact comment communiquer avec votre âme. Concentrez-vous de plus en plus sur cette pratique qui dans le silence vous met en communication avec votre Dieu intérieur.

Si votre église ne manifeste pas d'intérêt pour la méditation, demandez-lui d'en instaurer la pratique. Vous pourrez peut-être changer son orientation et l'amener à satisfaire vos besoins. Si elle reste insensible au désir de votre coeur, mettez-vous à la recherche de d'autres institutions qui pratiquent la méditation. Comme je l'ai déjà dit: «Joignez-vous tout simplement à un groupe de méditants et considérez cette activité comme votre avenue personnelle qui conduit à Dieu.»

Il ne s'agit pas ici de détruire les églises comme telles mais de les aviser qu'elles doivent répondre à votre besoin spirituel de connaître Dieu directement. Si elles ne peuvent pas accepter cette mission à l'égard de leurs membres soyez assurés qu'elles deviendront périmées. Car c'est maintenant l'Age d'Or... un temps d'évolution spirituelle qui exige le changement et la volonté de délaisser vos vues égoïstes pour réaliser le dessein planétaire de Dieu. Vous ne connaîtrez les intentions de Dieu que si vous vous calmez et écoutez le chant de Ses directives qui sont imprégnées d'amour tout en étant déjà accessibles: Paix! Paix1 Paix! Votre coeur connaît sûrement ce message céleste!

Servez-vous de cet instrument qu'est la méditation pour connaître les détails des moyens à prendre afin que la paix règne et mettez-les en pratique immédiatement dans votre vie quotidienne. Vénérez le message de Dieu et, à mesure que vous l'incorporerez dans votre vie, ce vrai sentier vous fera franchir le pont de la conscience supérieure, celui qui donne accès à la patrie de votre Esprit et qui permet d'établir une relation parfaite avec notre Créateur.

S'il-vous-plaît, tournez-vous vers les rayons du soleil de ces temps nouveaux et laissez derrière vous la brume de la confusion. Vous avez le droit de vivre dans la douce chaleur et la vitalité de la directive personnelle de Dieu en cette vie comme dans la suivante qui est éternelle et *infinie* (1). Vous n'avez pas à vous satisfaire de moins maintenant que vous connaissez la vérité.

Je ne peux que vous conseiller avec ferveur de vous adonner à la contemplation et de pratiquer la méditation avec persistance car l'essence même de l'existence de la Terre a besoin pour se maintenir qu'une majorité d'êtres humains s'adressent à Dieu quotidiennement pour d'être guidés, orientés et pour recevoir la revivification spirituelle de l'amour et de la paix. Comment pouvez-vous être revigorés et nourris spirituellement à chaque jour quand vous êtes entourés de toute cette négativité terrestre? La méditation est efficace; s'il-vous-plaît veuillez vous y adonner en

(1) N. du T. – The eternal everlasting life – traduit par: la vie éternelle et *infinie*.

souvenir de Dieu.

Permettez-moi de répéter ce qui suit afin d'en souligner l'importance. Il y a plusieurs styles ou formes de méditation mais une méthode facile consiste à utiliser la respiration pour calmer votre *mental* pendant que vous vous détendez et que vous cherchez à atteindre la paix intérieure tout en mettant de côté vos liens terrestres. Quand le corps est détendu et que les activités mentales sont au repos, vous recevez plus facilement les directives de votre âme, de vos nombreux guides spirituels, de vos enseignants ou de vos maîtres de lumière qui servent l'humanité sur Terre. En demandant les directives à l'intérieur de vous-mêmes, vous serez amenés à communiquer avec les plus hautes relations possibles pour vous. Vous pouvez à tout le moins commencer dès maintenant à vous asseoir calmement en aimant Dieu de tout votre coeur et en respirant profondément jusqu'à ce que s'estompent vos émotions et vos soucis.

La respiration est un processus naturel aussi vieux que la vie elle-même; elle est à l'abri de toute défaillance pourvu que vous suiviez toujours cette méthode-ci. Commencez votre méditation en reconnaissant que vous êtes une parcelle de la Conscience Christique et en demandant que la lumière pure et l'amour de Dieu soient avec vous. S'il vous arrive d'être approchés mentalement par un être d'essence non physique (même moi) mettez-le au défi en lui demandant: «Appartiens-tu à la Conscience Christique?» Toute entité non physique (ou vibration) doit répondre sans détour à cette question, vous pouvez y compter. **Mais vous devez poser la question!** Les êtres de lumière répondront joyeusement dans l'affirmative à cette question. Dans la possibilité très rare où un être négatif essaierait d'établir un contact avec vous, votre question : «Appartiens-tu à la Conscience Christique?» sera accueillie par un silence ou bien l'entité engagera une polémique où le mot «oui» sera soigneusement évité. En pareil cas, insistez tout simplement pour que cette énergie s'éloigne de vous et ce sera fait. Ceux qui ont une intention spirituelle pure et qui sont dédiés au service de Dieu sont rarement incommodés par des influences négatives. Toutefois, celui qui est encore aux prises avec la peur, la colère, la concupiscence ou qui désire dominer les autres pourrait attirer à lui ces entités d'un niveau vibratoire inférieur. Si pour quelque raison il vous arrive d'être dérangés pendant votre séance de méditation, invoquez simplement la Conscience Christique en sollicitant l'aide de Jésus ou de l'Archange Michael. Si votre méditation représente pour vous un pas de croissance vers Dieu, soyez assurés de notre protection.

Prêtez bien l'oreille à ce que vous pouvez entendre pendant et après cette période de quiétude. Quand la méditation sera devenue une activité inhérente à chaque jour, la puissance de Dieu entrera dans votre vie à la mesure de votre requête et selon le degré de votre acceptation. Si vous persistez dans la poursuite de cet engagement et que vous permettez aux forces divines de vous guider, votre vie changera pour le mieux; ça ne se fera évidemment pas du jour au lendemain mais en temps voulu. Non seulement votre propre vie changera-t-elle mais l'entière conscience planétaire sera améliorée car l'amélioration du petit rôle que vous jouez et le rayonnement de votre paix personnelle sur les autres feront que ces derniers s'enflammeront aussi et cette participation commune sera alors nettement perçue dans le déroulement des choses de votre monde.

Prenez plaisir à méditer, à prier et à contempler car c'est un cadeau du Ciel. Puisse votre exemple de paix et d'amour entraîner plusieurs autres dans cette activité qui vous est actuellement recommandée sur Terre en tant qu'instrument de guérison pour vous-mêmes et pour la planète.

*** A l'écoute de votre voix intérieure ***

Tous les grands saints et tous les grands sages qui ont écouté dans le calme ont eu des expériences mystiques, ce qui veut dire qu'ils ont connu Dieu directement. La même expérience est maintenant à votre portée.

En vérité, ce processus est votre escalier menant aux salles lumineuses de la conscience de l'âme. S'il-vous-plaît mes bien-aimés, venez nous y rejoindre car nous vous y attendons.

Méditez chaque jour de vingt à trente minutes. Faites-le en souvenir de Dieu qui attend votre acceptation de qui vous êtes et de ce que vous êtes. Que ce soit là la preuve ou la démonstration que vous acceptez d'être guidés. En vous asseyant calmement, vous vous remplissez d'une puissante lumière et vous construisez ensuite un faisceau de lumière entre votre corps physique et votre âme. Au bout d'un an environ, soit le temps habituellement requis pour établir la communication avec l'âme, vous pouvez vous asseoir calmement et être guidés au niveau de l'Esprit (ou par votre MOI supérieur) qui, par la télépathie mentale, est en contact avec moi et avec les autres enseignants spirituels du monde.

A mesure que vous vous purifierez dans votre moi inférieur et que vous choisirez de suivre les directives de votre Esprit, vous serez délestés dans votre subconscient de la mémoire de la souffrance, de la colère, des fausses croyances et des limitations étouffantes. Une grande paix suivra ce nettoyage. Lorsque vous êtes purgés de l'ignominie que vous alimentez au-dedans de vous, votre personnalité est alors plus libre de connaître et d'exprimer cette qualité spirituelle de la paix qui est au-delà des limites de votre entendement actuel.

Oui, chaque être humain qui n'est pas relié à Dieu est enchaîné par ces diaboliques pensées négatives transmises par les parents et par tous les membres de la société qui ont tous inculqué leurs propres opinions dans la banque des mémoires du bébé. Même les personnes spiritualisées gardent des informations erronées dans leur subconscient et ce n'est que lorsque ces mémoires enfouies profondément sont ravivées et nettoyées par la lumière que la guérison peut s'opérer. Vous devez accepter de laisser tomber ces croyances erronées, ces barrières négatives et ces entraves quelles qu'elles soient en plus de les abandonner afin de changer (du point de vue spirituel) votre existence de chaque jour.

DEUXIEMEMENT.

Mon autre recommandation consiste à vous inviter à vous joindre à d'autres êtres humains de bonne volonté qui expérimentent aussi la quiétude de la méditation. Vous pouvez ainsi marier vos vibrations d'amour et de paix aux leurs. Alors réunissez-vous régulièrement à chaque semaine et méditez ensemble pendant vingt à trente minutes en laissant se dissiper toute sensation de séparation entre vous. Que l'amour et la consécration à Dieu vous unissent dans une exaltation lumineuse que nous pouvons littéralement voir d'ici, sur les plans supérieurs. Car nous voyons! Et nous savons ! Votre lumière brille comme une petite pointe d'aiguille, elle est un petit point de repaire dans les parties sombres de votre planète même dans les villes où les réverbères répandent des rayons qui repoussent la nuit.

Croyez-moi lorsque je vous dis que vous pouvez mettre vos énergies individuelles en commun lors de cette méditation hebdomadaire. Cette force concentrée est extrêmement puissante et utile à la guérison de la planète et de certaines personnes dont les noms sont alors mentionnés – il en va de même pour atteindre certains objectifs que vous ne pouvez pas encore imaginer. Par conséquent soyez assurés que lorsque deux personnes ou plus s'assemblent dans un but commun précis, nous pouvons nous joindre à vous et amplifier immensément votre lumière et votre énergie parce que lorsque vous avez été dotés d'âmes individuelles il y a des millions d'années les royaumes angéliques ont été appelés à vous protéger et à vous guider dans votre démarche vers la pleine conscience. Ainsi, vous êtes servis avec amour et avec une connaissance qui se situe bien au-delà de celle très limitée de vos personnalités.

Bien entendu, plus grand sera le nombre de personnes qui s'unissent pour méditer, plus grande aussi sera l'amplification de l'énergie et de la lumière. C'est ce qui explique que les groupes nombreux sont extrêmement efficaces pour créer un centre d'énergie d'un pouvoir immense. Quand tous les participants se concentrent pour projeter une même image, par exemple une image de paix, d'amour ou de guérison, une immense lumière concentrée et des arcs-en-ciel s'élèvent jusqu'à nous pour être magnétisés et retournés amplifiés. Evidemment, plus il y a de personnes et plus grande est leur concentration, plus grand aussi est l'impact quand nous y ajoutons la puissance du Ciel. Cette puissance (ou réunion de lumières) dissipe les ténèbres. Alors, que tous ceux de votre groupe reconnaissent qu'ils sont là pour jouer un rôle et demandez que la lumière de Dieu se manifeste pour assister la planète et l'aider à atteindre des objectifs reliés à la paix.

Afin de donner à tous la chance d'apprendre à diriger une méditation, les participants peuvent se relayer au début des séances pour la récitation d'une prière ou pour prononcer une affirmation. Les timides peuvent demander de l'aide si nécessaire mais ils ne devraient pas laisser passer leur tour d'appeler l'amour de Dieu à cause des peurs inhérentes à la personnalité humaine. Vous êtes tous tels que Dieu vous a créés, n'acceptez rien de moins même si vous devez tracer vous-mêmes votre sillon pour présenter graduellement la preuve de ce que vous êtes. Acceptez de franchir le petit pas qui vous conduit à cette certitude.

Il vous faut aussi réaliser que pendant cette période de méditation commune vous ne faites pas que donner de l'amour mais que vous en recevez aussi car vous intensifiez et amplifiez votre propre lumière et votre énergie tout en affermissant le contact avec votre âme... ce qui vous permet de jouir d'opportunités d'un ordre plus élevé, d'agrandir votre connaissance et de rejoindre ceux qui vous attendent dans le silence du bercail.

Si vous ne pouvez trouver un groupe déjà actif, fondez le vôtre à partir de trois personnes ou plus sinon joignez-vous à une seule personne pour pouvoir ressentir la joie qui découle de la bonne volonté et de l'engagement. C'est par votre lumière et par votre amour que le déséquilibre dû à la négativité est tenu sous contrôle.

Quand, au moyen de l'Esprit, vous vous unissez à Dieu et à n'importe quel enseignant qui s'est relié à l'identité et à l'énergie de notre Créateur, vous entamez un processus de guérison intérieure qui vous libère des vieux clichés, de ceux-là mêmes qui vous attirent toujours vers des expériences de vie indésirables. Car vos pensées et vos émotions sont des choses réelles animées d'une vie bien à elles et, lorsqu'elles voyagent dans l'éther après avoir été projetées par votre esprit et par votre corps, elles attirent à elles, de façon magnétique, une autre énergie de même niveau vibratoire. Là aussi les semblables s'attirent, qu'ils soient positifs ou négatifs, ET CE QUE VOUS PROJETEZ VOUS EST RETOURNE TEL QUEL. Jusqu'à ce que vous réalisiez que c'est vous l'auteur de ces vibrations particulières qui vous rapportent une réponse négative, vous serez accablés par la douleur et par la souffrance tout en blâmant Dieu pour vos malheurs – mais cette façon de penser est erronée.

Des changements majeurs s'opéreront quand vous

manifesterez un peu de bonne volonté, quand vous vous tournerez vers le Ciel plutôt que de stagner dans votre état de confusion, quand vous demanderez de l'aide pour vous départir de votre négativité et que vous appellerez la lumière de Dieu pour illuminer votre vie. En vérité la vie deviendra miraculeuse, les individus et les groupes seront bénis. Par conséquent demandez l'aide de Dieu pour entreprendre une vie plus merveilleuse. Et si vous êtes déjà sous la protection de Dieu, demandez sans cesse d'être réceptifs à ce qui vous a déjà été accordé.

Dites-vous: «Dieu, pourquoi suis-je sur cette planète? Que voulez-vous que je fasse aujourd'hui qui puisse promouvoir ma propre croissance et m'aider à mieux aimer et à mieux servir les autres?» En vous asseyant et en communiquant silencieusement avec votre âme, en centrant votre attention avec amour à l'intérieur de vous-mêmes, vous vous relierez petit à petit aux énergies d'amour de votre Esprit, lesquelles assisteront votre évolution spirituelle avec amour et dans la paix. Faites appel à la lumière pour qu'elle vous entoure, vous protège et vous guide en toutes choses. Toute prière sincère en ce sens suffit. La lumière et l'amour sont vos clefs pour un glorieux royaume intérieur. Utilisez-les en toute probité et mettez votre vie au service de Dieu, individuellement et en groupe.

L'amour est la plénitude par laquelle la puissance de Dieu se déverse à travers la personnalité humaine purifiée; il se manifeste dans le monde de tous les jours en tant que paix, lumière et joie. La bonne volonté à vous connaître vous-mêmes et à connaître Dieu suffit. Vous serez transformés dans la mesure où vous méditerez et où vous ferez entrer Dieu dans votre vie. L'harmonie deviendra votre identité et celle de la Terre par ricochet.

Je veux souligner comment ces changements se produisent et pourquoi. Ils sont une conséquence naturelle de votre amour pour Dieu et de votre bonne volonté de vous libérer de vos pensées négatives. Autrement dit: «Renaissez à la vie.»

Au moment de la soi-disant «chute», tous reçurent des âmes individuelles pour apprendre la leçon de l'amour, du dévouement et de la sagesse en tant que prolongements de Dieu. Une ligne de communication à partir de l'Esprit Saint à l'intérieur de la grande conscience de Dieu fut reliée à chaque âme terrestre afin de toujours maintenir la communication spirituelle. C'est ainsi que votre âme est reliée à Dieu et quand votre personnalité est dégagée de ses impuretés, elle peut rejoindre votre âme elle-même et s'engager au-delà de celle-ci. Cette communication de Dieu avec l'âme et de l'âme avec la personnalité apporte l'illumination.

Certaines âmes reçoivent plus que d'autres à cause de leur bonne volonté et de leur expérience antérieure en ce sens. Certains individus ont déjà acquis la maîtrise d'eux-mêmes mais plusieurs autres sont encore au stage de l'apprentissage. Puisque les âmes humaines sont en croissance constante, ne doutez pas que d'autres créatures puissent voir et entendre aujourd'hui certaines manifestations de la vie universelle auxquelles vous n'êtes pas encore parvenus. Toutefois, le dessein de Dieu veut que tous au rythme de leur croissance et de leur évolution puissent voir, entendre et ressentir les choses au-delà du monde physique. Vous devez sûrement reconnaître ce potentiel en vous-mêmes! N'êtes-vous pas capables de choses bien au-delà de ce que vous avez déjà accompli?

De même que certains sportifs sont plus adroits que d'autres et que certains médecins sont réellement plus guérisseurs que leurs confrères, ainsi en est-il des communications avec Dieu et avec les forces de la lumière. Certaines âmes y parviennent mieux que d'autres. Mais toutes les âmes sont aptes et encouragées à devenir des maîtres dans ce secteur de leur vie. Cependant, comme dans toute chose qui vous tient à coeur, il faut la sincérité et d'honnêtes efforts pour y parvenir. Je vous assure que nous des royaumes célestes communiquons déjà avec plusieurs âmes de la Terre au sujet du dessein de Dieu pour la planète et des changements à venir; nous aidons aussi des personnalités humaines dans leurs activités quotidiennes en vue de créer le Ciel sur Terre – une manifestation qui est imminente. En fait, je parle aujourd'hui avec une âme qui accepte de transcrire les pensées que je vous dédie.

Il faut se rappeler ici que dans la connaissance spirituelle il y a autant de niveaux d'habileté et de qualité qu'il en existe en tout autre domaine. Je répète le mot **qualité** pour le développer davantage. Un jour lorsque vous serez tous réunis à Dieu toute la création aura les pleins pouvoirs spirituels de connaître au-delà des sens physiques comme c'était le cas antérieurement. Mes bien-aimés, ce sera le retour de puissantes habiletés oubliées et ce sera naturel. En attendant, plusieurs possèdent quelques-unes ou une partie de ces habiletés souvent identifiées sur votre Terre par l'expression *pouvoirs psychiques*.

Je vous rappelle que le mot psychique veut dire à l'origine: venant de l'esprit. Le niveau de développement de la personne n'étant pas apparent, il faut être circonspect dans votre recherche de ceux qui se réclament d'avoir des dons psychiques. Assurez-vous qu'ils sont engagés spirituellement dans le service à Dieu et à l'humanité. Ce n'est que de cette semence que le bien croîtra et fleurira.

L'information la plus fiable est celle qui vient de la connaissance intuitive – ou par la *connexion* directe (ou médiumnité) lorsqu'elle est hautement développée – et c'est à cette réalisation que doivent tendre vos efforts. Ne croyez jamais ce que les autres vous disent sans en reférer à l'intérieur de vous-mêmes et ne vous abandonnez jamais totalement à eux pour ce qui est de la gérance des situations de votre vie, de vos problèmes et du reste; mais faites usage de ce qu'on vous offre d'une manière réfléchie et d'une façon spirituelle. Mes bien-aimés, même ces mots que je vous adresse présentement devraient subir le test de votre coeur.

Vous devriez déjà développer l'aptitude de votre âme à vous communiquer la direction et la compréhension des choses bien que vous puissiez apprendre beaucoup des grandes âmes de la Terre qui canalisent présentement des messages spirituels. Je vous répète que même si vous demandez à une autre personne de servir de médium à votre intention, c'est d'abord de Dieu que vous devez rechercher l'assistance à travers vos méditations quotidiennes et par l'évaluation de vos rêves, les deux étant vos avenues personnelles pour connaître la vérité. Vous devez mettre autant d'ardeur dans ces deux activités que vous en mettriez pour accomplir n'importe quelle prouesse.

Par conséquent, permettez la manisfestation de votre source de direction intérieure en abandonnant tout doute quant à la possibilité d'une telle manifestation et demandez avec respect et sincérité que l'ouverture de votre connaissance supérieure se fasse d'une façon sûre tout en recevant la protection voulue. Si en demandant cette expansion de votre conscience, votre véritable intention est d'aimer Dieu plus profondément et d'aimer vos frères et vos soeurs comme vous-mêmes, alors le Ciel se penchera sûrement sur vous pour vous aider à accroître ce développement.

Si vous acceptez vraiment de vous connaître vous-mêmes, vous trouverez plusieurs activités terrestres qui sont présentement accessibles à ceux qui veulent croître et se développer de cette façon. Ecoutez votre voix intérieure, vous serez dirigés vers ces êtres terrestres qui ont les mêmes aspirations que vous et qui peuvent vous enseigner toutes choses. Toutefois nous sommes aussi bien des élèves que des enseignants les uns vis-à-vis des autres. Même les anges apprennent des êtres humains au cours de leur intervention auprès de l'humanité pour l'aider dans son évolution spirituelle.

En ce moment nous procurons beaucoup d'aide à la Terre afin que toute personne qui veut sincèrement grandir en amour et en connaissance de soi n'en soit empêchée. Croyez bien que vous pouvez actuellement nous connaître – nous des royaumes célestes – de façon bien tangible et au fur et à mesure que nous comblons l'écart entre votre incrédulité et la réalité de Dieu. Exprimez simplement votre désir et appuyez-le avec votre intention de le mettre à exécution. Cette recette pour connaître la vérité dans l'amour est réellement infaillible car elle fut créée par Dieu. Réjouissez-vous qu'il en soit ainsi!

Mariez le cadeau de Dieu à la ferveur joyeuse de votre âme et voyez ce qui vous arrive dans cette aventure qui se déroule sans fin dans l'univers. Le Créateur a plusieurs demeures, retenez la vôtre en mettant votre plan de vie en voie de réalisation au moyen de la méditation et soyez reconnaissants au Créateur qu'il y ait un plan et que vous soyez admis à y participer consciemment. Quel magnifique cadeau!...

Remarquez combien de fois je vous ai suggéré – et je continuerai de vous y encourager – de vous centrer à l'intérieur de vous-mêmes au moins une fois par jour dans une attitude calme de méditation pour être amenés à entendre la voix qui transmet les directives de Dieu à l'intérieur de votre être. Je me répète à cause de la nature critique de l'heure historique qui sonne pour vous et de l'inépuisable et éternel amour que j'éprouve pour l'humanité. Ma réaction ressemble à ce que l'on ressent face à un enfant qui joue avec des allumettes près d'un réservoir à essence laissé ouvert. Je suis profondément troublé et je ne peux m'empêcher de parler car vos bellicistes de la Terre jouent avec des allumettes qui ne peuvent apporter que dévastation et remord. Nous des royaumes supérieurs, nous sommes angoissés à cause de cette magnifique Terre que vous appelez votre patrie et à cause de cette création de Dieu qui est en déroute. C'est ce qui explique notre retour pour tenter de vous relier à votre MOI divin ou à votre instructeur intime afin que vous obtempériez devant le sérieux et l'importance de cette recommandation au lieu de vous contenter d'en évaluer la gravité et l'étendue.

Mes bien-aimés, je vous ai dit que c'est à vous de tisser *de votre plein gré* ce lien entre Dieu et vous-mêmes. Au moyen d'une énergie invisible cette méditation quotidienne forge actuellement un appareil de communication d'une substance merveilleuse et d'une grande beauté mais que vous ne pouvez pas voir. Lorsque ce lien aura été construit grâce à votre dévotion sérieuse et constante, des sources élevées et variées vous apporteront beaucoup d'informations comme par radio inter-stellaire ou par télévision. Les Esprits ne peuvent vous rejoindre tant que ce système de communication n'a pas été établi suite à votre engagement et à votre persévérance.

Grâce à cette pratique, quelques-uns peuvent en venir à voir de merveilleuses énergies lumineuses autour des choses vivantes. Mais la plupart des êtres humains sur Terre sont ignorants de ces choses et présentement ils ne peuvent voir ni la lumière ni les couleurs ni la Puissance qui a créé l'univers. Une fois en rapport avec les plans supérieurs, quelques-uns recevront nos pensées par télépathie ou même par clairaudience ou bien ils sentiront les choses ou ils les sauront tout simplement.

Vos savants commencent à réaliser en ce moment que toute la vie est reliée comme dans un réseau de particules d'énergies, d'ondes ainsi que de forces et d'entités qui n'ont pas encore été découvertes. Bientôt vous appréhenderez plusieurs des lois universelles inconnues qui sont demeurées incomprises ou qui n'ont pas encore été décelées.

En ce moment par exemple, nous des royaumes spirituels faisons pleuvoir sur votre planète des vibrations et des fréquences d'amour de plus en plus élevées pour vous aider dans l'évolution de votre âme. Vous pourriez imaginer que vous êtes nourris d'une substance miraculeuse qui vous confère une compréhension plus vaste, une vision élargie du cosmos ainsi que la joie de la guérison qui vient lorsque l'amour de Dieu se déverse sur vous comme un baume sur une brûlure. Certaines personnes sont conscientes de cette energie d'amour mais plusieurs n'en reconnaissent rien. Même si ces vibrations sont ressenties, elles ne sont généralement pas perçues avec les yeux, ce pourquoi elles sont déniées.

Pendant votre méditation, ces immenses apports pour améliorer la qualité de votre énergie vous permettront d'élever votre identité de simple terrien à celle d'un être ayant une nature plus cosmique. Cet affinage de l'énergie est un autre pas dans la transmutation de la nature inférieure des êtres humains en une nature céleste. En vérité, le fils de l'homme a maintenant la chance de s'élever au rang suprême de fils de Dieu. C'était là ma mission et ce l'est encore c'est-à-dire ramener mes frères et mes soeurs au bercail, au Créateur. Pour accomplir cette tâche, j'ai ici avec moi beaucoup d'aide qui est fournie par toutes les religions de toutes les époques... mais nous réclamons maintenant votre aide terrestre.

Par la méditation, vous pouvez élever les vibrations de votre énergie et nous rejoindre au bercail. Prendrez-vous cette décision et nous inviterez-vous? Car nous n'avons pas le droit d'établir la communication mentale avec aucune âme qui nous en refuse l'accès. A ceux qui choisissent Dieu, laissez-moi préciser le genre d'engagement qui est exigé et les résultats que vous atteindrez suite à ce choix spirituel.

Lorsqu'au moyen de la méditation et d'une période d'immobilité silencieuse vous commencerez à bâtir ce système de communication entre votre personnalité humaine et votre Esprit ou votre MOI supérieur, la lumière se construira d'une façon vraiment physique et perceptible aux personnes psychiquement douées qui l'observent. Mais le système ne se bâtit pas du jour au lendemain. C'est un processus graduel pour la plupart des êtres humains, à moins qu'ils ne soient déjà très engagés ou qu'ils viennent tout juste de vivre une expérience qui les a amenés au bord de cette prochaine étape spirituelle. A mesure que ce pont sera forgé à partir de l'énergie de votre implication il se produira un changement graduel dans votre vie qui entraînera une nouvelle compréhension des choses. Dans moins d'un an, vous vous sentirez définitivement plus en paix et vous recevrez des directives intérieures pour vous aider à poursuivre une vie quotidienne de la plus haute qualité. Vous devez donc être persistants et patients dans vos dévotions et dans vos pratiques.

Si vous méditez quotidiennement ou si vous vous réunissez avec d'autres amis qui partagent vos vues ou encore si vous vous joignez à des groupes de bonne réputation, l'accélération de votre progrès spirituel et l'affermissement de votre système de communication intérieure (resté en latence dans les secteurs inutilisés de votre cerveau physique) en bénéficieront grandement. Un jour prochain, vos médecins et vos savants découvriront que les glandes pinéale et pituitaire fonctionnent comme un gigantesque cristal en corrélation avec cette partie importante du cerveau qui n'est généralement pas utilisée par l'humanité en ce moment. On comprendra alors le processus aussi bien que l'aptitude à la télépathie mentale. Ne faites pas attention à ceux qui disent: «Je suis incapable de méditer» ou «Je ne peux pas rester assis immobile aussi longtemps» ou qui expriment toute autre excuse relevant de l'égo personnel. J'ai entendu des gens dire: «Ça me paraît stupide» ou «Je n'ai pas de temps à perdre».

Je vous assure que ces perceptions limitées sont ridicules et sans valeur. La vérité, c'est que des périodes de silence et d'inactivité sont possibles et nécessaires à toute personne normale. De quelle autre façon pouvez-vous apaiser votre *mental* qui est coincé dans le tumulte quotidien et parvenir à rejoindre Dieu ainsi que ceux de nous qui évoluent dans les quatrième, cinquième, sixième niveaux de conscience ou sur les plans encore plus élevés au-dessus du vôtre?

Seuls quelques êtres humains ont communiqué si intimement avec l'Esprit (comme je l'ai fait) qu'ils sont **devenus la méditation.** Bien sûr, ce sont là des exceptions mais tous peuvent assimiler le processus facile que je vous ai illustré. Chaque jour, immobilisez-vous (quelle que soit l'appellation que vous donniez à cette attitude) et imposez le silence à vos pensées fébriles. Vous grandirez par cette pratique et tous bénéficieront de la plus grande harmonie et de la paix intérieure que chacun de vous commencera à manifester. Sauriez-vous nier en ce moment que votre intellect n'est jamais parvenu à un tel résultat?

LA MEDITATION PERMET LE LIEN AVEC LA SOURCE ORIGINALE, AVEC LA FREQUENCE DE DIEU. Cela ressemble beaucoup à vos appareils de télévision ou de radio qui doivent être syntonisés pour obtenir une bonne réception. Ce que nous des royaumes supérieurs vous offrons, c'est d'aligner ou de syntoniser chaque être humain sur la fréquence de la création originale. Dieu se situe présentement à un point éloigné dans votre conscience, nous devons donc servir de relais pour vous permettre de recevoir plus clairement ces vibrations de pensée.

La vibration de Dieu se dirige présentement vers vous en passant par moi et par d'autres êtres appelés «rayons». Les énergies de l'Etre Central passent par nous pour ensuite atteindre la planète Terre. Donc, les énergies de support sont ici, à votre portée, si vous disposez de l'équipement adéquat pour les transformer en sons et en images. Malheureusement, la plupart des êtres humains agissent sans se syntoniser, ce qui les amène à se sentir différents des autres, confus et agités.

Par contre, si quelqu'un abordait les humains et s'il les syntonisait comme un poste de télévision, toute la population de la Terre pourrait être sur la même vibration de pensée – mais votre libre arbitre nous interdit une telle intervention. Le libre arbitre, ce cadeau de Dieu, exige que l'aide soit demandée pour en être gratifié; c'est la raison pour laquelle tant de gens doutent ou sont dans l'ignorance. Par contre, une fois syntonisé l'être obtient la lumière brillante de la vérité parce que la fréquence du canal est bien ajustée; la personne est alors «branchée» et la vie est magnifique. Le désir de faire du tort aux autres n'existe plus. La personne ne cherche plus qu'à faire le bien. Il ou elle vit la paix.

La méditation est une méthode qui syntonise l'humanité, elle est accessible à tous ceux qui veulent choisir de s'y appliquer. En choisissant délibérément de s'asseoir dans le silence, les fréquences s'harmonisent et la conscience qu'il y a la Grande Source, l'Initiateur, peut être ressentie. Ce que vous appelez la Conscience Christique est une lumière d'amour (même à l'intérieur d'un corps physique) qui conserve l'entière perception de Dieu et qui maintient son engagement envers Lui.

Ma mise au point consiste par conséquent à vous dire simplement ceci: tous ces enseignements au moment où l'ensemble des êtres franchit le seuil de l'Age d'Or visent à aider chaque individu à devenir bien syntonisé ou à se *brancher* avec le Dieu intime à l'intérieur de lui-même. Car chacun de vous possède en lui l'étincelle ou la possibilité de connaître Dieu, le premier et l'unique Dispensateur de l'énergie et de la lumière qui alimentent toute vie. Le fait d'être en relation avec cette Source procure la vie éternelle ou, si vous désirez une autre expression, il donne la vie sans fin.

Dieu vous a donné ce dont vous avez besoin pour fonctionner sur la Terre et pour acquérir la maîtrise de vous-mêmes. Les rêves, les prières et la méditation vous aident en ce sens. La révélation divine est même possible pour certains. Ne doutez pas. Agissez comme si tout était possible et demeurez dans l'attente des changements miraculeux qui ne manqueront pas de se produire.

En reliant votre personnalité inférieure à votre partie originelle qui est la plus élevée en vous (votre partie divine), certains d'entre vous seront capables de recevoir des communications télépathiques mentales en provenance de l'Esprit... d'après le rythme de croissance de votre puissance et selon que vous saurez diriger votre habileté et votre engagement. A mesure que la voix intime de Dieu se précisera en vous, vous jouirez d'une paix et d'une joie inexprimables. Servir Dieu de cette façon est la marque unique d'une personne illuminée au moment de notre entrée dans l'Age d'Or.

Jusqu'ici vos églises et vos écoles vous ont saturés de faits dont plusieurs sont faux, non parce qu'ils veulent vous leurrer mais simplement parce qu'eux-mêmes et les valeurs sociales qu'ils véhiculent ne comprennent pas votre véritable nature ni le sens réel de l'éducation. L'éducation est la réalisation de la vérité qui vient de la plus haute Source spirituelle et qui se déverse à travers le système de communication de chaque âme pour atteindre la personnalité terrestre et l'informer. Nous ne blâmons pas spécifiquement les éducateurs. Par contre, nous les incitons ainsi que toute la société à bien réaliser que le véritable but de l'éducation est de fournir un processus spirituel de développement où chaque personne et l'humanité entière puissent trouver ce qui représente leur bien.

L'Age d'Or exige absolument que l'humanité évolue vers une nouvelle nature plus aimante, qu'elle s'engage dans la vénération de Dieu et dans la paix au-delà de tout. Ceci ne veut pas dire que vous avancerez spirituellement de façon automatique.

J'ai remarqué que plusieurs soi-disant chrétiens pensent qu'ils peuvent s'assurer l'amour et le pardon par la grâce de Jésus ou par celle de d'autres enseignants religieux et qu'ils peuvent ensuite se permettre de demeurer inactifs et satisfaits d'eux-mêmes, voire fainéants, hypocrites et suffisants. Ce n'est pas ainsi. Mon nom ne vous garantit définitivement pas quelle place vous pourrez atteindre dans les maisons de mon Père. Cette affirmation signifie seulement que vous avez choisi de vivre l'amour au lieu de la peur, de la haine et de la culpabilité et que vous êtes prêts à professer cet amour de plus en plus ouvertement.

Vous devez être prêts à apprendre et à suivre les instructions de Dieu. Vous devez être capables de manifester la plus haute forme d'amour possible. Vous devez plus que tout adorer Dieu sincèrement, vous aimer vous-mêmes comme les royaumes célestes vous aiment et aimer toute la vie autant que vous-mêmes. Soyez l'amour! Témoignez l'amour. Devenez le Christ. «Christ» signifie lumière. Soyez une lumière aussi puissante et brillante que vous le pouvez si vous devez progresser grâce à cette opportunité qui vous est donnée de démontrer ce que vous êtes venu apprendre. Le contraire de la lumière est la noirceur ou la mort!

En raison des erreurs enseignées par vos religions au sujet de la mort, je m'empresse de vous assurer que l'expérience que vous appelez *la mort* ne vous conduit pas dans une existence éternelle, calme et ennuyeuse telle que souvent décrite à l'enseigne des religions chrétiennes. Le ciel n'est pas un lieu de vacances continuelles. Nous ne faisons pas que jouer de la harpe en attendant que quelque chose se passe! Nous sommes essentiellement vivants, impliqués dans plusieurs endroits et chargés de nombreuses missions qui servent le Créateur. Cet endroit nous offre l'opportunité stimulante de progresser continuellement et de servir des objectifs de plus en plus élevés. Pensez-vous que je ne sers pas dans des desseins de plus en plus grands Celui que vous nommez Dieu? Si vous croyez que tous les morts dorment jusqu'au jour lointain du jugement vous avez une image tout à fait erronée et une fausse conception de la vie et du but spirituel. Par conséquent je vous le dis, vos actions sur la Terre comptent; lorsque vous aurez accepté l'Esprit dans votre vie, apportez votre collaboration à votre investissement futur dans les royaumes célestes.

Croyez à *un univers en continuelle expansion* où tous ont la chance d'apprendre et d'aimer et faites tout pour exprimer l'amour et pour servir sur la Terre. Cet amour en expansion ne rend-t-il pas le Ciel possible sur la Terre? Des spirales de lumière apparaissent partout à mesure que nous de la lumière aidons à élever l'humanité et la planète dans les royaumes célestes hors du temps. Les «nombreuses demeures» dans le ciel nocturne ne luisent-elles pas et ne se déploient-elles pas d'un horizon à l'autre? Là encore, vous n'avez qu'une vue microscopique de l'univers parce que la planète Terre n'est qu'une petite banlieue dans les parages de la Voie Lactée. Au centre de cette galaxie en continuel mouvement de pulsation se trouve le siège du pouvoir spirituel auquel est soumis votre petit système solaire, ce que vous ignorez encore. Mais en faisant confiance et en vous soumettant à la volonté du Créateur vous, les enfants de la Terre, verrez le dessein de Dieu se révéler à vous selon Sa volonté dès maintenant dans les temps présents. Ayez confiance, mes bien-aimés! Ayez confiance! Il y a un plan et l'heure est venue. Sa réalisation ne peut être retardée!

En guise de conclusion: je veux souligner deux autres sujets: **les rêves et les prophéties** qui sont aussi des cadeaux de Dieu à ses enfants très, très éloignés de leur demeure.

LES REVES.

Les êtres humains ont toujours eu le pouvoir d'apprendre et de recevoir des instructions par les rêves. Je souris quand j'entends des humains mal informés dire: «Je ne rêve pas». Dites plutôt que vous n'avez pas choisi de vous rappeler vos rêves, ce qui serait plutôt la vérité. En toute chose vous avez le libre arbitre et c'est à vous de vouloir délibérément vous rappeler vos rêves... tout comme vous devez demander et désirer toute chose que vous voulez vraiment dans la vie.

Pour une variété de raisons, tous les êtres humains rêvent la nuit même s'ils n'ont pas pris la décision de s'en souvenir. D'abord et avant tout, les rêves vous sont donnés pour vous inspirer et vous rappeler votre véritable état de conscience. Ils représentent un genre de communication interdimensionnelle (venant de vos guides, de vos enseignants ou des anges) qui vous apportent l'encouragement et le support utiles à l'évolution de votre vie. Les rêves sont aussi des symboles de la connaissance de soi qui peuvent apporter le soulagement et la libération de la douleur, de l'anxiété, du chagrin, enfin de toutes les émotions terrestres négatives telles que vous les vivez jour après jour.

Lorsque vous vous êtes débattus en vain pour obtenir une réponse à des problèmes urgents ou pour relever sans délai certains défis, les rêves peuvent apporter rapidement une réponse qui a échappé au raisonnement – celui-ci étant rebelle à tout ce qui ne peut être perçu par les cinq sens physiques. Ainsi, les rêves peuvent vous aider à résoudre des problèmes et ils recèlent habituellement une réponse spécifique et parfaite pour toutes les personnes concernées. Ils sont donnés à tous ceux qui les demandent et ils fourniront vraiment une orientation venant d'un niveau supérieur. L'intervention céleste ne vaut-elle pas la peine d'encourager et d'enregistrer ces manifestations? Car le rêve peut s'évanouir dans un baillement ou dans la nuit de votre chambre à coucher avant que vous n'ayez le temps de le noter par écrit – à moins que vous n'adoptiez de nouvelles habitudes et que, avec persévérance, vous les enregistriez avec l'intention d'en tenir compte dans le cours de votre vie. Vous recevez du courrier chaque jour, pourquoi ne pas recevoir aussi vos messages chaque nuit et réagir avec le sérieux que méritent les rêves?...

Que les hommes aussi bien que les femmes demandent d'abord de rêver même si celles-ci ont plus d'aptitudes dans ce domaine. L'objectif est que chacun, indépendamment de son sexe, parvienne à équilibrer en lui les deux caractéristiques mâle et femelle car l'intellect seul est froid, insensible et menace violemment la vie par les bombes qu'il fait sauter et le saccage cruel qu'il fait subir à la Terre-Mère. L'esprit a besoin des deux aspects amour et sagesse pour atteindre son équilibre parfait. Le soleil et la lune, l'intellect et «l'amour providence» (2) doivent se combiner si vos âmes veulent trouver la paix véritable. De cette androgynie équilibrée naît la paix qui se répand dans les éthers.

Ainsi, un mâle devra conjuguer en lui les plus hautes qualités masculines et féminines pour les manifester dans la vie – tout comme la femelle, d'ailleurs. Votre monde se débat actuellement pour comprendre ce principe et pour acquérir la croissance qui découle de son application. Il n'appartient pas qu'aux femmes d'exprimer l'amour et de développer un comportement sage et équilibré, c'est aussi le devoir des hommes. Car l'équilibre intérieur est la clef. Tous doivent établir cet

(2) N. du T. – Nurturance – traduit par «amour providence».

équilibre (sans égard au corps physique utilisé) pour parvenir à la maîtrise spirituelle.

Rêver est donc à la fois pratique et inspirant, c'est aussi l'un des outils que Dieu vous a donnés lorsqu'Il vous a alloué à chacun une âme individuelle au moment où vous avez quitté l'âme-groupe originelle, cette demeure unifiée de tous les Esprits. Ce cadeau de Dieu à chaque être humain devrait servir de moyen de se défaire de ses émotions négatives, de guide dans ses affaires quotidiennes et d'instrument pour se connaître en profondeur et pour croître spirituellement.

Puisque les rêves proviennent d'une autre dimension, ils sont donnés sous forme de symboles afin d'éviter les distorsions du *mental*. Soit dit en passant, le sommeil n'a pas pour seule fonction de reposer et de revigorer votre corps physique, il permet aussi de nettoyer les émotions et de rétablir l'harmonie. Toutefois vos médecins ne croient généralement pas aux raisons d'être du sommeil; ils ne comprennent pas (ou ne savent pas) que votre faculté consciente puisse vraiment quitter sa forme humaine et faire des incursions dans les niveaux plus élevés de sa conscience, au Ciel et avec Dieu. Cette reconnaissance les aiderait pourtant à comprendre l'importance du repos, de la relaxation et de la détente car ce n'est que lorsque vous mettez une sourdine aux activités frénétiques de votre intellect que vous pouvez vous échapper des limites terrestres, aller apprendre et vous recréer dans le monde céleste. Cependant, tout cela deviendra bientôt plus clair pour tous ceux qui y sont intéressés et les soins de santé pourront être pratiqués de façon holistique et plus complète.

Parce que les rêves sont interprétés au niveau des sentiments et qu'ils sont par le fait même des balises au niveau émotionnel, ils procurent une plus grande paix et ils favorisent l'abolition des obstacles à la présence de l'amour. Par cette forme d'orientation dramatisée, les rêves livrent un genre de sténographie subtile pour aider à promouvoir la santé. Puisque les rêves existent dans toutes les cultures, soyez assurés qu'ils constituent un moyen d'apporter à votre personnalité humaine la conscience du soi en rapport avec l'Esprit.

Si vous avez de la difficulté à comprendre et à interpréter vos rêves, faites appel aux *personnes ressources* de votre communauté qui s'intéressent aux rêves et à la rêverie ou entreprenez simplement de les scruter vous-mêmes tout en demandant l'aide de votre guide intérieur. C'est avec votre bonne volonté que vous ouvrez la voie qui vous permet de vous connaître et de grandir.

Les rêves comme les films symboliques vous font savoir où vous en êtes, le but à poursuivre et les progrès réalisés dans votre vie. Qu'ils vous servent car ils vous furent donnés dans l'amour par l'Etre Suprême qui vous garde en mémoire tels que vous étiez; Il a conservé votre royaume originel qui a été élaboré dans l'éclair holographique et électrisant de votre création. Que ces capsules de vérité vous aident à vous délivrer de l'asservissement de la Terre et du sentier que vous parcourez ici car c'est le temps d'écouter et de recevoir comme dans la méditation. Soyez reconnaissants de ne pas être seuls dans votre périple et qu'une éternité de secours et d'aide vous entoure.

LES PROPHETIES.

La plus haute forme de contact supraconscient ou spirituel est une vision d'un impact profond qui surgit à travers les ténèbres de votre conscience avec une telle clarté que vous ne pouvez l'oublier de toute votre vie. La sensation et la puissance de ces visions sont si intenses et tellement réelles que vous êtes temporairement emportés au-delà des limites imposées par les sens physiques pour être reçus en audience par une forme supérieure de l'Esprit, ce qui est inoubliable! Quiconque a une expérience de cette nature la garde dans son coeur comme un doux trésor. Il arrive rarement à la plupart des êtres humains d'avoir des visions mais elles deviendront de plus en plus fréquentes dans les temps nouveaux.

Il est important de noter aussi que vos méditations vous apporteront davantage d'états de rêve pendant lesquels nous pouvons vous guider afin que votre conscience puisse introduire la dimension céleste ou la quatrième dimension dans la réalité terrestre. Par conséquent, à défaut d'expérimenter une grande vision préparez-vous à recevoir ce que vous appelez des rêves prémonitoires ou des annonces d'événements futurs dont votre connaissance consciente de tous les jours n'avait aucune notion antérieure. Vous pouvez être informés presque immédiatement, à l'intérieur de votre propre conscience, des avertissements et des appels à l'aide qui peuvent être rendus nécessaires à cause de mouvements terrestres soudains, de catastrophes, de dévastations ou de guerres déclenchées par les hommes.

La prémonition ou la connaissance des choses avant qu'elles n'arrivent deviendra de plus en plus courante pour plusieurs d'entre vous. Encore là, acceptez ce cadeau avec gratitude car son but est de vous mettre en garde. Connaître une chose avant qu'elle ne se produise est un cadeau de votre âme. Rappelez-vous: selon les écritures de vos Livres Sacrés, les prophéties étaient d'une importance souveraine et les prophètes étaient toujours les messagers d'événements annoncés avant leur déroulement. J'ajouterai qu'ils n'étaient généralement pas crus par la majorité des êtres humains qui sont limités dans leurs corps physiques et incapables de percevoir l'énergie de la lumière ou la Source du pouvoir de leur propre existence.

Réalisez que la connaissance des choses généralement considérées comme étant invisibles et impossibles à voir va changer avec le Nouvel Age à mesure que le Ciel et la Terre se marieront encore une fois l'un à l'autre dans la plus haute vibration de l'existence. La connaissance au niveau de votre âme de choses inaccessibles à vos cinq sens physiques deviendra de plus en plus courante. Ce sera très naturel pour plusieurs de recevoir la vérité grâce à des *perceptions psychiques* – selon l'appellation donnée. Il y a plusieurs façons d'être «psychique» qui sont spirituellement acceptables – la forme la plus élevée étant la communication qui vous relie à votre Esprit et aux enseignants spirituels comme moi-même quand votre âme se concentre sur nous.

Par conséquent, dans les temps à venir il y aura dans tous les pays des prophètes qui, pendant qu'ils seront en communication avec nous de vos royaumes célestes, décriront les événements et les circonstances inaccessibles et invisibles pour le corps physique et l'intellect. Des variantes apparaîtront dans l'information reçue car ici dans la dimension terrestre les qualités particulières de la personnalité humaine peuvent intervenir. Si vous voulez recevoir les messages dans leur forme la plus pure rappelez-vous s'il-vous-plaît que vous ne serez aptes à capter et à transmettre de la façon la plus fidèle qu'en autant que vous vous nettoierez du plus grand nombre possible d'aspects négatifs de votre personnalité.

Les méditations hebdomadaires que vous partagez avec d'autres personnes animées du même idéal d'amour que vous, vous aideront à bâtir un sanctuaire où la vérité pourra résider sans contrainte. Dans ce processus de croissance mutuelle et de partage il vous sera révélé avec sérieux et précision beaucoup de conditions et d'événements à venir.

Ne soyez pas surpris si dorénavant vous commencez à apprécier davantage la vie et les choses qui offrent une valeur durable dans votre vie quotidienne. Peut-être entendrez-vous de la musique céleste ou bien les rimes joyeuses de la poésie se mêleront-elles à vos pensées quotidiennes. Les animaux et les oiseaux –

toute la vie – ressentiront la douceur de votre vibration d'amour grandissante et y feront écho. Si l'oiseau-mouche virevolte autour de votre tête et s'attarde un instant au milieu du tourbillon provoqué par la giration de ses ailes pour vous saluer et vous bénir, laissez votre coeur s'emplir de joie et retournez un message d'amour à cette petite boule de plumes qui a reconnu votre lumière. Et ne tuez rien sans nécessité. Rappelez-vous le commandement de Dieu: **TU NE TUERAS POINT** et faites en sorte d'obtempérer le plus parfaitement possible à cette injonction.

Si pour vous nourrir il vous faut tuer un poisson, une volaille ou une plante remerciez et bénissez cette vie de sorte que son existence aura été honorée. Ne voudriez-vous pas la même chose pour vous-mêmes? Traitez votre propre corps avec amour et il vous paiera de retour en vous gratifiant d'une bonne santé.

S'il-vous-plaît honorez l'ensemble des choses vivantes créées par Dieu à partir du plus petit brin d'herbe jusqu'à la nova qui explose. En honorant le cosmos vous vous honorez vous-mêmes parce que la vie naît à partir de l'énergie qui devient matière et qui retourne ensuite à la Source. Ces rituels terrestres de commencements de vie puis de transformations dans un état différent d'énergie sont présents partout autour de vous pour des raisons évidentes. Dieu est tout et Dieu est en tout. Par conséquent, saluez-vous vous-mêmes et saluez toutes choses vivantes en hommage au panorama fascinant que vous déployez dans l'univers. Mes bien-aimés, vous n'avez qu'un aperçu de tout ce qu'il en est. Il y aura encore tant de choses à savourer et à apprécier quand vous serez parvenus à savourer et à apprécier ce qui se présente déjà à vous ici sur la Terre et dans votre propre système solaire!...

A vous les porteurs de la lumière sur la Terre nous offrons notre gratitude pour votre travail et pour votre service à Dieu et nous vous assurons, chacun de vous, que vos noms et vos actions nous sont connus de la même façon que vous connaissez votre propre enfant. Ne craignez jamais pour votre sécurité et pour votre protection. Nous sommes toujours avec vous, surtout pendant cette période de transformation après laquelle une nouvelle place vous sera réservée et où il vous sera donné une plus grande opportunité de connaître à nouveau le Ciel grâce à une relation plus intime.

Rappelez-vous que cette Terre était vouée à devenir un modèle de paix, le joyau de votre propre système solaire et la plus magnifique dame de ce quadrant de la galaxie. Elle sera amenée dans la gloire, indépendamment du nombre d'âmes qui manquent à leur devoir d'honorer leur Père spirituel et leur Mère la Terre qui à même son sol généreux nourrit leur corps avec amour.

Ceci étant dit, examinons maintenant le comportement qui convient au genre humain sur cette planète.

N'entretenez pas de doute au sujet de votre responsabilité et de votre pouvoir. En tant que co-créateurs à l'entraînement, vous pouvez faire beaucoup individuellement et en groupes pour apporter la paix **car la paix est la seule solution.** Elaborez donc des pensées de paix. Méditez et priez **tous les jours** au moins vingt à trente minutes sans faute. Ayez un comportement pacifique. Au moins une fois par semaine joignez-vous à d'autres personnes comme vous qui ont le coeur et l'âme pacifiques et ensemble méditez pour la paix.

Penchez-vous sur ceux qui sont perdus, effrayés ou qui ne sont pas engagés pour la paix, pour l'amour ni pour Dieu. Mais rappelez-vous qu'ils sont libres de rejeter vos avances et de ne pas choisir d'évoluer spirituellement. Il n'y a rien à faire en pareil cas car c'est Dieu lui-même qui a fait don de ce libre arbitre. Aimez-les mais laissez-les aller. Ceux qui refusent la vérité de

Dieu iront leur propre chemin et ces âmes seront dirigées là où elles apprendront d'une façon qui leur sera mieux appropriée.

Voici le message que je vous apporte et le rôle que vous avez à jouer en tant qu'initiés de la maîtrise de soi: faites tout ce que vous pouvez pour établir la paix sur Terre, c'est pour cela que vous êtes venus ici. Rappelez-vous votre identité et retenez bien cet avertissement: VOUS ETES LES GARDIENS BIENFAITEURS DE LA TERRE. Vous êtes des disciples. Qu'est-ce qu'un disciple? C'est un serviteur de l'humanité, un trait d'union entre deux réalités: le Ciel et la Terre. Un disciple est un mystique qui fait l'expérience de la présence de Dieu dans son coeur et dans son âme et qui se présente sur la Terre comme un modèle de manifestation des plus hautes vérités afin que l'humanité qui se débat puisse être touchée et guérie.

Vécue dans cette pureté auréolée de compassion, la vie est merveilleusement simple et la personnalité n'est pas prise au piège des séductions trompeuses de la vie terrestre. Elle baigne plutôt dans une immense clarté et elle jouit d'une plus grande facilité à franchir les obstacles apparents et les sombres vallées de l'illusion.

En tant que disciples vous choisissez de devenir des phares rayonnant la lumière issue d'une réalité divine afin d'éclairer une population planétaire menacée qui se débat et aspire profondément à l'amour et à la paix. Comme un roc solide qui offre la sécurité en temps d'inondations, votre phare rayonnant la paix calmera la peur et aidera à résoudre les problèmes humains de l'environnement terrestre qu'il faudra aborder de front, c'est-à-dire la misère et la désillusion engendrées par l'inconscience des hommes. Au-delà de tout, le cheminement spirituel du disciple exige que vous viviez et démontriez au meilleur de votre habileté ce que vous croyez.

*** A l'écoute de votre voie intérieure ***

Vous avez été créés par amour pour répandre l'amour, avec sagesse pour que vous deveniez sages. Le respect de toute forme de vie est votre loi et le critère de votre comportement. Vous avez grandi dans la lumière et dans l'énergie pendant que le dessein du Créateur à l'endroit de votre immortalité faisait résonner son chant à la grandeur de l'univers et vous enfantait comme un pétale du cosmos sur une fleur d'amour. Vous êtes aimés au-delà de toute mesure dans le réseau de l'éternité où votre amour et votre sagesse s'étalent devant un Parent ravi et sous les yeux de votre famille galactique.

Nous sommes avec vous maintenant tout en étant loin au-delà de ce temps et de cet endroit, mais sachez que **vous êtes toujours guidés du dedans.**

Paix au nom de Celui qui engendra toute chose. Que votre reconnaissance et votre gratitude pour votre vie – pour toute vie – se manifestent dans vos pensées et dans vos actions. Commencez la journée en adorant, terminez-la en remerciant. Exprimez de la reconnaissance pour tout ce que vous êtes et pouvez encore devenir pendant que nous cheminons ensemble sur la voie d'un heureux retour. Bénie est la vie, bénis sommes-nous! Et forts de cette certitude nous demeurons à jamais dans l'amour et la joie.

Les enfants de Dieu, qu'il en soit ainsi!

Amen.

Chapitre 6

PRESCRIPTION AUX RELIGIONS

Tout comme l'ont fait plusieurs grands enseignants dans le passé je suis venu il y a deux mille ans pour vous diriger vers l'étape actuelle de votre évolution spirituelle.

Avez-vous écouté nos enseignements et les avez-vous mis en pratique? Suivez-vous les recommandations de la voix de Dieu qui vous incitent à l'intérieur de vous-mêmes à vivre l'amour et la paix?

Si la réponse est négative je vous soulignerai que le but actuel de la religion est toujours de vous relier à Dieu par le développement de la communication entre votre personnalité et votre âme pour ensuite relier celle-ci aux royaumes divins plus élevés. Par conséquent toute institution organisée opérant sous l'égide de MON NOM est par la présente enjointe de revoir ses rites et de les changer s'ils n'offrent pas une période de méditation silencieuse. Le service religieux devrait inclure une période de vingt minutes au cours de laquelle les participants seraient invités à s'asseoir calmement et à écouter ce que Dieu a à dire à chacun. Une homélie peut être prononcée, la musique élève les vibrations mais l'essentiel de la cérémonie devrait être centré sur le recueillement, sur le contact avec l'âme.

Oui, tant que vous évoluez dans la troisième dimension qui représente une zone de tentation et de négativité, les mêmes commandements s'appliquent toujours: aimer, ne pas tuer ni faire de tort. La zone tri-dimensionnelle vous impose de traverser le voile qui sépare ce que vous percevez au moyen de vos sens physiques de ce dont vous connaissez l'existence grâce à votre intuition, à votre âme. D'où la nécessité d'ériger un pont par la méditation, par la prière et par la contemplation. Mes bien-aimés, les églises doivent instaurer et encourager ces pratiques sinon ceux qui cherchent à ériger ce pont qui conduit à Dieu par le moyen de la méditation seront forcés de quitter les églises actuelles.

En tant qu'Enseignant du monde, en tant que rayon d'amour et de sagesse pour la planète je vous recommande la prière quotidienne et la méditation pour vous rappeler ce lien avec Dieu, car la nature immortelle de l'âme est ce que je suis venu démontrer. Ce que vous appelez la mort est en réalité l'accession de votre corps physique actuel à une forme de lumière incandescente, éternelle et qui est toujours active. Ma résurrection vous a illustré le modèle ou le schéma de ce qu'il advient de vous après avoir *soi-disant* perdu la vie.

Je vous répète que vous ne pouvez pas mourir! Toutefois – et ceci est important – votre façon de penser et d'agir a des répercussions sur votre vie ici-bas et sur celle de l'au-delà.

Le plus grand cadeau qu'une religion puisse faire à ses membres et à ses participants est de les mettre en contact avec leur propre enseignant intérieur pour qu'ils acquièrent la certitude que la mort n'est qu'un processus de transition. Les enseignements des religions au sujet de ce retour de la matière à l'énergie et les rites dont cette étape fait l'objet varient grandement mais l'idée ou le thème devrait être identique pour tous.

Puisque l'essence de l'esprit vit à jamais, votre impératif en tant qu'êtres humains est la croyance en Dieu, la croyance dans la nature de l'Esprit et votre conviction qu'il existe une vie antérieure et une après-vie. Si le fait d'être tous UN en Dieu représente une identité acceptable pour vous, le choix de la religion n'est pas important en soi en autant qu'elle vous mène à Dieu avec la certitude éclairée que la mort n'est pas la fin de tout. Au lieu de nous séparer en étant convaincus d'être supérieurs ou plus aimés que les autres, unissons-nous au sein de cet amour que nous éprouvons tous pour Dieu – même si nous appartenons à des groupes différents. Ne soyez pas comme les pharisiens. C'est un piège facile!

Dieu aime tous les êtres humains et Il ne les juge pas. Vous vous êtes jugés vous-mêmes et par conséquent vous avez jugé les autres aussi. Je vous recommande de cesser de porter des jugements et d'accepter l'amour et le pardon pour toutes les actions réelles ou imaginaires commises par vous et par les autres. Le but de ma venue était d'apporter l'amour, d'instituer le pardon et de vous simplifier les choses!

Aussi, suis-je courroucé (et j'emploie ce terme délibérément) du fait que les religions soi-disant chrétiennes, bâties sur mon nom, regorgent de pompe et de grandeur qui distinguent les prêtres et les ministres qui «connaissent» Dieu, de la masse des fidèles qui ne Le connaît pas vraiment et qui a besoin d'être instruite à mon sujet. Cet asservissement est contraire à un modèle d'amour. Car l'amour ne fait pas de discrimination, il accepte de s'associer avec tous et chacun. On peut aider quelqu'un temporairement mais personne n'a plus de droit à l'amour de Dieu ou en est plus digne qu'un autre. Ces différences théologiques imposent des limites humaines et elles vous empêchent de progresser et de vous élever spirituellement.

Lorsque je suis venu il y a deux mille ans je vous ai dit: «Vous êtes la lumière du monde»... Je ne prévoyais pas à ce moment-là qu'il surgirait en mon nom des églises chargées de parements glorieux et d'artefacts en or. Je ne prévoyais pas que les gens s'empareraient du pouvoir au nom de Dieu et qu'ils perpétueraient leur recherche individuelle de glorification en se servant de mon nom. Je ne prévoyais pas que les Juifs et les Gentils seraient séparés, que les Chrétiens deviendraient les adversaires des adeptes de Bouddha, de Krishna ou de Mahomet. Non, je ne m'y attendais pas! Et pourtant voyez ce qui est arrivé!

Le plan de croissance spirituelle conçu pour cette planète a été miné par ces personnalités diaboliques et égoïstes dont la quête du pouvoir les a dépassés eux-mêmes en plus de court-circuiter l'opportunité du retour spirituel de l'humanité à Dieu. Le plan se déroulera malgré tout, à mesure que ces structures et ces attitudes rigides qui restreignent spirituellement les êtres humains seront relâchées ou détruites.

Je demande à chaque âme de vérifier si son ministre, son prêtre, son rabbin, son gourou ou son enseignant est en relation directe avec Dieu et s'il s'en remet intentionnellement à la direction divine dans l'exercice de chacune de ses fonctions. Si la religion ou le groupe qui sert de cadre à votre croyance et à votre amour de Dieu ne vous fournit pas l'opportunité de réaliser votre plein développement spirituel et ne vous aide pas à promouvoir la croissance de votre âme (au moyen de la révélation directe et de la connaissance intérieure), vous devriez quitter ce groupe et en trouver un autre!

Vous n'avez pas à vous accrocher aux coutumes rituelles; commencez plutôt à établir votre propre *connexion directe* avec Dieu en passant par votre âme. Vous ne devriez plus donner d'argent aux organisations qui ne vous apportent pas la communication et l'expérience personnelles. Si vos églises et vos temples ne vous dirigent pas vers l'épanouissement de votre âme, ils ne vous rendent pas service et vous devez en sortir. Je vous le répète: **vous devez en sortir!**

La vérité est que les fils et les filles de toutes couleurs, de toutes religions et de toutes nations sont bienvenus dans la famille de Dieu s'ils choisissent d'en faire partie. Cependant, chaque âme individuelle suit son propre sentier qui lui offre des opportunités et des niveaux de croissance variés autant sur la Terre que dans les royaumes célestes et dans l'au-delà. Etant donné que la profondeur de votre amour et la qualité de votre dévouement déterminent le genre de mission (ou d'activité) qui vous est assignée ici sur la Terre et dans les nombreuses demeures de l'univers, vous avez été avisés de vivre l'amour et l'entraide. C'est aussi à partir de cette performance que vous recevrez par attraction magnétique l'assignation de la prochaine expérience à assumer. Le progrès spirituel a toujours fait partie du dessein de Dieu pour l'évolution de l'humanité car il y a beaucoup à apprendre et à démontrer avant que vous ne soyez complètement guéris de la négativité et prêts pour l'étape suivante.

Pendant la nuit, levez les yeux au ciel et contemplez l'univers avec ses étoiles scintillantes, ses planètes, ses comètes et ses autres objets que vous ne connaissez même pas encore. Tout cela n'est-il pas vivant? Tout cela n'est-il pas aussi au service de Dieu? Vous ne devez sûrement pas imaginer que la vie terrestre est unique, ceci nous ferait sourire. Ouvrez votre esprit si jamais pareille pensée vous habite! Vous n'êtes plus les paysans ignares des temps jadis puisque votre technologie vous a amenés à l'orée d'un soi-disant âge de l'espace. Dieu est là omniprésent, n'en doutez pas! **VOS ENSEIGNEMENTS RELIGIEUX DOIVENT TENIR COMPTE DE CETTE CONSCIENCE DE LA VIE EN EVOLUTION AU-DELA DE VOTRE MINUSCULE PLANETE.**

*** Prescription aux religions ***

Une religion se doit d'inspirer l'humanité à auréoler ses connaissances et à en faire usage avec amour. Toujours l'amour! C'est le commandement perpétuel adressé à toutes les religions parce que l'amour est une énergie ou une substance réelle qui a servi à l'élaboration de l'univers et qui le maintient en place. Son absence causerait notre perte. Il n'est pas un ingrédient négligeable de la vie dont la priorité serait contestable. L'amour est votre obligation première sur cette planète; si vous ne vous imprégnez pas d'amour, vous deviendrez rabougris, probablement malades. Toutefois, le choix vous revient toujours sous la forme d'un cadeau divin.

Ceux d'entre nous dans les royaumes célestes (qui vous font déjà signe d'avancer) travaillent en équipe pour développer les habiletés et les attitudes des êtres humains. Aucun de ceux qui désirent croître ne sera laissé de côté. Votre désir lui-même de connaître Dieu et de Le servir vous élèvera de plus en plus dans le grand ordre des choses. Vous comprendrez alors plus clairement ma mission et la vôtre. Pour l'instant, contentez-vous d'accepter les choses telles qu'elles sont, considérez la mort comme étant simplement la fin d'un épisode sans oublier que plusieurs autres activités spirituelles vous attendent. Tous les systèmes de croyance, de philosophie ou les églises sont méritoires lorsqu'ils enseignent la vérité c'est-à-dire quand ils déploient la fresque des êtres humains et qu'ils les présentent comme étant devenus dignes d'être des compagnons de Dieu après s'être départis de leurs limites personnelles et terrestres. Sans l'imagination, l'amour et la joie, il manque quelque chose dans les enseignements spirituels. Passez en revue l'ensemble de vos croyances pour identifier les buts que vous poursuivez et voyez comment vous procédez pour y parvenir.

Je vous assure que toute église qui me déifie au lieu de reconnaître Dieu est dans l'erreur et elle devrait changer d'attitude immédiatement. Vous priez et vous méditez dans la maison de Dieu mais Dieu peut être appréhendé **en tout lieu.**

Ceux qui ont fait l'expérience personnelle de Dieu expriment souvent une grande créativité dans la musique, dans les arts ou dans la littérature – en somme dans toutes les activités qui nous rapprochent de Dieu et de l'expression vivifiante de l'amour. La beauté de ces expériences intuitives du monde spirituel et le ravissement merveilleux qu'elles procurent peuvent être plus valables qu'un service rituel dans une église, à l'instar de la simple beauté de la nature qui couronne vos coeurs et vos âmes dans la joie. Dessillez vos yeux, tout ce qui vous entoure témoigne de l'amour de Dieu pour l'humanité et cette abondance vous est offerte gracieusement pour votre usage et pour votre agrément.

Asseyez-vous près d'un cours d'eau (si vous pouvez en trouver un qui ne soit pas pollué), écoutez le chant des oiseaux (là où les arbres n'ont pas été endommagés par le *smog* de vos villes) et regardez une petite fleur pour déceler l'exquise expression de sa symétrie et de sa couleur. Au milieu de ce spectacle vivant, ressentez la présence de l'amour infini de Dieu pour vous. Permettez à votre coeur de s'ouvrir et de vibrer également pour la vie animale, pour les choses de la mer et de l'eau. N'est-ce pas pénible de tuer les agneaux et le bétail pour vous nourrir? N'êtes-vous pas les gardiens bienfaiteurs de la Terre et de tout ce qui se trouve à sa surface? Oui. A l'origine, le plan de Dieu voulait que toutes les formes de vie sur la planète soient interdépendantes et symbiotiques. Même aujourd'hui une telle relation mutuellement bénéfique devrait exister grâce à la coopération entre l'humanité et les royaumes des animaux, des plantes et des minéraux.

Ne pourrait-on pas servir plus souvent des fruits, des céréales, des légumes frais, des produits laitiers, des oeufs et d'autres produits semblables? Mes bien-aimés, vous ne mourrez pas de faim si vous ne mangez pas de la viande rouge tous les jours. A mesure que la planète élèvera ses vibrations l'absorption continuelle de fortes quantités de chair animale aura des conséquences de plus en plus néfastes pour le corps humain. De petites portions de poisson ou de volaille sont recommandées car elles ne requièrent pas de multiples processus de digestion qui encrassent votre système et qui provoquent des maladies précoces. Une diète équilibrée d'aliments frais et vivants consommés chaque jour est la plus nourrissante. Il y a un prix à payer pour se mal nourrir; tenez compte de ces suggestions et commencez à changer votre diète si vous désirez vous adapter aux vibrations cellulaires plus élevées de la quatrième dimension. Mangez pour vous maintenir en bonne santé et non pour vous gaver. Soyez judicieux dans vos habitudes et reconnaissants de l'abondance dont vous jouissez mais ne faites pas de la table le centre de votre vie.

Certains humains ne peuvent tolérer le carnage des animaux ni manger leur chair car ils sont conscients que toutes les âmes doivent apprendre la leçon de compassion envers toutes les choses vivantes. Ils ont assimilé cette leçon de compassion en gardant eux-mêmes des animaux. Un jour, tous les êtres humains devront réintégrer leur responsabilité de gardiens bienfaiteurs de la Terre. Ceci comme en toutes choses relève du libre arbitre qui implique la loi de cause à effet dans la vie de chaque individu. En principe, les niveaux élevés de la méditation et de la télépathie mentale avec nous dans l'Esprit sont difficiles à atteindre pour ceux qui sont dépourvus de compassion.

Je vous rappelle que la loi de cause à effet attend ceux qui se saturent de substances créatrices d'habitudes qui entraînent la dépendance à tous les niveaux de leur être: l'alcool et les drogues peuvent détruire le tissu spirituel de votre âme et de vos émotions tout en causant la ruine de votre corps physique. Ne courez pas le risque de subir les effets désastreux très probables qu'entraînent les boissons alcoolisées et les drogues. L'Age d'Or requerra des esprits disciplinés, un bon contrôle des émotions et une attitude de non-violence. N'ingérez rien qui vous fasse perdre le contrôle de votre comportement paisible. N'employez aucune substance étrangère en tant que substitut pour jouir d'un esprit pacifique et d'un coeur aimant.

Les églises du monde ont beaucoup à faire... bien plus que de présider aux réunions dominicales où l'on rend hommage à Jésus, croyez-moi! Que vos rassemblements imprégnés d'amour servent Dieu, l'humanité et la paix. Par-dessus tout, consacrons notre temps à la paix car la planète est dans un état grave: **ELLE EST MENACEE.** Soyez toujours prêts à parler de paix et à servir de modèle pour la paix. Enseignez-en les différentes facettes par votre comportement. C'est la raison d'être de toute religion c'est-à-dire qu'il faut renforcer la capacité de l'âme à vivre l'amour et la paix. Alors soyez pacifiques entre vous, à l'intérieur comme à l'extérieur de vos églises et assistez les nécessiteux. Dans la mesure où vous apprendrez sur Terre à pratiquer les enseignements de votre Créateur vous vous assurerez un meilleur sort au moment de ce passage que vous appelez la mort.

L'enseignement de l'amour de Dieu par-dessus toutes choses est le seul propos de l'ensemble des églises, des ashrams, des temples, des cathédrales ou des autres lieux de prière et de méditation. Il ne s'agit pas de déifier un ou plusieurs enseignants de la Terre mais plutôt d'accepter et de comprendre si bien leurs enseignements que vous les mettiez en pratique, que vous les viviez! Ce comportement d'amour mutuel apporte et entretient la paix. Si par exemple vous désirez m'honorer, ce sera votre comportement empreint d'amour qui démontrera votre affection, non votre affectation avachie ou imbue de solennité lorsque vous prononcez mon nom. Vos prosternations sont inutiles si elles ne sont pas suivies d'une mise en pratique quotidienne de vos croyances.

Si vous m'aimez pour l'exemple que je vous ai donné, alors suivez-le. Répandez l'amour et la paix. C'est tout ce que vous avez à faire. Votre amour envers moi se manifeste dans votre comportement non dans des constructions grandioses et des organisations onéreuses qui distraient souvent de la véritable mission d'amour. Si vous m'aimez, moi ou tout autre enseignant de la Terre, honorez-nous par vos actions dans votre vie de chaque jour. Préparez la Terre pour son nettoyage prochain en instaurant la paix et l'amour dans les gouvernements aussi bien que dans les affaires et dans l'industrie. Conduisez vos affaires comme si un enseignant du monde était dans votre place d'affaires ou dans votre salle de conférence. Croyez-moi, l'amour et la coopération sont partout d'une importance capitale. Plus d'une âme a fait fausse route à cause de la cupidité inhérente au commerce.

Il est primordial pour les églises, les synagogues, les ashrams, les temples et les autres organismes de fournir un effort concerté en vue de faire régner l'amour et la paix sur la planète. Sans l'amour de Dieu, sans l'amour des humains entre eux et sans l'instauration de la paix dans le monde, plusieurs souffriront. Tous ceux qui rejettent leur responsabilité de vivre et de promulguer la paix ne seront pas choisis pour évoluer pendant les mille années de paix et ils n'assisteront pas à la Seconde Venue.

Mon message à ceux qui oeuvrent dans les structures religieuses est-il clair? Votre seule responsabilité est de ramener les enfants de Dieu au bercail. Pour vous en acquitter, amenez chacun à communiquer avec son enseignant intérieur, avec l'Esprit Saint et avec son âme qui connaît le but de sa vie et le dessein de Dieu. Encouragez, inspirez et nourrissez les âmes qui cherchent l'aide qui les ramène sans cesse au Père-Mère et au contact intérieur.

La théologie est habituellement inutile et les discussions concernant les Ecritures sont une perte d'énergie. Remettez-vous en simplement au thème de l'amour et faites-en votre ligne de conduite. Consacrez vos énergies dans la structure et dans la marche du monde, là où elles porteront fruit. Toute chose en-deçà représente une piètre réponse au message divin.

Vous remplirez votre rôle quand vous donnerez l'amour de vos coeurs à ceux qui désirent connaître Dieu plus intimement. Vous leur direz la vérité quand vous les assurerez qu'ils retourneront à Dieu au moment de la mort. Quand vous les conseillerez de vivre leur vie selon le message d'amour qui émane de l'intérieur au lieu de s'en tenir uniquement aux Ecritures vous les ferez croître et vous les rendrez autonomes. Ces activités ne rempliront peut-être pas vos coffres mais elles favoriseront la croissance de votre âme et elles vous accorderont un mérite qui sera évalué et pour lequel vous serez récompensés par nous tous qui voyons vos actions et qui connaissons vos intentions. Votre vie est-elle orientée vers un autre objectif?

Mes frères et mes soeurs, il ne convient pas que vous déniiez cette nouvelle information spirituelle que je vous apporte aujourd'hui seulement parce que la méditation ne porte pas ce nom dans le Bible. La prière et la contemplation étaient sous-entendues dans ces mots: «Apaise-toi et sache que je suis Dieu.» Sachez qu'aucune ancienne religion ne devrait s'immiscer dans la vérité et le dessein de Dieu pour l'évolution toujours croissante des âmes. Mes enseignements présents ne dérogent pas à la nécessité de l'amour et de la paix. Toutefois, ils doivent êtres maintenus dans leur contexte actuel pour être pleinement compris.

Ce que j'ai à dire aux soi-disant chrétiens peut paraître dur mais je vous assure que je vous présente ici le nouvel évangile pour les disciples du Nouvel Age. Ecoutez bien ma parole. **Il est essentiel** si vous voulez atteindre la maîtrise que vous dépassiez vos contraintes actuelles quand vous pensez à moi et à notre Créateur.

Si vous ne vous en tenez qu'à la lettre du Livre Sacré qui a été offert comme ligne de conduite dans les temps anciens au lieu de mettre en pratique les concepts de base qu'il contient, vous ne croîtrez pas selon le désir de Dieu. Vous devez étendre votre interprétation de tous les Livres Sacrés jusqu'à ce que vous reconnaissiez les vibrations élevées qui sont actuellement transmises à la planète Terre au moment où elle en a le plus besoin. Certaines personnes insistent pour dire que la Bible est irrévocable ou que le Coran est la vérité absolue et qu'il n'y a plus de prophètes. A ces assertions j'oppose un NON retentissant. La vie est la croissance, tout est donc en changement constant. Ce Nouvel Age est celui de la transition, celui dans lequel vous devez amener les enseignements antérieurs à un plus haut niveau de compréhension grâce à la connaissance du monde actuel.

S'il-vous-plaît prêtez bien attention à mes propos et ancrez-les solidement dans vos esprits. Si votre éducation première résiste farouchement, écoutez-moi quand même jusqu'au bout. Ce sera votre clef pour stimuler votre croissance dans les années à venir. Conservez la simple vérité des années passées mais élevez-la à un niveau supérieur en lui apportant des exemples plus concrets qui en permettront une interprétation et une expérience plus étendues.

Pendant des éons, le Dieu unique a envoyé sur la Terre de nombreux enseignants qui y ont laissé plusieurs grandes religions lesquelles semblent aujourd'hui séparer l'humanité en différents camps ou groupes. LE CREATEUR N'A JAMAIS VOULU CETTE SEPARATION. Les enseignants devaient sortir les êtres humains de leur oubli et les ramener à la véritable connaissance de l'unité au lieu de créer des divisions et encore plus de fragmentations.

Votre défi aujourd'hui est de déceler le message universel qui perce à travers toutes les religions du monde, d'amalgamer ce thème et de dépasser vos divisions actuelles et votre séparatisme religieux. La raison de ma venue était justement de réunir tous les hommes au sein d'une fraternité universelle. Que vous m'avez mal compris! Je suis accablé par le fait que mon enseignement a encore servi de prétexte à la formation d'une autre église qui vous a éloignés de la voix du maître à l'intérieur de vous. Il ne peut y avoir un code d'enseignement quelconque qui ne soit jamais sujet à révision exception faite de son message de base qui concerne la paix, l'amour et le pardon. Je vous explique ces choses en ce jour pour que vous compreniez tout l'ensemble de mon message.

Dieu aide l'humanité dans son retour au bercail en lui permettant une évolution progressive qu'elle effectue étape par étape à la manière d'une spirale qui tourne toujours vers le haut pour atteindre des niveaux plus élevés qui prennent l'aspect d'un sanctuaire où la connaissance, l'unité, la béatitude et la joie se manifestent. Comme votre sagesse s'accroît à mesure que vous comprenez mieux la vérité fondamentale qui apparaît et réapparaît sous divers déguisements, votre âme peut donc se purifier de plus en plus et devenir capable de démontrer par son comportement qu'elle a vraiment compris cette vérité unique.

Malgré tout, la personnalité humaine accepte difficilement le changement et elle regimbera devant l'obligation de réajuster la doctrine inculquée avec insistance par les coutumes ou les informations erronées. Mes bien-aimés, combien de temps s'est-il passé depuis la période où l'humanité croyait encore que la Terre était plate ou que le système solaire tournait autour de la Terre au lieu du contraire? Vous ne pouviez pas voler dans les airs jusqu'à récemment, pourtant la connaissance de ce processus existait depuis toujours. N'êtes-vous pas des découvreurs?... N'avancez-vous pas bien lentement dans les bras grand ouverts de Dieu?... Pourtant le plan est infaillible, il coule comme une rivière qui offre à ceux qui voudront s'impliquer un flot continuel d'idées motivantes et de compréhension spirituelle.

L'urgence de la situation présente m'amène à vous répéter ceci: *il ne peut y avoir qu'une seule vérité fondamentale. Elle vous fut transmise d'époque en époque, dans une séquence de compréhension et de mise en application toujours plus élevée.* A chaque nouveau courant d'énergie divine vous pouvez vous élever à un degré supérieur de connaissance quant à la réalité de Dieu et à votre implication dans Son dessein. Vous croissez en intégrant des applications nouvelles de cette énergie. Je vous demande d'accepter ce nouveau niveau de compréhension que je vous apporte maintenant afin d'accélérer le retour de l'humanité dans la quatrième dimension qui représente un échelon plus près de Dieu... car il y a plus d'échelons dans l'échelle de Jacob que vous n'en avez gravis.

Si vous vous accrochez à chaque locution de la Bible et que vous argumentez quant à son interprétation vous passez à côté du message de Dieu. Acceptez simplement le principe fondamental à savoir qu'il existe un Créateur (ou une Force puissante) qui a un plan pour votre retour au bercail dans l'amour et dans le pardon. Acceptez cette promesse. Faites-en votre devise. Prévalez-vous de sa pleine mesure de guérison. La poursuite de ce plan représente votre raison d'être ici.

Je reprends cette idée pour que mon message soit bien compris. Voici la vérité: il existe un Dieu qui vous aime au-delà de ce que vous pouvez saisir avec l'habileté mitigée qui découle de votre condition de mortels. Votre origine date de bien au-delà de ce temps et de ce milieu actuels. Ne le niez pas ou ne l'oubliez pas. Votre monde développe en ce moment des appareils technologiques capables de vous faire découvrir la vérité, il est donc possible d'employer des termes plus scientifiques.

Oui, depuis ma venue il y a deux mille ans vous avez fait un pas scientifique gigantesque. Vous devez maintenant équilibrer ce progrès par une croissance spirituelle adéquate. Vos scientifiques doivent se centrer en eux-mêmes et communiquer avec leurs enseignants divins pour évaluer leurs interventions dans une nouvelle perspective sinon vous blesserez la planète et vous répandrez la détresse au-delà dans l'univers. Vous êtes encore des enfants en ce qui concerne votre démonstration de l'amour et de la paix; certains sont même devenus des monstres scientifiques sans conscience ni respect pour le firmament de Dieu. Le comportement aliéné de certains êtres humains doit cesser.

Je vous ai dit: «Il y a plusieurs demeures dans la maison de mon Père» et c'est absolument vrai. Mais quelle en est la signification? De toute évidence, l'acquis scientifique très limité des êtres humains sur cette planète il y a deux mille ans ne permettait pas de saisir ce qui vous est maintenant accessible. Pourtant, vous êtes en ce moment des enfants qui vous amusez avec des instruments de destruction si horribles que les anges se désolent et que les autres formes de vie vous surveillent de leurs vaisseaux spatiaux avec une inquiétude justifiée. Certains parmi ces derniers sont même ici, sur votre planète, pour vous guider et pour vous assister dans les coulisses. Ce sont là des vérités que vous connaîtrez mieux dans quelques années car vos gouvernements ne peuvent pas à cause de leur peur continuer de cacher la vérité.

C'est pourquoi je viens encore vous parler. Vous les êtres humains, vous êtes à contre-courant. Vous dérivez de plus en plus loin du plan divin terrestre. Mettez un terme à cette démence et écoutez la voix de la raison et de l'amour. Purifiez votre attitude émotive. Laissez tomber la négativité, la guerre et les pensées de violence.

Si jamais vous avez accordé une crédibilité quelconque aux paroles du Jésus de la Bible et que vous avez senti mon amour et fait confiance à mon *leadership*, je vous demande de demeurer encore avec moi. Respectez-moi comme vous le feriez devant un grand frère rempli de sagesse. Prenez ma main mais ne baisez pas le bas de mon vêtement. Ouvrez votre coeur et votre esprit pour comprendre notre merveilleuse aventure dans son contexte véritable. Une fois purifiés de vos émotions négatives, vous pourrez vous élever dans les étoiles et dans les régions que vous méritez en tant qu'enfants de l'univers. Rappelez-vous: je suis venu aider l'humanité à se purifier de ses émotions négatives mais ma grâce ne signifie pas que vous n'avez rien à faire. Puisque votre effort de groupe ne pourra pas progresser tant que les émotions humaines ne seront pas purifiées, chacun a la tâche pressante de faire le tri intérieur et d'abandonner les fausses croyances et les limites psychologiques.

Je suis venu vous enseigner l'amour car les nombreuses demeures de vie déjà créées par Dieu ne peuvent supporter la méchanceté et la maladie que vos technologues peuvent apporter dans l'espace. Un interdit est proclamé contre la Terre, elle est gardée en quarantaine tant que tous les êtres humains ne retourneront pas de leur plein gré au Créateur. Ce n'est pas à moi que vous vous abandonnez quand vous vous soumettez mais à quelque chose de puissant, d'aimant et d'impressionnant. Vous devez mettre de côté votre petite volonté pour vous abandonner à la plus grande connaissance. Vous qui m'êtes précieux, ne vous souvenez-vous pas des vastes demeures, du firmament et des diadèmes de lumières stellaires qui par leur scintillement dispersent les ténèbres et la peur des royaumes de gloire et défient ce que vous appelez le temps.

Vous évoluez présentement dans un corps physique qui appartient à la troisième dimension mais votre conscience spirituelle relève de la quatrième dimension. En tant qu'Enseignant du monde, je devais et je dois encore vous préparer à passer au niveau de la quatrième dimension de l'amour de l'âme, là où la responsabilité est plus grande compte tenu que l'énergie est désormais libérée de la matière. Le temps des préparatifs est révolu. Tenez-vous prêts à accepter ou à refuser votre ascension spirituelle, quel que soit votre sentier religieux sur la Terre. Nous devons maintenant progresser ou perdre cette opportunité d'accélération. Bien-aimés de Dieu, il y a longtemps je vous ai promis de revenir et de ne pas vous laisser dans la misère. Je suis ici maintenant par la pensée pour vous annoncer l'Age d'Or et pour encourager vos efforts en vue de vous connaître vous-mêmes et de croître.

Oui, je vous ai donné l'exemple d'un corps ressuscité, d'un corps de lumière et de beauté. Vous avez la même possibilité. Tout a été fait pour que vous parveniez vous aussi à ce résultat. Entendez alors l'appel céleste et retenez ces directives: lorsque vous accepterez l'invitation d'une entité aimante qui ne peut mourir, vous nous rejoindrez alors de plein gré dans le plan céleste. Le temps est venu d'exprimer de l'amour pour **tous** vos frères et pour toutes vos soeurs, non seulement pour ceux de la Terre mais pour tous ceux d'en-haut également.

Vous n'êtes pas seuls dans cet univers immense.

Plusieurs formes de vie de dimensions et d'apparences variées y abondent. Bien que vous ne soyez qu'un petit clignotement dans l'immensité de l'éternité vous êtes quand même importants dans l'Esprit du Créateur. Préparez-vous à cette initiation cosmique prochaine en acceptant de vous centrer en vous-mêmes et en vous agrippant à la bouée de sauvetage que vous apporteront vos méditations, vos prières et la contemplation. L'instrument de ce nouvel âge est la méditation individuelle et de groupe. Cette ère nouvelle vient pour que chaque âme ait la chance de connaître la vérité et la certitude intérieure. S'il-vous-plaît, que cette opportunité vous serve!

Les **ENSEIGNEMENTS NOUVEAUX** ne sont pas basés seulement sur les documents des anciennes religions; je ne dis pas ceci à la légère car les enseignements religieux d'autrefois ont été utiles, ils ont représenté une fraction nécessaire d'un plan divin de recueillement et de remémoration pour vous inciter à revenir au coeur de Dieu, pour vous réinsérer dans le flot éternel de l'Esprit divin et dans l'unicité de toutes les choses vivantes. Néanmoins, je vous dis aujourd'hui que ces enseignements d'autrefois devront faire place à l'enseignant intérieur de chaque âme qui sera à nouveau réunie au Créateur et qui deviendra un entonnoir et un canal d'amour pour vous ramener au bercail.

Les structures des églises telles que vous les connaissez sont sujettes à caution. Je le répète: les structures des églises, les organismes et les institutions tels que vous les connaissez sont sujets à caution. L'église de Dieu est la même que celle dont j'ai parlé à Jérusalem il y a deux mille ans, elle est toujours celle dont vous a parlé chaque véritable enseignant à n'importe quelle époque antérieure ou postérieure à ma venue. Les attributs de Dieu sont en vous, soyez calmes et écoutez leur message.

*** Prescription aux religions ***

La planète peut encore être guérie et la résurrection de l'humanité peut se réaliser si par la méditation quotidienne et par la pratique hebdomadaire du partage avec un groupe, dans une attitude de prière, chaque âme s'éveille et retourne à Dieu. Ceux qui peuvent accroître leur foi avanceront sous ma tutelle, ce qui vous sera *impossible* si vous m'adorez telle une chose morte du temps passé, un personnage d'allure divine comme le définissent vos églises. Souvenez-vous que je suis vivant et que j'ai continué à évoluer.

Mon amour est celui du Créateur, mon service en témoigne – qu'il en soit ainsi du vôtre. Accrochez-vous à votre voix intérieure qui vous invite à la divinité au lieu de vous attacher aux rituels terrestres et aux substituts. Faites confiance à la voix de votre coeur. N'écoutez que les prêtres, les rabbins, les prêcheurs ou les enseignants qui sont des modèles de paix et qui vous traitent comme une création du Tout-Puissant, en évolution constante. Rappelez-vous que si tous ces individus avaient été d'authentiques croyants, les organismes religieux qui cachent leur lubricité sous la pompe et les grandeurs n'auraient jamais vu le jour et ne pourraient pas durer. Leurs édifices et leurs pouvoirs sont-ils au service de Dieu ou servent-ils leurs propres besoins égoïstes?

Il y eut et il y a de la perversité dans votre milieu. Il y a ceux qui s'emparent du pouvoir au nom du Créateur et en mon nom. N'osez-vous pas regarder cette vérité en face? Vous devez constater ces faits si vous voulez évoluer spirituellement. J'ai dit que vous deviez renaître de l'Esprit. Ceci signifie que vous devez reconnaître Dieu. Nettoyez vos émotions négatives et suivez la voie qui vous conduit à une compréhension active et plus élevée. Voici la dernière chance d'y parvenir. Je vous incite à devenir des disciples d'un Age d'Or, d'un temps nouveau. Tous sont les bienvenus et tous sont pardonnés pour leur ignorance passée s'ils en font le choix. Redémarrons. Vous êtes déjà la Conscience du

Christ mes bien-aimés mais vous avez tout simplement oublié. Le Christ est le cercle complet de lumière qui existe dans le coeur de tous ceux qui aiment notre Parent.

Nous passons d'un âge pendant lequel les structures et les formes sont mises en valeur à l'Age d'Or du Verseau qui est l'âge de la connaissance à partir de notre intérieur. C'est le cadeau de Dieu à l'humanité et par le moyen de votre âme vous pouvez encore vous relier directement au savoir qui est à l'intérieur de l'Esprit divin. Vous aurez des **guides physiques et spirituels** mais si les personnes sur Terre qui s'affirment comme étant vos enseignants et vos ministres ne sont pas elles-mêmes syntonisées à cette dimension plus élevée, vous devez chercher ailleurs. Qu'il soit clair pour vous qu'il y a sur cette planète des enseignants de lumière vers lesquels vous vous sentirez attirés; mais leur intention quand ils vous approchent n'est pas de fonder une institution pour y manifester leur besoin de pouvoir et de gloire. Le seul objectif de leur enseignement sur la planète consiste à vous affranchir d'une telle servitude et à ramener en vous la puissance de Dieu afin que vous puissiez la reconnaître et l'employer au nom du Grand UN. A moins de poursuivre exactement cette voie, ils se créeront des effets de déséquilibre d'ordre karmique qui empêcheront leur propre développement spirituel et leur avancement.

Que chaque homme ou chaque femme qui se reconnaît comme ministre, prêtre, rabbin, swami, lama, gourou ou tout autre enseignant qui professe au nom de Dieu prenne bien note de cet avertissement: VOTRE SEUL BUT A PARTIR DE MAINTENANT EST DE TROUVER VOTRE PROPRE CONNEXION AVEC VOTRE AME ET D'AIDER TOUS ET CHACUN A FAIRE LA MEME CHOSE. Le but de n'importe quel corps ecclésiastique, institution ou corps clérical ne consiste pas seulement à s'entretenir ou à se perpétuer mais plutôt à libérer les individus pour qu'ils se tournent vers **leur propre église à l'intérieur de leur âme,** vers leur propre maison de Dieu et pour qu'ils établissent leurs propres *connexions* souveraines afin de rejoindre l'Etre supérieur reconnu comme le Créateur. Ceci stimulera la démonstration actuellement négligée de la paix sur la Terre. Si les mouvements ecclésiastiques ou les institutions spirituelles ne fonctionnent pas selon ce principe, surviendront alors des souffrances inutiles qui ne pourront pas être évitées mais qui devront être expérimentées.

Frères et soeurs de la lumière sur cette planète Terre, frères et soeurs de la Légion d'amour, c'est à votre tour de manifester cet amour. Je suis venu en tant qu'Enseignant, non pour fonder des institutions qui vous détournent de votre propre connaissance intérieure mais pour vous fournir un modèle d'engagement personnel, de remémoration de votre origine, de prière intérieure individuelle et de méditation afin de vous relier à l'Esprit de Dieu. Je n'ai pas d'autre raison de vous parler en ce moment. Les églises, les temples, les ashrams et les autres organismes spirituels existent pour permettre l'expression d'un amour venant du coeur; ce sont des endroits où l'amour et la paix peuvent être manifestés ouvertement après avoir été expérimentés intérieurement.

Si de votre plein gré vous avez choisi d'écouter votre voix intérieure ou «la voix de Dieu», je vous dis alors sincèrement: «Vous êtes les enseignants et les ministres de la seule église de Dieu qui est partout présente à travers l'expérience personnelle directe.» Par conséquent, à votre gré et selon votre choix, vous avez pleine latitude de quitter toute institution basée sur des rites qui n'aident ni ne supportent ce programme, peu importe sa dénomination, qui en est le fondateur et quelle que soit sa réputation actuelle dans le monde. Vous devez vous retirer de toute organisation qui vous empêche de poursuivre votre connaissance intime de Dieu, votre propre intuition et la possibilité de donner suite à la foi de votre âme.

Voici l'avis que je donnais il y a deux mille ans: «Cherchez le royaume des cieux en vous». Je vous souligne à nouveau cette invitation avec chaque fibre de mon amour et de mon dévouement pour vous. Je vous le redis mes bien-aimés: «Cherchez d'abord le royaume des cieux en vous». Ecoutez dans le calme la petite voix tranquille de la puissance divine qui vous a été donnée par notre Créateur aimant. Souvenez-vous de votre indentité éternelle en tant qu'êtres de lumière, d'amour, de bonne volonté, de vérité et de sagesse. Réjouissez-vous en vous rappelant encore une fois que vous êtes les enfants de Dieu.

Je vous dis que le Parent qui a créé votre âme vous a placés ici et vous a donné l'opportunité de vous incarner tout en gardant le souvenir de vos origines afin d'exprimer la paix sur la Terre. Par le biais de cette expérience du corps de chair, vous vous acheminez présentement vers les royaumes plus élevés et invisibles du corps glorieux comme je vous l'ai démontré lors de ma résurrection. C'est la démarche à suivre, c'est votre cadeau de Dieu qui ne peut jamais vous être retiré mais qui doit être choisi et sélectionné selon votre bon vouloir. Je vous supplie encore une fois en tant que votre frère dans le Christ (le Christ est la lumière de Dieu, la souvenance de qui vous êtes réellement), je vous supplie, dis-je, d'entrer dans le Nouvel Age en tant qu'enseignants de la lumière à l'écoute de la vérité car ceci est votre identité éternelle. Ne la laissez pas ensevelir ou se faire déguiser par aucun dogme religieux, par aucune institution ou par aucun organisme que vous retrouvez sur la Terre en ce moment.

La paix est l'expression de Dieu. L'amour est notre sentier.

Encore une fois j'enjoins chaque ministre, chaque gourou, chaque prêtre, chaque rabbin, chaque enseignant ou chaque membre d'aucune institution qui se dit spirituelle de tenir compte de cet avertissement. Conduisez vos membres à l'intérieur d'eux-mêmes, aidez-les à y trouver Dieu. Ceci est *votre rôle* auprès d'eux: les aider *afin que chacun puisse trouver sa propre connexion avec Dieu.* Vous n'avez aucune autre raison d'être ici et si vous ne remplissez pas votre rôle mais que vous préférez collecter et accumuler des devises monétaires pour remplir vos coffres au lieu de les partager avec les pauvres du monde, changez tout de suite! Si vous érigez une structure de pouvoir au sein de laquelle les petites vies humaines sont tenues pour négligeables, je vous avertis alors que vous paierez les conséquences rattachées au maintien d'un tel comportement négatif.

C'est le moment crucial d'opter pour un choix positif et de saisir l'opportunité qui vous est offerte avant la fin de la session scolaire terrestre afin d'être pardonnés pour tout crime réel ou imaginaire commis contre Dieu, contre l'humanité ou contre la Terre. Prévalez-vous de cette opportunité! Une phase vitale dans le temps touche à sa fin. Ceux qui se sont engagés ou qui s'engageront dans la Légion d'amour avanceront comme une troupe d'anges incarnés qui cherchent à créer le Ciel sur la Terre, ce qui a toujours été désiré ici mais qui a été entravé au cours des sept derniers millions d'années par les ténèbres de l'ignorance et du mal.

Ceux d'entre vous sur la Terre dont les âmes sont disposées à se remémorer leur origine et à manifester l'amour divin connaîtront la gloire du Créateur dans le monde physique et dans le processus d'évolution que nous suivons tous pour parvenir aux royaumes élevés. Vous serez tous glorifiés dans l'Esprit. Vos coeurs connaîtront l'amour et la joie, vos esprits seront paisibles et capables de percevoir les enseignements les plus élevés qui vous seront dispensés pendant votre périple vers les étoiles. Vous devez comprendre qu'aucune entité spirituelle qui n'a pas atteint un haut degré d'amour, de compassion et de souci du bien-être pour tout ce qui vit ne peut être admise dans les étoiles. Il est interdit d'envoyer l'ignominie de cette planète à la rencontre des frères et des soeurs de la lumière qui viennent de d'autres systèmes planétaires. Des restrictions ont donc été imposées à cette Terre en vertu des lois universelles divines. Tout être qui n'est pas un esprit mû par l'amour et qui se nourrit d'intentions belliqueuses ne sera pas admis très loin au-delà des frontières de cette planète.

C'est à vous de choisir. Rappelez-vous qui vous êtes. Examinez la religion à laquelle vous appartenez et demandez-vous si au-delà de toute chose elle vous enseigne la concentration intérieure et la connaissance de Dieu. Mais, si elle ne s'y applique pas, croyez-vous y être à votre place?...

A ceux d'entre vous qui sont devenus agnostiques ou athées par réaction aux enseignements hypocrites des églises, je vous dis que vous ne pouvez pas être admis au Ciel simplement parce que vous avez réagi contre ce qui vous paraissait insatisfaisant. Vous devez choisir *maintenant* d'entrer en vous-mêmes et d'y établir par la méditation le contact avec la nature la plus élevée de votre être. Vous devez aussi prendre connaissance des commandements de Dieu. Vous contenter de moins vous met en péril. Par conséquent, qu'on sache dès ce jour que tous sur la planète Terre sont invités dès maintenant au bercail par l'intermédiaire de l'enseignant intérieur de leur propre âme et par les enseignants spirituels issus de la Force créatrice qui a répandu la vie. Retournez maintenant dans la paix. Retournez à cette Force, à cette Source qui par Son souffle nous a tous projetés dans cette existence.

*** Prescription aux religions ***

Ne faites pas que lire le message de Dieu, appliquez-le dans votre vie. Vous pourrez ensuite vous identifier comme ministres, vous pourrez ensuite apporter la paix sur la Terre.

Toute âme éduquée officiellement ou non qui de toute façon se sent appelée au partage de l'amour et à la démonstration de la paix fait automatiquement partie de la Légion d'amour si elle en fait le choix. Quelle chance! Quelle joie!... Vous avancerez-vous et vous enrôlerez-vous comme volontaires dès maintenant? La Légion d'amour a besoin de vous tous, de tous et de chacun.

Mes bien-aimés, nous vous invitons et nous attendons votre réponse.

Mes bénédictions personnelles et celles de tous vos enseignants spirituels vous comblent en ce jour même! C'est ainsi! Et par cette gratification, vient la joie sans fin!

Au nom de notre Créateur nous repartons sur les ailes de la vérité mais l'appel de nos Esprits demeure maintenant en permanence dans vos coeurs. Ce qui fut uni dans la paix vivra à jamais!

Qu'il en soit ainsi! Qu'il en soit ainsi!

Amen.

Chapitre 7

PRESCRIPTION AUX SCIENTIFIQUES, AUX MILITAIRES ET AUX GOUVERNEMENTS.

La base ou l'assise de la science est la vénération, une expression qui n'est pas très en vogue de nos jours dans vos sociétés technologiques terrestres. Il s'agit de la vénération pour Dieu et pour toute vie. Il paraît difficile à ceux qui sont dotés du libre arbitre de vivre une vie basée sur l'estime de Dieu et de toutes les manifestations vivantes, d'adorer et de vénérer en somme la Source-émettrice-de-tout. Pourtant, aimer et admirer Celui qui est votre Créateur devrait être une pratique de chaque jour, de chaque heure et non pas (comme chez certains) une simple manifestation qui est réservée au service dominical de l'église pour être mise de côté le reste du temps, ou encore elle ne devrait pas être comme chez d'autres une notion pratiquement ignorée dans ce climat intellectuel populaire qui nourrit la semence du dédain. Ce manque de vénération a conduit plusieurs civilisations, voire des univers entiers à leur destruction. Dans votre douzième univers il vous faut donc mâter cet ennemi, cet esprit satanique qui devient votre Némésis.

Les douze univers furent créés par l'Etre unique central; ils furent ensuite aidés par d'autres immenses entités de lumière et par des énergies de sagesse et d'amour qui sont inconnues de la majorité d'entre vous sur la Terre mais que Celui-qui-donne-la-vie a sélectionnées à cause de la spécificité de leurs talents. Dans l'ensemble, ce grand dessein a été pris en charge pour ainsi dire par les douze fils ou rayons de Dieu qui sont issus de cette terrifiante Puissance que votre vocabulaire ne peut décrire et que votre imagination ne peut concevoir. Une gigantesque équipe d'ouvriers de la lumière fut sélectionnée et mise au service de ces douze rayons suprêmes pour concrétiser dans la matière les formes de vie telles que conçues par Dieu – mais il faut noter que les âmes sans lumière qui n'ont pas de vénération ni de respect ne sont jamais invitées à partager les vastes possibilités de grandir que les domaines scientifiques d'orientation spirituelle peuvent offrir.

Si vous étiez de véritables savants et des êtres humains capables de comprendre, vous réaliseriez qu'il est urgent de reconnaître que Dieu se manifeste à votre planète à travers des rayons et de savoir identifier quels sont ceux qui vous influencent davantage et qui vous attirent particulièrement.

Tous ces rayons proviennent du Créateur et ils ne peuvent se manifester à vous, sur votre Terre de troisième dimension, que sous forme de lumière décomposée à l'intérieur du spectre des couleurs comme vous les voyez dans l'arc-en-ciel. Vous les connaissez donc comme les sept couleurs de l'arc-en-ciel mais ces rayons sont en réalité des facettes de Dieu qui servent à influencer certaines qualités de votre nature. Ceci peut paraître difficile à comprendre mais si vous en veniez à admettre que dans votre monde la couleur offre plus que sa valeur esthétique vous y verriez sans doute des aspects intéressants et vous réaliseriez que même vos médecins peuvent se servir des couleurs pour guérir... comme le faisaient autrefois les anciennes civilisations terrestres. Ainsi, le bleu est comme un sédatif doux, il apporte la paix et la relaxation recommandables après un effort soutenu. Le rouge a un effet contraire. De nombreux livres traitent de ce sujet mais malheureusement la plupart des médecins de votre planète n'y croient pas.

En plus des sept couleurs de l'arc-en-ciel il y a cinq autres couleurs plus subtiles (ou rayons) ayant plus de luminosité et qui sont à peine connues de vous; celle à laquelle vous appliquez le mot «argent», pensez au clair de lune, apparaîtra de plus en plus maintenant car elle est l'énergie qui aide à mettre l'emphase sur la paix et sur la préservation de la vie. La couleur argent se manifeste dans le clair de lune mais elle peut aussi être amalgamée à d'autres couleurs pour offrir différentes nuances ou accentuer les couleurs que vous connaissez déjà. Dans l'Age d'Or, on mettra beaucoup l'accent sur les couleurs (ou rayons) puisqu'elles sont des aspects de Dieu.

En plus des douzes rayons, il se trouve une autre force énergétique appelée Rayon Noir (un fils déchu de notre Parent) qui existe depuis les trente-huit derniers millions d'années et qui attire par attraction les êtres dénudés de vénération comme en témoignent leurs attitudes de conquête et leur besoin de glorification personnelle. (Le noir est l'absence de lumière mais rappelez-vous bien que je ne me refère pas à la couleur de la peau pour l'apparenter à cette condition. Ne vous servez pas de ce concept pour étayer vos préjugés envers la race noire sur votre planète!)

Il y a environ sept millions d'années, ce Rayon Noir qui est une manifestation d'arrogance et d'absence d'amour s'est installé sur votre planète Terre et il essaie de contrôler les consciences, les attitudes et les actions de toute personne en situation de pouvoir et d'autorité, ayant lui-même abandonné sa propre position de pouvoir dans la divinité. De toute évidence, il s'efforce de s'allier tous les scientifiques car c'est à cause de leurs grandes découvertes que la puissance militaire se voit pourvue d'un armement toujours plus sophistiqué.

J'espère que vous saisissez bien que la séparation ou la «chute» dont on parle dans plusieurs religions s'est produite précisément à cause de ce problème de la vénération, de l'amour et de l'engagement envers la Source-de-toute-vie. Lorsque, il y a huit millions d'années, vos corps de lumière (ou vos âmes) se sont regroupés à titre de GARDIENS BIENFAITEURS de la Terre sous la directive des rayons de Dieu pour exécuter une tâche d'une importance capitale vous avez mis en oeuvre un dessein magistral conçu pour la colonisation de la vie dans la paix et l'amour. Il y eut une période de très grande gloire et de beauté d'une durée d'un million d'années pendant que cette immense famille de Dieu – une communauté scientifique comme vous pourriez le concevoir – introduisait sur la Terre les plantes et les formes de vie animale tout en maintenant son rôle de gardienne et de bienfaitrice – toutes choses qui relevaient de votre champ de responsabilité.

C'était une période d'une indescriptible beauté et d'une grande satisfaction pour tous ceux qui étaient impliqués dans cette magnifique mission. Voudriez-vous imaginer pour un instant la vive émotion ressentie en apportant le plasma de vie divine sur un globe créé avec magnificence et qui scintillait dans l'espace pendant qu'il évoluait de l'état gélatineux à l'état solide pour devenir enfin réceptif à l'implantation de la vie?

Oui, ce fut un million d'années d'aventure, de beauté, de connaissance et de gloire, ceci étant le résultat d'une parfaite coopération et d'un partage sans faille dans l'accomplissement de cette tâche monumentale mais ô combien palpitante. Et pourtant le Rayon Noir a presque anéanti cette création. Vous pouvez encore voir de nos jours les effets dramatiques de son pouvoir négatif.

Effleurez une rose mais prenez garde car les épines vous blesseront les doigts. Pourquoi des épines? Est-ce là l'oeuvre d'un Dieu aimant? Ou celle d'un imitateur satanique? Vous voyez l'abeille et la douceur du cadeau qu'elle vous offre mais d'où viennent les tentatives avortées de création qui ont amené les guêpes, les frelons et les taons?

Cette sorte de création offensive et dénuée d'amour ne fait pas partie du plan divin je vous l'assure, pas plus que les mauvaises herbes qui vous font peiner lorsque pour vous nourrir vous faites pousser vos jardins et vos semences dans les champs. Même les dents particulières de vos mâchoires témoignent de votre désir meurtrier de manger la chair car il y a des éons vous n'aviez pas ce genre de dentition. Actuellement l'idée d'avoir des dents pour dévorer la chair est tellement ancrée dans votre mémoire raciale inconsciente que toute autre suggestion vous paraît presque impossible à comprendre.

Par conséquent la vénération, l'amour et la coopération avec la Force la plus élevée sont d'une importance vitale si vous devez évoluer spirituellement et jouir d'une autre opportunité de servir sur de hauts niveaux d'efforts scientifiques. Plusieurs âmes sur cette planète ont oublié qu'elles sont les «gardiennes bienfaitrices» de la Terre et que sans un changement dans leurs coeurs elles n'auront jamais plus le pouvoir ni la responsabilité au cours du Nouvel Age de causer semblables mésaventures dues à l'ignominie et à la cruauté qui ont toujours été manifestées par les âmes qui ne rendent pas hommage à Dieu.

Mais les épines aux roses sont négligeables si on les compare à la destruction d'univers entiers et de centaines de milliers de corps planétaires (dont quelques-uns ressemblaient à la Terre) que les entités déchues ont engendrée. Nous sommes contents toutefois de vous annoncer que le pouvoir du Rayon Noir a été grandement diminué et il sera en toute probabilité écarté de la Terre avant la fin de ce siècle grâce à la puissance de vos pensées imprégnées d'amour et à votre respect sincère pour toute vie. Vous pouvez hâter ce moment par le pouvoir de la pensée positive et de la rêverie silencieuse (ou de la méditation) où les forces de la lumière vous accompagneront en pensée et vous guideront. La contemplation spirituelle est vitale!

Il m'est très pénible de souligner le problème dont je dois maintenant vous entretenir. Vous ne trouvez peut-être pas ce message facile à accepter mais il doit être reconnu et partagé si l'évolution de la Terre et de l'humanité doit se perpétuer. Oui, je suis venu physiquement il y a longtemps et je suis revenu pour tenir avec vous une conversation télépathique dans le but de guider vos pensées comme un berger vers la paix et la non-violence car vos corps, vos âmes, votre planète et l'espace lui-même sont mis en péril par les intentions perverses de quelques rejetons terrestres qui disposent d'armements et qui se livrent à des actions de guerre, de haine et de violence.

Je viens pour vous signaler ces attitudes déplorables et pour vous aider à maîtriser les pensées et les actions diaboliques dirigées contre les autres. Vous êtes par la présente avisés et avertis que si l'humanité poursuit le développement démentiel de son armement de l'ère spatiale, il vous sera retourné exactement ce que vous émettrez. Alors si votre peur, votre haine et votre violence se manifestent envers les autres dans l'univers, vos actions vous seront retournées sous forme de douleurs et de souffrances intenses. Pourquoi? Parce que *ce que vous faites aux autres doit vous être retourné.* Je vous dis donc: que vos inventions reflètent l'amour! Inventez avec l'intention D'AIDER L'HUMANITE et de NE JAMAIS LUI FAIRE DU TORT. Je vous rappelle qu'il y a des lois morales auxquelles chaque âme doit se soumettre; vous êtes donc dûment incités à obéir à ces lois et à ne plus jamais les transgresser au détriment des autres, où que ce soit! La communauté scientifique est désormais avisée qu'elle ne peut pas se borner à apporter la manifestation du mal et à se disculper ensuite de toute la responsabilité de l'usage qu'en font ce que vous appelez le gouvernement et la force militaire, ensemble ou séparément.

Naturellement, vous dites que ce n'est pas votre faute si certains principes sont mal appliqués par le gouvernement. Selon vous, tout ce que vous faites consiste à percer les secrets de l'univers, le reste n'étant pas votre responsabilité. Ah! vous, hommes et femmes chercheurs, ne voyez-vous pas que c'est vous qui détenez le pouvoir de décision quant à l'emploi de vos inventions? Comment les gouvernements et le personnel militaire pourraient-ils se servir de bombes, de satellites et de rayons laser pour détruire les autres formes de vie si vous refusiez de les produire à cette fin? Vraiment, si les scientifiques travaillaient avec Dieu et s'ils insistaient pour que les gouvernements agissent de même, vous verriez un changement immédiat dans le genre de monde dans lequel vous vivez. Ceci est indéniable car sans vos découvertes les militaires seraient sans ressources.

Tous les gouvernements seraient restreints dans l'usage horrifiant des principes scientifiques si vous vous teniez coude à coude dans une vaste fédération alignée sur l'amour, une orientation qui de par sa nature déborderait les frontières de ce que vous appelez les nations. Si comme Dieu l'a proclamé la vie est sacrée, qui êtes-vous alors pour passer outre au commandement TU NE TUERAS POINT? J'avertis aussi ceux qui élaborent des plans pour exécuter des tueries, qu'ils devront endosser la pleine responsabilité de leurs actions. Ceci est vrai, que vous soyez engagés par des organismes de recherche financés par les fonds publics ou par des fonds venant d'organisations soi-disant non militaires. La même vérité s'applique, que vous soyez ou non vêtus d'un uniforme! Vous ne pouvez vous dégager de cette responsabilité par un haussement d'épaules ni par la pensée que quelqu'un d'autre répondra de votre invention ou de l'application de sa découverte. Soyez dès lors avisés que si vous persistez dans cette démence VOUS porterez la responsabilité des résultats provoqués.

La science est le partage de l'Esprit du Créateur par le moyen de la révélation directe. Si vous approfondissez les principes de l'existence des nombreux univers, vous investiguez l'Esprit de Dieu (quel que soit le nom que vous Lui donniez) et si cette information vous est accessible ce n'est sûrement pas pour détruire. Vous devez le percevoir dans un petit recoin de votre coeur sinon vous êtes de nature satanique. Votre engagement envers Dieu doit être élargi pour que le progrès de l'humanité s'accomplisse.

Les gens de la Terre, vous n'êtes pas la seule réalisation de Dieu. Vous êtes une lueur dans le vaste réseau de vie qui se déploie bien au-delà de la lumière de votre propre galaxie, la Voie Lactée. Je vous rappelle que vous êtes les banlieusards d'une énorme et magnifique lumière et des créateurs en devenir. Traitez toute cette vie avec la dignité, l'amour et le respect qui lui sont dûs et vous serez autorisés à vous aventurer dans les plus hautes dimensions où la vie réside vraiment. Vous n'êtes pas seuls dans cette vaste conscience appelée l'espace. Chaque geste que vous accomplissez et chaque pensée que vous émettez sont propagés dans ce réseau de lumière qui vous est invisible mais ces choses que vous propagez vous reviennent et affectent les autres en chemin.

Ainsi, l'espace n'est pas vide, pas plus qu'il ne doit être violé. Il n'est pas un dépotoir ni une aire dont vous pouvez vous emparer. Tout appartient à Dieu et vous en êtes simplement les gardiens, même si la maîtrise ou la garde de la planète vous fut confiée il y a des éons. Comment vous êtes-vous acquittés de cette responsabilité? Etes-vous tellement fiers de la condition et du genre de vie que vous avez créés sur Terre que vous voudriez les partager avec d'autres formes de vie?

Puisque l'espace n'est pas vide mais qu'il fait partie d'un réseau de vie si vaste que, si vous pouviez l'appréhender, vous seriez renversés de terreur, tout étourdis par sa puissance à vous couper le souffle et par sa lumière aveuglante, vous devez donc vous réveiller et reconsidérer votre part de responsabilité dans l'usage que vous en faites. On vous a avertis plusieurs fois des responsabilités concomitantes qui accompagnent l'enrôlement en tant que membres de cette famille perpétuelle de la création. Ces responsabilités sont sacrées. La vie est sacrée. Pourquoi, tel un enfant insensé qui désobéit à un parent éclairé, ignorez-vous la vérité?

Vous avez accepté le rôle de gardiens bienfaiteurs de la Terre et vous avez été reconnus inaptes à d'autres tâches tant que celle qui vous échoit présentement ne sera pas complétée de façon satisfaisante. Faites de la Terre le Ciel pur qui a été projeté et vous mériterez ensuite de propager ses valeurs vers d'autres consciences. En attendant, nettoyez vos consciences, vos coeurs et le sol même que vous foulez aux pieds. Ensuite, et seulement ensuite, serez-vous des compagnons compatibles pour d'autres formes de vie qui existent déjà et qui, depuis plusieurs années, surveillent votre nature belliqueuse avec la méfiance qu'elle inspire. Oui, je me réfère à ce que vous rangez sous l'appellation d'ovnis ou de «soucoupes volantes».

Des êtres qui vous sont mentalement supérieurs ont toujours observé vos comportements (par une surveillance constante des agissements des habitants de la Terre) et surtout l'insanité toujours croissante qui est caractérisée par votre course de l'espace ainsi que par l'invention de votre armement sophistiqué. Depuis l'avènement de la bombe atomique, ils occupent des postes stratégiques particuliers autour du globe afin d'assurer la protection de l'espace et des formes de vie qui y résident. Leur surveillance s'est d'ailleurs exercée depuis des milliers d'années car c'est leur propre progéniture qui évolue ici.

A moins que vous ne prêtiez attention aux avertissements de Dieu et que vous ne parveniez avec l'aide de ceux d'ici dans les royaumes célestes à vivre l'amour sur Terre, vous serez considérés comme nuisibles à la vie et vous serez traités en conséquence si d'autres violations se produisent. Ceci n'est pas transmis de gaieté de coeur mais ce message d'avertissement doit être connu.

Nous vos Enseignants de la lumière et de l'amour sommes donc de retour pour vous avertir et vous suggérer de prendre immédiatement certaines dispositions spécifiques si vous voulez sauver vos corps, vos âmes, votre magnifique planète et l'espace au-delà de votre petit atome de vie.

Voici notre message. Ecoutez et agissez.

IL NE VOUS EST PAS PERMIS DE VIOLER AVEC VOS ARMES L'ESPACE SITUE AU-DELA DU RAYON DES DEUX CENT CINQUANTE MILLES (1) AUXQUELS VOUS AVEZ DROIT. Je répète: VOUS NE DEVEZ PAS, SANS LA PERMISSION DU CREATEUR, APPORTER DES ARMES DANS L'ESPACE AU-DELA DE VOS PROPRE DEUX CENT CINQUANTE MILLES (1) D'ATMOSPHERE.

L'explication en est simple. Si votre intention n'est pas d'aimer, vous êtes malades moralement et inaptes à intégrer l'espace. D'une certaine façon vous êtes contagieux, tout comme vos pensées et vos actions de violence le démontrent à la grande famille au-delà de vos frontières. Par conséquent, considérez-vous en **quarantaine** jusqu'à avis contraire. C'est la raison

---

(1) N. du T. - Un mille, mesure anglaise, équivaut à 1,6 km.

pour laquelle je viens m'adresser à vous à ce moment-ci. Ouvrez vos consciences et vos coeurs à l'amour de Dieu, changez votre comportement, vivez la paix!

Dans plusieurs pays, il y a des fous furieux qui travaillent au développement des armes. Des explosions souterraines à l'hydrogène sont apparemment possibles aux Etats-Unis d'Amérique et en Russie, et une myriade d'autres expériences sont déjà en cours avec des satellites meurtriers, des rayons et d'autres armes offensives qui sont déjà utilisés. Ces actions ne seront plus tolérées. L'HYDROGENE EST UNE COMPOSANTE ELEMENTAIRE DE LA STRUCTURE DE L'UNIVERS ET IL NE DOIT PAS SERVIR A DETRUIRE D'AUCUNE FAÇON NI A AUCUN MOMENT. – DES EXPLOSIONS A L'HYDROGENE POURRAIENT AFFECTER L'UNIVERS ENTIER.

Vous devez également cesser vos lancements de missiles spatiaux offensifs jusqu'à ce que vous deveniez des compagnons de vie moralement acceptables pour les autres êtres qui vous surveillent présentement. Nous des royaumes spirituels serions incapables de vous aider si vous persistiez dans votre folie furieuse; ce comportement nous ferait perdre le contrôle de la situation et l'espace serait défendu contre votre bêtise. Croyez-moi bien car c'est ainsi. Après cet avertissement, toute la mesure du pardon que je vous ai apporté il y a deux mille ans ne peut vous soustraire à l'application du principe de cause à effet compte tenu des dommages actuels et potentiels que vous pourriez causer.

CESSEZ IMMEDIATEMENT DE CONCEVOIR, CONSTRUIRE ET UTILISER TOUTE FORME D'ARMEMENT SPATIAL. Vous ne pouvez pas vous abriter derrière des phrases telles que: «C'est l'oeuvre du gouvernement» ou «Ce sont les militaires». Toute l'humanité est responsable d'une façon ou d'une autre car qui perçoit les salaires qui alimentent la soi-disant économie? Y a-t-il plusieurs vivants qui ne bénéficient pas, même indirectement, des profits de la guerre?

Non, vous ne pouvez pas vous cacher derrière l'ignominie de la guerre sur votre planète et dénier votre lien avec cette situation. **Vous devez centrer votre attention sur la paix et trouver un moyen de la rendre profitable.** Quand la paix sera profitable et souhaitable et non la guerre, il y aura une grande manifestation d'amour et de partage tels qu'enseignés par Dieu. Ceux qui font la promotion de la guerre et ceux qui ne font aucun effort en faveur de la paix sur cette planète ne jouent pas leur rôle de gardiens bienfaiteurs tel qu'assigné à l'humanité. VOUS ETES LES GARDIENS BIENFAITEURS DE LA TERRE ET DE TOUT CE QUI Y VIT. - C'EST LA VOTRE DESTIN ET VOTRE RAISON D'ETRE. S'il-vous-plaît, que votre attention ne porte que sur cet objectif et faites cesser la guerre.

Sachez que vous êtes à un moment critique de l'histoire de la Terre et de son évolution. Depuis longtemps nous du Ciel avons planifié le retour de la paix et de l'amour parmi les habitants qui vivent sur les sites de la Terre-Mère. Pourquoi ne coopérez-vous pas? Avez-vous perdu la raison?

Vous devez cesser de penser que le mal règne dans le coeur de tous les humains et qu'une nation cherche nécessairement à détruire l'autre. Si vous ne croyez pas à la paix, vous allez vous enliser dans la méfiance, dans la haine et dans la vengeance. Prenez un temps d'arrêt et remémorez-vous l'amour. L'amour et le pardon sont vos seuls véritables compagnons, ceux qui vous aideront à établir la paix sur la planète. Une nation au moins doit déposer à jamais les armes et le matériel de guerre. En vérité il faut qu'un pays présente l'autre joue. Lequel osera inaugurer une chose aussi invraisemblable? Quel nom sera inscrit sur les fils du temps pour identifier le pays qui aura désavoué la guerre? Oui, il peut se trouver plusieurs petites nations pour dire qu'elles ont déjà posé ce geste mais lequel des géants aura le coeur et le courage d'en faire autant? Lequel parmi vous, les pays soi-disant chrétiens, mettra mes enseignements en pratique et sera «celui qui montre la voie»?

Mon coeur est attristé par le silence, par les coups d'oeil gênés et par ces regards qui s'abaissent devant la vérité. Vos yeux ne rencontreront-ils pas les nôtres qui promettent la paix?

Où est l'amour? Et à défaut de l'amour où est le respect ou encore la simple courtoisie? Où sont les coeurs qui peuvent dire avec sincérité: «Nous sommes UNE planète et tous frères et soeurs?» A défaut de l'amour et du respect des uns envers les autres, où est l'amour pour le Créateur, pour la beauté et pour l'abondance de ce paradis terrestre dont la garde vous fut confiée? Les soi-disant indigènes que vous cherchez hypocritement à «civiliser» étaient plus près que vous de l'accomplissement de la mission de Dieu alors que vous et votre technologie massive, vous allez à l'encontre du bien de l'humanité. Eux, ont-ils violé l'espace et la vie invisible au-delà de vos frontières? A quoi rime donc d'être civilisé? Comment décrivez-vous la Terre aujourd'hui? Comme une planète «civilisée» digne d'être imitée?

La compréhension du commandement divin de l'amour au niveau politique s'avère une entreprise des plus difficiles. L'absence de cette manifestation a amené l'humanité au bord de la destruction inévitable à moins d'une action et d'un changement immédiats de votre part. Permettez-moi cette répétition: en tant que planète vous avez échoué dans votre façon de pratiquer l'amour concrètement et avec constance et vous serez jugés selon vos propres actions. Même s'il existe un organisme appelé les Nations Unies qui a posé certains gestes favorables à la paix mondiale, sa structure même *qui accorde un droit de veto à certaines nations* annule automatiquement la potentialité d'accomplissement des lois divines. A leur façon les Nations Unies se conduisent comme vous dont le libre arbitre vous permet de voter à la fois pour votre protection et pour votre séparation. Parce que vous êtes des hommes et des femmes habités par la peur, vos nations reflètent votre peur en s'isolant les unes des autres. Ce que vous alimentez individuellement au-dedans de vous est projeté dans le grand réseau global que vous limitez à la Terre.

Vous avez oublié ce qu'est la paix.

Autrefois, lorsque vous viviez dans la forme spirituelle, il n'y avait qu'un seul gouvernement céleste et ce gouvernement était Dieu qui est amour. Quand vous avez mis fin à la constance de cet esprit d'amour et que vous vous êtes séparés en intégrant les corps physiques qui vous servent actuellement sur cette Terre, votre défi et votre responsabilité consistaient à retrouver la croyance antérieure et à réintégrer à travers votre évolution l'état que vous aviez connu autrefois. Par cette émergence vous auriez choisi Dieu par-dessus tout et vous seriez devenus de ce fait les membres utiles d'un vaste et merveilleux univers qui est parsemé de corps planétaires, de systèmes stellaires et d'une myriade de formes de vie. Votre concept d'un Ciel où l'existence s'écoulerait en jouant doucement de la harpe nous fait sourire. Il y a la paix et la musique ici mais ce n'est pas du tout morne ni ennuyeux je vous l'assure! Une grande activité et l'aventure s'offrent à ceux qui sont capables de partager l'amour de leur coeur et de mettre en pratique la sagesse et l'orientation de Dieu.

Parce que vous avez oublié ce qu'est la paix, plusieurs enseignants spirituels sont venus à une cadence régulière pour vous rappeler de raviver le souvenir dans votre âme et pour vous réintégrer dans le troupeau de Père-Mère. Malgré tout, à cause de votre entêtement et de votre résistance opiniâtre face à l'amour, cette merveilleuse planète est maintenant en péril à cause précisément de ceux-là mêmes qu'elle a nourris et protégés constamment.

Bien-aimés, mon coeur est triste de devoir vous étaler ces vérités mais vous devez savoir pourquoi ce monde est dans l'état où il est, de sorte que vous n'ayez pas à vivre les événements futurs sans en connaître clairement la cause. Ecoutez bien et ayez foi. Je ne vous mentirais pas lorsque vos âmes sont en jeu.

Même si vous, la personne qui s'appelle Marie ou Jean, n'avez pas déjà habité physiquement cette planète, je vous dis que votre âme a quand même eu des expériences ici et ailleurs et qu'elle cherche depuis des éons à retourner étape par étape à la Conscience bien-aimée qui l'a créée. Moi le Christ, j'ai trouvé ma route du retour et j'ai entrepris la mission d'aider votre âme à se souvenir de son but. J'endosse encore votre expédition, à savoir la «descente» de votre esprit dans la matière et votre retour au bercail; j'assiste présentement votre réveil qui vous libèrera du monde matériel et qui vous conduira vers le royaume éthérique céleste.

En vérité, parce que vous ne vivez pas la paix individuellement, vous ratez votre objectif comme planète dédiée à l'amour tout comme le font la plupart des nations. Je viens vous rappeler que vous êtes rendus à un point tournant de votre compréhension, là où vous devez faire le choix d'accepter Dieu ou de Le refuser. Dans le plan de Dieu conçu pour le sauvetage, vous en êtes à ce dernier chapitre de la paix. Choisissez-vous la paix ou son contraire? Ce choix relève de votre libre arbitre. Si tous ou la plupart d'entre vous choisissaient la paix, la planète n'aurait pas à subir le grand nettoyage et elle s'élèverait dans l'univers comme un phare lumineux qui montre la voie aux autres formes de vie. Mais si une minorité seulement devait apprendre cette leçon vitale, alors cette minorité seule serait admise à l'évolution de l'âme et ces êtres serviraient d'exemples à observer et à imiter.

Il y a des années, je suis venu comme un frère aimant pour partager ce message et pour vous préparer à nettoyer vos esprits de ses croyances erronées. Je suis de retour pour vous rappeler que le temps presse. Le concept de la paix attend son application individuelle et planétaire.

Au fait, quel choix reste-t-il à un être animé d'amour en cette période de folie où les armes nucléaires peuvent détruire la planète et propager la destruction à d'autres formes de vie dans l'espace? – Un seul.

Mobilisez-vous. Mobilisez vos méditations, vos prières et vos intentions spirituelles. Mobilisez vos efforts au moyen d'actions politiques. Employez votre argent, votre temps et tout votre être pour faire accepter les changements que vous attendez aux niveaux national et international.

Si vous vivez dans une démocratie, insistez pour que le président et vos législateurs offrent au monde un modèle de paix. Insistez aussi pour qu'ils déposent les armes et qu'ils ne cherchent plus à organiser la défense ou à préparer l'attaque. A l'origine, seule la croyance dans l'agressivité des autres rend possibles ces choses inouïes que sont les armes. Ce qui est vital, c'est la croissance de votre âme qui seule vous amène de plus en plus haut dans le royaume spirituel que j'habite en compagnie de plusieurs autres.

Si vous êtes prêts à mourir pour la paix en faisant la guerre, alors vous êtes libres de vivre la paix sans aller à la guerre. Etre libres veut dire que vous êtes prêts à proclamer: «Monsieur le Président, nous devons servir de modèle pour la paix mondiale en acceptant de montrer aux autres nations que nous sommes préparés spirituellement à vivre selon les lois divines. Nous qui constituons une nation fondée sur le principe de la croyance en Dieu, nous sommes vraiment prêts à déposer nos armes, sachant qu'en dernière heure notre exemple touchera le coeur de plusieurs. Nous faisons confiance au dessein de Dieu pour cette nation (1) et pour le monde. La course aux armements a atteint un niveau inacceptable et elle doit cesser».

Mais oserez-vous tenir de tels propos en les pensant vraiment? La terreur ne s'empare-t-elle pas de votre esprit et ne lui fournit-elle pas de multiples objections pour vous convaincre de la stupidité d'un tel geste? Quand vous savez ce qu'est l'amour, vous pouvez vraiment faire une telle affirmation en étant sincères. Tout compromis constitue un manque de confiance dans le dessein de Dieu pour la planète. Car ce dessein est la paix!... La Paix!... La Paix!... Le destin de la Terre était d'enseigner l'amour et la paix dans l'univers. Comprenez-moi bien. C'est un destin qui ne vous permet aucun choix. Votre seule alternative consiste à relâcher votre peur assez longtemps pour que vous puissiez changer votre comportement ainsi que l'attitude du gouvernement dans son évaluation de la vie et que vous recherchiez ensuite l'amour et la paix en tant qu'ultime réalité.

Aux Etats-Unis d'Amérique, les billets de banque portent l'inscription IN GOD WE TRUST i.e. «Nous avons confiance en Dieu». Peut-être l'avez-vous mémorisée lorsque vous étiez enfants. Si cette devise est vraie, amenez alors votre gouvernement à en faire la preuve. Que les Cieux entendent votre engagement.

S'il-vous-plaît prenez conscience que vous êtes surveillés au moyen du système de télévision universelle à partir des régions très éloignées de l'univers, au-delà même de ce que votre imagination peut concevoir. Ceci explique pourquoi les vaisseaux spatiaux que vous

(1) N. du T. – This nation – cette nation. Ce message a été transmis aux U.S.A.

appelez ovnis surveillent vos activités terrestres. Ils sont très préoccupés par le développement de la technologie destructrice et de l'armement sur la Terre étant donné que vous avez déjà violé l'espace et que vous planifiez déjà d'autres incursions. Nous des royaumes spirituels devons vous avertir que si vous ne mettez pas fin à cette démence qui met l'espace en péril, les frères de ce même espace peuvent être appelés à intervenir pour sauver **votre** planète de l'annihilation qui pourrait résulter de votre démarche.

Soyez convaincus que les formes de vie des autres systèmes solaires ne permettront pas que cette fureur aille se propager dans leurs régions car même si vous ne pouvez pas les voir puisqu'elles résident dans la quatrième dimension et au-delà, elles existent vraiment. Ce sont tout simplement les limites restrictives inhérentes à votre troisième dimension qui vous empêchent de percevoir les êtres au taux vibratoire plus élevé.

Mes bien-aimés, sachez sans l'ombre d'un doute que vous êtes sous observation et que si une nation ou l'autre de la Terre pose un geste de violence grave ou si elle menace la vie dans l'éther au-delà des frontières de la planète, vous serez refoulés d'une façon ou d'une autre.

Nous vos enseignants spirituels vous apportons ces informations pour que vous ne puissiez jamais dire plus tard: «Personne ne nous a jamais informés!»

Ne savez-vous pas que vos gouvernements ont été avertis par vos frères spirituels de cesser leurs agressions dans l'espace? Vos gouvernements intoxiqués par la guerre courent après l'intervention extérieure. Allez à la découverte des faits. Exigez que vos dirigeants disent la vérité. En attendant, que les ouvriers de la lumière sur Terre (qui sont connus de moi et des autres enseignants du monde qui résident dans les royaumes spirituels) soient soulagés d'apprendre que vous serez informés personnellement de ce qui se passe par le moyen de vos méditations quotidiennes et de groupe de sorte que vous vous trouverez toujours exactement à l'endroit qu'il faudra pour le bien de votre âme. D'où l'importance de méditer et de construire votre propre réseau de communication avec votre âme.

Une fois reliés à votre Esprit, vous serez amenés à la plus haute vérité et vous recevrez nos conseils qui vous guideront, peu importe les événements des prochains mois. MEDITEZ CHAQUE JOUR et joignez-vous à d'autres au moins une fois par semaine pour élever votre conscience et la puissance de votre connaissance. Ce support mutuel et ce partage font déjà partie de la vie terrestre grâce à certaines expériences physiques. Et permettez que cette action s'étende également au plan mental. Par le processus de la méditation vous pouvez diriger l'amour de votre coeur vers cette magnifique Terre et vers ces forces négatives qui recherchent le pouvoir, la guerre et la violence. Souvenez-vous qu'une grande Force mentale créa le ciel, la terre et les univers éloignés. Employez vos propres énergies mentales d'amour pour nous aider à ramener votre planète à Dieu. S'IL-VOUS-PLAIT, FAITES CECI EN MEMOIRE DE VOTRE CREATEUR.

Parce qu'il est possible que vos propres gouvernements déclenchent une guerre nucléaire ou d'autres désastres sur la planète, faites tout ce qui est en votre pouvoir pour être la paix vous-mêmes et pour afficher cette attitude partout où vous irez. Par la méditation quotidienne vous augmentez le rayonnement de votre lumière et de votre amour, ce qui représente ce dont cette Terre a le plus grand besoin. Si vous devenez activement impliqués dans des organismes pour la paix et dans des manifestations pour sensibiliser vos gouvernements à vos croyances, faites-le avec la force de votre conviction et de façon pacifique parce que la colère peut donner un élan au départ mais elle crée la division et la séparation si elle est entretenue.

Souvenez-vous de l'exemple que je vous ai donné et de ceux de plusieurs autres enseignants venus sur la Terre. Heureusement, la pensée est votre instrument le plus puissant en toute occasion. Imprégnez votre vie de sa force positive. Par une implication personnelle régulière et par l'emphase du groupe vous pouvez accomplir beaucoup plus que ceux qui véhiculent le désespoir. Centrez-vous calmement avec la conviction qu'à chaque jour votre âme vous nourrit avec amour par l'entremise de chacune de vos pensées et qu'elle vous guide dans vos actions. Ceci vous aidera à rayonner la lumière divine en temps de conflit.

Il existe une certaine activité qui pourrait regrouper l'humanité et la détourner de la guerre. Il s'agit de changements venant de la Terre elle-même, ceux qu'on pourrait appeler des désastres naturels, à savoir des tremblements de terre, des déviations des pôles ou de sérieux problèmes climatiques qui causeraient la famine ou la peste. Advenant pareilles situations, vos guerriers seraient vraisemblablement distraits de leurs projets d'armement spatial et ils devraient s'aider les uns les autres dans une cause commune à toute l'humanité. En prodiguant des soins aux autres, les étincelles produites par la souvenance de l'amour pourraient être ravivées pour le bénéfice de l'humanité; alors s'il se produit des phénomènes naturels sur la Terre, acceptez-les comme un cadeau destiné à favoriser le rapprochement de tous dans l'Unité.

J'ai mentionné l'intervention des formes de vie de l'espace qui influeraient immensément sur l'humanité et qui offriraient des avenues positives pour le changement. Ce qui se produira dépend grandement des plans et des activités de vos gouvernements. Maintenez donc l'amour de votre coeur pour répandre une grande lumière et insistez pour que vos gouvernements posent des gestes compatibles avec l'aspiration des peuples à vivre la paix. Si la moitié de la population de chaque nation était absolument impliquée dans la paix, la vie sur cette planète changerait. Inscrivez-vous dans ce mouvement. La paix est une croyance puissante. Elle est présentement une nécessité pour vous tous sur la Terre.

Le délai fixé par le royaume divin pour l'adoption de la paix est presque écoulé. Le moment est critique, chaque instant est précieux. L'apport de chaque coeur humain qui aime est vital pour atteindre le succès.

A tous les personnages officiels des gouvernements (qu'ils soient élus ou en possession autocratique du pouvoir) et à tous les officiers militaires de cette planète (des généraux aux plus petits soldats dans tous les secteurs des forces militaires), je m'adresse sans ménagement: **la guerre est l'opposé de la paix,** elle n'est pas basée sur l'amour mais plutôt sur la destruction **voulue** des autres vies humaines. Ces combats qui dressent une nation contre l'autre sont fondamentalement mauvais car tous les humains ont été créés égaux par Dieu. Si vous planifiez délibérément une guerre et si vous attaquez les autres, vous créez pour votre âme un terrible effet que vous devrez solder plus tard. Je vous mets donc en garde **DE NE PAS TUER NI DE DETRUIRE LES VIES HUMAINES.**

Les armées sur cette planète devraient être des armées spirituelles d'amour et de paix; seule cette attitude peut prévenir d'autres ignominies scientifiques et d'autres désastres technologiques. Vous vous êtes munis d'armes horrifiantes pour commettre des actes violents plutôt que de bâtir des ponts de paix et de coopération. Qu'on sache bien que les inventions scientifiques qui sont destinées au carnage de l'humanité entraîneront la désintégration de plusieurs âmes et elles entraveront l'avancement spirituel de beaucoup d'autres. Tôt ou tard vous devrez répondre de ces ignominies; par conséquent si vous participez à de telles activités soyez avertis que cela ne sera pas fait impunément.

Les scientifiques et les faiseurs de guerre, écoutez-moi. Toute intention d'attaquer est interprétée comme une attitude hostile par les royaumes spirituels et par ces formes de vie que vous identifiez aux ovnis. Faites bien attention de n'entrer dans l'espace que désarmés et disposés à n'accomplir qu'une mission de paix; ne vous présentez en aucun temps avec des armes fabriquées qui violeraient les limites interfédérales et les conventions de Dieu. Vous sauriez ces choses si vous aviez déjà médité sur le but de la vie et sur votre rôle à cet égard. Sortez de votre amnésie spirituelle.

La guerre n'est pas un jouet qu'on tourne et qu'on retourne dans son cerveau comme dans un jeu. C'est la quintessence de la perversité de l'esprit. Nettoyez vos coeurs et vos esprits de pareilles idées avant qu'il ne soit trop tard et demandez au Créateur universel de vous enseigner votre véritable mission ici sur la Terre. Cela impliquera peut-être un changement d'occupation mais une nouvelle attitude et un coeur ouvert à l'amour devront certainement être adoptés. Je vous assure que seuls ceux qui aiment franchiront vos frontières spatiales. Vous êtes de petits enfants ignorants et agités qui cherchent à imiter Dieu en provoquant ainsi de terribles répercussions pour toute l'humanité. Ne posez pas ces gestes inconscients ou n'émettez pas ces pensées inhumaines. Vous profanez l'humanité et le dessein de Dieu.

Moi le Christ qui vint vous enseigner l'amour et le pardon, je vous dis maintenant que si le personnel gouvernemental et militaire veut abandonner ce mode négatif de pensées et s'il accepte de s'asseoir pour prier et pour méditer (tout en implorant le pardon et une nouvelle chance d'évoluer) le temps pourrait encore permettre de purifier plusieurs âmes et d'atteindre l'énergie positive d'amour de la magnifique paix de Dieu. Faites appel à n'importe quelles grandes entités du monde spirituel dont les paroles vous touchent au coeur. Demandez-leur de vous dire la vérité au sujet des gestes que vous devez poser. Etablissez le contact avec le bien et abandonnez le sentier que vous parcourez présentement où vous êtes remplis de vanité et vides de compassion pour l'humanité. Demandez et voyez ce qui arrive – car aucune prière adressée avec un coeur sincère n'est ignorée. Vous serez guidés et aidés.

Oh! j'entends la réplique: «Mais notre intention est de nous protéger nous-mêmes.» Je vous réponds alors que ce n'est pas en retournant des actions identiques que vous vous protégez de la turpitude. N'avez-vous pas entendu mon message? N'ai-je pas dit de présenter l'autre joue?

Pourquoi dirais-je cela? Pourquoi vous inviterais-je à ne pas vous défendre?

Parce que le besoin de vous défendre signifie que vous n'avez pas compris qu'il n'y a rien à défendre. Tout est Dieu. Votre seule possession permanente est votre âme. Vous n'avez rien d'autre que des idoles – votre maison, votre argent, vos automobiles, vos avions ou vos édifices sont tous éphémères. Je vous le dis, ces choses ne sont que des illusions. Vous ne pouvez pas croire en Dieu si vous investissez tout votre être dans ces choses. Soyez prêts à les mettre au service de Dieu et elles prendront de la valeur.

Entendez-moi! Demandez-vous à vous-mêmes quelle devrait être votre sentier. Si vous aimez Dieu et l'humanité et si vous ne cherchez qu'à croître et à servir, votre petite vie trouvera sa voie véritable. Par votre joyeuse relation avec les royaumes célestes vous serez aidés, pas à pas, dans l'escalade de la montagne.

Mes frères et mes soeurs, au-delà de vos cerveaux limités il y a un plan que vous reniez et auquel vous résistez. Rendez-vous à l'évidence qu'à moins de chercher à établir le contact avec Celui qui l'a créé, c'est-à-dire avec Dieu, vous ne pourrez en connaître le tracé.

Les rois, les présidents, les dirigeants (élus ou en poste par voie autocratique), les législateurs, les gouverneurs, les maires et tous les autres dirigeants à l'échelle des petites communautés ou à celle des grandes nations demandent eux-mêmes à être guidés avant que vous ne passiez aux urnes ou que vous ne posiez quelque geste en rapport avec une situation. Communiquez avec le côté spirituel en vous qui sait ce que vous devriez faire pour le plus grand bien de tous.

Ne laissez aucun dirigeant ou aucun juge décider des lois sans d'abord en référer à la loi divine. Que les juges et les avocats s'efforcent sans relâche d'apporter la paix à leurs clients au lieu d'attaquer et de provoquer de l'amertume. *Le pouvoir décisionnel est l'outil le plus efficace des gouvernements sur la Terre.* L'harmonie mutuelle est la marque du succès. Provoquer délibérément la guerre entre les camps du bien et du mal n'est pas une attitude créative ni désirable comme peut l'être par contre celle de la méditation.

Ne permettez à aucun niveau du gouvernement ou de la loi d'être autre chose qu'un instrument de coopération et de réconciliation. Car, quelle que soit la circonstance où la séparation est mise de l'avant, il y a perte pour l'âme quand on recherche la désunion au lieu de la plénitude. Cette vérité s'applique à tous. Par conséquent, travaillez avec diligence afin de créer des lois terrestres qui reflètent à travers vous le dessein de Dieu. Recherchez la conciliation qui amène la paix. Ainsi le but de votre vie sera atteint en tant qu'individus et que membres d'une famille, d'une communauté, d'une nation et de la planète. Vivre pleinement c'est aimer et permettre le déroulement du dessein de Dieu qui veut la paix en toutes choses. Alors créez la paix non les conflits.

Nous sommes nombreux dans les royaumes spirituels plus élevés à avoir expérimenté à notre façon vos épreuves douloureuses et vos défis; nous avons appris leur raison d'être et le moyen de les faire servir au dessein et à l'amour de Dieu. C'est pourquoi nous sommes prêts et en mesure de vous aider dans vos périodes d'épreuves et lors de vos décisions intérieures. Nous avons un itinéraire pour vous, nous connaissons la voie à suivre.

Veuillez accepter le fait que nous sommes physiquement présents dans plusieurs dimensions, incluant la vôtre, et que nous pouvons vous parler par télépathie mentale une fois que vous avez établi vos *connexions supérieures* par la méditation. Seuls quelques-uns peuvent actuellement nous voir apparaître physiquement mais un jour la vision de l'âme reviendra et le voile de la cécité sera levé à jamais. Soyez assurés que par le processus de la méditation vous acquerrez la connaissance et la compréhension réelle et que vous aurez la possibilité d'entendre avec votre oreille interne ou de voir avec l'oeil intérieur. Ces cadeaux provenant des zones non utilisées de votre glande pinéale et du cerveau humain sont stimulés par le processus de la méditation et par la pratique d'un amour éveillé.

Ceux qui recherchent Dieu l'atteindront par cette méditation où vous vous asseyez calmement et où vous apaisez votre *mental.* Quand celui-ci est calmé et en paix les hautes vibrations de votre Esprit peuvent pénétrer vos cerveaux habituellement effervescents et elles peuvent vous parler de votre paix personnelle et de celle de l'univers. A la façon de la génératrice invisible dont les ondes alimentent vos radios et vos téléviseurs (ce que vous trouvez parfaitement normal) votre Esprit peut s'introduire intuitivement dans la partie réceptive de votre cerveau et se manifester dès que votre appareil est syntonisé. Il n'y a jamais eu de plus grande chance de croître dans l'amour et dans le service. Jamais au cours du périple vers la plus haute conscience (ou vers l'espace réel) votre âme n'a eu une opportunité plus fructueuse de croître.

Nous invitons les autorités scientifiques, militaires ou gouvernementales de cette planète à écouter ces remarques jusque dans les recoins de leur coeur et de leur âme. Votre conduite passée importe peu si vous changez dès maintenant. Dans les prochains mois l'air que vous respirerez sera lui-même particulièrement efficace pour vous aider à éliminer vos pensées et vos actions négatives. Les rayons du soleil expriment plus d'amour. La lune brille davantage et elle est munie d'un pouvoir purifiant pour éliminer les misères cachées et les confusions enfouies dans la mémoire de votre subconscient. Profitez de cette aide avec sagesse. Optez sans délai pour la Légion d'amour.

Ne faites à toute l'humanité que ce que vous voudriez qu'il vous soit fait à vous-mêmes!

Les scientifiques de ce monde devraient réaliser que le pouvoir spirituel est à la base de ce que vous appelez la science. Car y a-t-il plus grand physicien que moi le Christ? Qui parmi vous sur la Terre s'est servi de la science de Dieu pour venir de l'énergie dans la matière et retourner à l'énergie? Je vous dis que la véritable science consiste à se servir des lois universelles avec pureté d'intention. Vous pouvez jouer à la magie et à la destruction mais ces deux procédés ne seront jamais de nature scientifique.

C'était là le modèle que je vous présentais autrefois et que je vous demande de suivre aujourd'hui. Procédez avec pureté d'intention dans l'exploration des nombreux mystères qui dépassent votre entendement. Je vous dis que si vous venez de l'Esprit vous ferez ces choses et de plus grandes encore. Sans amour, vos découvertes ne peuvent conduire qu'à la misère et à la souffrance pour tous. Finalement je vous invite à me rejoindre, moi et toutes les Forces célestes, dans cet Age d'Or où plus de connaissances seront révélées à ceux dont le coeur est ouvert, à ceux qui aiment Dieu par-dessus tout. Plusieurs lois universelles seront dévoilées aux scientifiques pacifistes. Plusieurs mystères trouveront leur explication.

Rappelez-vous que ceux qui n'aiment pas ne seront pas admis dans les étoiles parce qu'ils y seraient trop dangereux pour eux-mêmes et pour les autres. Par contre, ceux qui évoluent dans la lumière et qui manifestent la bonne volonté sont acceptés.

Faites votre choix, faites-le dans l'amour.

Le sentier de l'humanité est parsemé des noms sordides que l'histoire a retenus. Faites attention à votre façon de choisir la place que vous occuperez dans l'histoire et à la connotation que votre nom aura dans les annales du souvenir. Considérez aussi pourquoi il y a des épines aux roses ou bien surveillez les guêpes, les frelons, les taons et les mouches qui volent autour de vous et qui vous apportent beaucoup de désagréments. Rappelez-vous ce qui en est la cause: une tentative de création qui a échoué parce que son schéma et son aspect n'étaient pas imprégnés de vénération. Le résultat du travail de Père-Mère est toujours la beauté et le don de l'amour. Car l'amour ne crée que l'amour et toute manifestation inférieure n'est pas de Dieu.

Aucune conscience animée d'amour ne voudrait

créer une manifestation de la beauté en l'armant d'épines mais depuis la «chute» il s'est passé beaucoup de choses qui ont changé ce paradis terrestre qui a déjà été parfait. Pensez-vous que le mythe de la créature mi-homme mi-bête puisse avoir quelque fondement? Elle illustre le genre de création que les anges déchus ont produit sur cette Terre avec leurs pensées perverties et dénuées d'amour. Vos généticiens comme vous les appelez sont maintenant de retour au travail retrouvant dans la mémoire de leur âme une période pendant laquelle, il y a des éons, ils jouaient vraiment à être Dieu. Leur accorderez-vous encore le pouvoir de répandre le mal ET D'ALTERER LES STRUCTURES DE L'ADN? Si vous obtempérez en ce sens vous serez responsables des conséquences qui découlent de ces actions.

Personne n'a le droit sans la permission expresse de Dieu et pour aucun motif de changer quelque forme de vie que ce soit... à moins qu'il ne s'agisse du bien de tous, ce que toute personne qui raisonne et aime devrait être capable de discerner. Toute vie est un hologramme et fait partie d'un réseau relié à tous les autres aspects de la vie. Par conséquent, toute modification apportée à quelque partie de cette organisation perturbera l'ensemble du système écologique dans lequel chaque chose tient un rôle défini pour le maintien de la vie de tous. Votre science ne devrait servir qu'à ennoblir la race humaine, qu'à améliorer toute vie sur la planète et qu'à respecter toutes les autres formes de vie de l'univers.

Aucune modification ni aucun changement de quelque nature que ce soit ne doit être apporté à aucune planète ni à ses formes de vie si l'on n'est pas animé d'un amour absolu et d'un désir de servir. Si pendant que vous êtes en méditation profonde et en état de disponibilité vous vous mettez à l'écoute de votre âme et des royaumes supérieurs, des suggestions peuvent vous être données pour accélérer le progrès de l'humanité et pour opérer des améliorations. Vous en serez informés au besoin. Autrement, si vous entreprenez d'altérer le plan divin qui a été conçu pour offrir à toutes les formes de vie un environnement d'amour et de paix, vous recevrez une leçon majeure remplie de remords qu'il vous faudra apprendre pour éduquer votre âme.

Le meurtre (ou la suppression délibérée et sans raison d'une vie) peut se produire de plusieurs façons et il demeure interdit. Prenez garde de ne pas vous enliser davantage dans la croyance que vous pouvez disposer à votre guise du plan de Dieu pour cette planète et de toute vie qui s'y trouve. Nous nous employons actuellement à vous aider pour que vous éleviez votre mini-sagesse et votre facteur amour à un degré supérieur. Soyez patients pendant que nous vous aidons à supprimer les créations avortées qui sont dues aux anciennes erreurs de votre Esprit. Laissez la planète évoluer naturellement dans le cycle complet menant à la vérité, à Dieu. L'amour pour tous doit vous animer au cours de cette période de manifestations quasi instantanées; il doit toujours être votre thème et votre code d'éthique.

Vous êtes maintenant séparés de Dieu à cause de votre intervention dans un plan de création et de développement presque parfait ici sur cet «être» merveilleux appelé la Terre. N'ayez l'intention de faire que ce que Dieu attend de vous, alors ceux d'entre nous qui connaissent ce plan à partir de ce niveau plus élevé de conscience orienteront l'intérêt de votre esprit vers l'exploration scientifique et l'expression de votre créativité. Soyez guidés à partir de l'Esprit pour exprimer véritablement le meilleur de qui et de ce que vous êtes.

Nous nous joignons aux pensées de plusieurs ici qui pourraient appuyer la mission de votre vie dans la lumière de l'authentique découverte et du véritable entendement, pour dire: «Que la paix soit avec vous». Car la paix est votre clef, votre passeport vers les secrets solaires et les mystères de l'univers. Prenez cette clef, servez-vous en avec pureté d'intention et vous en apprendrez beaucoup.

Je remercie tous ceux qui se sont déjà enrôlés dans la Légion d'amour et qui ont choisi le sentier de la paix. J'inscris vos noms dans les archives célestes de tous les temps et d'en-dehors du temps et j'encourage tous les autres à procéder de manière à être remémorés de la même façon.

En recherchant votre Créateur avec un coeur rempli d'amour, vous vous réserverez à jamais une place de beauté et de merveilles. Le Créateur et l'humanité attendent votre choix, puisse ce dernier s'apparenter à celui que prendrait pour vous une entité plus éclairée.

Que les bénédictions de Dieu vous entourent et vous apportent la paix que votre âme désire ardemment.

Amen.

Chapitre 8

PRESCRIPTION AUX PARENTS ET AUX ENSEIGNANTS

Aux parents, aux enseignants, **à la société entière,** je souligne maintenant la façon de présenter les enseignements de Dieu à toute l'humanité mais plus particulièrement aux vieilles et merveilleuses âmes qui renaissent présentement sur la Terre. Au cours de la dernière décennie les enfants qui sont des âmes anciennes sont arrivés avec la frénésie d'exprimer l'amour de Dieu, de grandir dans la lumière et la compréhension et de peupler la planète en prévision des mille ans de paix à venir.

S'il-vous-plaît en tant que parents ou enseignants posez-vous ces questions: «Pourquoi ai-je à remplir ce rôle de parent ou d'enseignant? Pourquoi ai-je choisi ce mode ou ce moyen de m'exprimer et de m'impliquer avec les autres?»... Chaque humain étant déjà un enseignant par sa seule présence sur cette planète, vous devez donc surveiller votre comportement et l'exemple que vous donnez puisque les actions parlent un langage universel. Les répliques de votre âme à l'égard de votre rôle de parent et d'enseignant seront différentes de celles de votre personnalité inférieure qui peut avoir été amenée à ce rôle de parent par désir de plaire aux familles ou parce que c'est l'usage d'avoir des enfants ou parce que l'enseignement est tout simplement une façon de gagner sa vie. La réponse de l'âme transcende ces motivations à cause de son besoin d'expérimenter l'amour de Dieu et de le partager avec toutes les créatures vivantes – sans oublier son désir profond d'apprendre et de croître.

De quelles façons particulières tous les humains devraient-ils s'acquitter de cette tâche? En tant que parents soyez prêts par-dessus tout à l'inhabituel. Soyez flexibles en cette période d'évolution spirituelle et sachez que vous magnétiserez une âme qui a besoin d'approbation et de support pour développer son habileté à voir par-delà les définitions terrestres.

Prenez ces suggestions à coeur et en les mettant en pratique vous éprouverez une grande joie personnelle et du ravissement à vivre l'exubérance amoureuse de Dieu. Même si elle implique une responsabilité, que cette mission ne devienne pas le devoir austère qui a étouffé le message que j'ai apporté ici. Procédez joyeusement. Les tâches importantes bien faites peuvent concilier harmonieusement la responsabilité et la joie. Souvenez-vous en! Eclairez vos vues. Les nouveaux enfants vous enseigneront cette joie par leur expérience personnelle des royaumes invisibles que je suis venu partager avec vous autrefois. Le paradis est une joyeuse ambiance d'étude, de partage et d'amour; l'imaginer dépourvu de ces joies témoigne d'une totale incompréhension.

Les bébés qui naissent aujourd'hui auront la capacité de personnifier le Ciel sur la Terre si vous voulez coopérer et partager leur vitalité et leur clarté. Ce sera tout sauf ennuyeux, monotone et morne. Si vous n'avez pas vous-même un enfant à élever ou à éduquer, vous serez tout de même impliqué dans cette énergie et cet amour du Nouvel Age qui égayeront votre propre périple de l'âme. La raison d'être et la promesse de ce Nouvel Age consistent à couvrir la Terre d'êtres de nature généreuse et aimante dont la dévotion à Dieu dégage une flambée de vibrations lumineuses qui dansent autour du globe comme des arcs-en-ciel et la lumière du soleil.

Réalisez que quelques-uns de ces petits êtres de l'Age d'Or dont la connaissance et la conscience spirituelles sont très grandes ont commencé à se présenter ici il y a environ une décennie. D'autres arrivent présentement et plus encore sont attendus. Plusieurs d'entre eux vont dépasser votre propre habileté à voir et à entendre les êtres spirituels tels que moi. Ils peuvent posséder des facultés mentales qui vous font défaut. L'Esprit dominant la matière deviendra une nouvelle réalité. Par conséquent, votre première étape est d'accepter que même si vous dépassez l'enfant par la masse corporelle vous n'êtes peut-être pas les plus sages spirituellement. Ceci portera un coup dur à l'amour-propre de certains parents mais leur âme se réjouira car l'exercice des habiletés psycho-spirituelles représentera un aspect important de la vie du Nouvel Age.

Comme parents ou enseignants NE LAISSEZ PAS VOTRE AMOUR-PROPRE INTERVENIR si vous voyez vos petits en train de parler à des anges invisibles ou d'entendre des voix célestes à l'intérieur d'eux-mêmes. Je vous assure que même chez vous cette faculté était plus développée dans votre enfance qu'elle ne l'est aujourd'hui. Si vous l'avez perdue c'est que les adultes autour de vous avaient eux-mêmes délaissé ces aptitudes face au mécontentement des parents, de la société et des éducateurs ou par crainte du ridicule. Plusieurs enfants de votre propre génération ont entendu ou vu les royaumes angéliques mais ils ont dû renoncer à l'exercice de cette habileté parce qu'ils ne pouvaient envisager de perdre le respect et l'amour de la famille, des amis ou des enseignants qui en niaient l'existence.

Vous devez reconnaître aux enfants eux-mêmes qu'ils ont des facultés et, face à leur entourage, vous ne devez pas ridiculiser ni refuser d'admettre leur *connexion* avec les royaumes célestes qui sont très réels pour eux et qui le deviendront davantage pour vous aussi si vous acceptez et encouragez cette communication. En fait, si vous êtes prêts à grandir au contact des enfants vous apprendrez autant ou peut-être plus que vous n'enseignez présentement.

La suggestion la plus sérieuse que je puisse faire à l'humanité et surtout à vous, parents et enseignants, est de dire à peu près ceci: «Jusque là...» ou bien «Nous avons cru jusqu'ici ...» Par exemple, si vous enseignez les sciences, dites à l'enfant: «Jusqu'ici on a cru que la vitesse de la lumière à trois cent mille kilomètres/seconde était la vitesse maximum possible. Regardez au-dedans de vous et voyez si cette information vous paraît juste.» En d'autres termes donnez à la connaissance actuelle les possibilités d'exploration qui lui reviennent car en réalité ce n'est pas la façon adéquate d'envisager la vitesse de la lumière. Les Sages de l'autre côté du voile vont travailler de concert avec ceux qui sont incarnés pour corriger de nombreuses notions erronées qui passent pour exactes sur la Terre.

Non seulement ces grands Etres sont-ils prêts à enseigner aux petits par le processus de la télépathie mentale mais à vous également. Ils sont prêts à élargir vos connaissances de cet univers et de la place que vous y occupez. Toutefois pour percer le voile vous devez d'abord croire que cela est possible et devenir par la suite très silencieux et très calmes afin d'entendre la vérité. Vous devez finalement exprimer votre reconnaissance à Dieu pour le plan qu'Il a donné à l'humanité.

La méditation vous y aidera.

Il y a des éons vous ne viviez que dans la conscience de Dieu et toutes choses vous étaient connues. Après la descente dans la matière vous n'avez plus été reliés à Dieu de la même façon. Vous avez été littéralement perdus dans l'espace, sans moyen de communication. Heureusement, nous qui vous aimons cherchons à rétablir votre lien avec Dieu afin que le fossé entre le Ciel et la Terre soit comblé et que vous puissiez à nouveau faire partie de l'amour et de la connaissance de ce Grand UN.

Sachez pourtant que la conséquence de la chute de l'humanité – ou la déviation qui a coupé la communication et la conscience directe de tout ce qui est connu par le Créateur – peut recevoir la guérison si vous en exprimez le désir. Ceci est la vérité mais vous devez être prêts à accepter de plein gré et à participer joyeusement à cette restauration. Tel un appareil de télévision ou de radio défectueux, laissez-vous réparer pour pouvoir capter les canaux célestes qui diffusent à nouveau pour vous sinon syntonisez-vous bien afin que la réception soit claire.

Moi le Christ, je ne suis pas le seul canal à transmettre la vérité de Dieu, il y en a plusieurs autres. Mais à ceux d'entre vous qui croient et qui ont foi en moi je certifie que la distance qui me sépare de vous, une fois que vous avez restauré votre système de communication, n'est pas plus grande que celle d'un appel téléphonique mental. Un jour prochain beaucoup plus d'êtres humains pourront vraiment me voir, en particulier les enfants!

Dans la Bible on vous a dit que vous devez redevenir comme de petits enfants. Cela veut dire que vos pensées ne doivent pas avoir de limites. Aucune barrière du genre: «Oh non, ce n'est pas possible». Tel un enfant vous devez accepter qu'il existe dans votre vie un Père-Mère aimant non pas un Parent qui ne mériterait pas votre confiance ou qui abuserait de vous mais plutôt un Etre Suprême qui vous manifeste une affection et un intérêt indéfectibles et éternels. LA CONFIANCE EST A

*** Prescription aux parents et aux enseignants. ***

LA BASE DE L'AMOUR.

Ce n'est pas moi mes bien-aimés qui ai créé le plan. Toutefois c'est moi et d'autres du Ciel qui avons accepté d'y participer sans aucune restriction. Cette tâche vous concerne également. Pour l'amour des enfants de l'Age d'Or vous devriez les encourager à expérimenter la communication avec ce que vous ne pouvez peut-être pas voir ni entendre vous-mêmes. Ceci voudra dire pour vous l'abandon des idées anciennes *qui vous ont été enseignées* et une présence indéfectible en toute circonstance. Car l'accélération de votre évolution spirituelle accroît le rythme de votre retour au bercail. Bâtissez vos propres lignes de communication et incitez toutes les personnes que vous connaissez à en faire autant.

Les enfants sont ouverts, curieux et disposés à aimer et à apprendre. Soyez donc comme des enfants, toujours prêts à apprendre. Vous ressentirez la paix, l'harmonie et l'amour dont votre âme se languit. Par cette démarche vous pourrez ouvrir la porte à des aperçus de votre connaissance d'autrefois (par-delà le temps et l'espace) et vous fleurirez à nouveau dans le terrain fertile du ciel.

A cause du système d'éducation actuel les enseignants sont évidemment confrontés à un défi presque surhumain – surtout avec des manuels dont le contenu est partiellement déformé, incomplet ou faux. Les organisations scolaires et les conseils d'éducation ont établi des programmes d'étude que la société sanctionne comme des bibles de vérité. Sur la Terre il y a des programmes d'étude ou des ententes pour établir ce qui est vrai mais en général ils limitent le coeur et l'esprit. Comme enseignant, ne présentez pas l'information actuelle comme une vérité absolue car vous feriez fausse route face à la mission de votre âme qui est **d'éveiller** la conscience humaine.

*** Prescription aux parents et aux enseignants. ***

Dites aux enfants que jusqu'à présent l'humanité a cru à ces idées mais invitez-les toujours à aller profondément au-dedans d'eux-mêmes pour voir si elles sont exactes. Soyez prêts à accepter la liberté d'expression et de nouvelles idées. Il est amusant d'intégrer à votre enseignement un stimulant du genre: «Mais disons que...» ou bien «C'est ce que nous avons toujours pensé, mais se pourrait-il qu'il existe autre chose que nous ne connaissions pas? Qu'est-ce que ce serait par conséquent?»

Premièrement, votre attitude ne doit pas être dogmatique face à votre besoin de sécurité personnelle. Acceptez vous-mêmes d'agrandir vos connaissances. Si les sciences relèvent de votre champ d'activité, soyez ouverts aux découvertes et aux implications nouvelles, acceptez de recevoir des révélations de vérités jusqu'à présent inconnues. Demandez dans vos méditations de devenir des enseignants doués pour ces nouveaux venus et demandez aussi l'aide nécessaire pour toujours approfondir la vérité de tout sujet que vous enseignez. Vous serez définitivement aidés si l'amour est votre motivation et la paix votre objectif.

Grâce à la télépathie mentale quelques-uns parmi vous peuvent même s'entretenir avec les grands enseignants d'autrefois et leur demander comment ils remettraient à jour leurs enseignements terrestres s'ils en avaient l'opportunité. Ou à tout le moins, chacun peut noter sur papier les nouvelles idées qui se présentent comme les «Ah, Ah, ainsi donc...» qui sont des bijoux créateurs donnés à l'esprit pour stimuler ou clarifier une plus grande connaissance. En un mot: évoluez! Ouvrez-vous à l'univers en expansion qui chuchotera ses secrets aux esprits prêts à les recevoir. Vous servirez de modèles aux enfants qui se sentiront en sécurité dans leur exploration intérieure.

Ecoutez ces petits enfants, sécurisez-les dans le fait d'être différents des autres et en avance sur leur temps. Plusieurs concepts sociaux et éducationnels doivent être abolis. Accueillez le changement, adoptez une compréhension élargie. Les petits auront besoin de votre encouragement, de votre support et de votre amour. Plusieurs seront des maîtres de vérité, des précurseurs de ce prochain Age d'Or qui ont besoin en ce moment de votre apport irremplaçable. Je vous demande de les assister très généreusement. Donnez pour qu'à votre tour vous puissiez aussi recevoir.

Jusqu'ici vos écoles ont abreuvé vos étudiants de vos réalités dont plusieurs sont fausses. Les éducateurs ne veulent pas nécessairement induire en erreur mais comme ils font eux-mêmes partie de l'humanité ils ne comprennent pas la nature véritable des êtres humains ni le vrai sens de l'éducation qui consiste à faire couler la vérité de la plus haute Source intérieure. Il ne s'agit pas de seriner le contenu des livres scolaires comme des perroquets bien que les rudiments de certains sujets peuvent avoir leur utilité. Eduquer c'est laisser la vérité se déverser à travers la communication que vous avez établie avec les sources divines. Nous ne blâmons pas les éducateurs mais nous les mettons au défi de s'auto-évaluer. Nous leur recommandons toutefois de commencer par comprendre leur mission véritable et de montrer à ces nouvelles âmes glorieuses qui naissent présentement sur la Terre à se syntoniser à l'intérieur d'elles-mêmes pour connaître la vérité sur toutes choses.

Plusieurs de ces petits corps de bébés qui arrivent actuellement possèdent une énergie vibratoire plus élevée que celle de la plupart des parents qui leur donnent les moyens physiques de naître. Ils peuvent aussi être plus doués spirituellement que la plupart de leurs enseignants sur la planète. Votre première attitude comme parents ou enseignants consiste par conséquent à reconnaître que leurs habiletés ne vous diminuent pas. En fait, elles vous offrent la plus grande opportunité de votre vie qui est de les aimer et de leur accorder plus de latitude pour établir une plus haute communication avec nous des royaumes célestes. Ils peuvent très bien avoir des yeux qui voient au-delà de ce que vous voyez et des oreilles qui entendent au-delà de ce que vous entendez. Ne soyez pas sur la défensive, soyez plutôt curieux et invitez-les à partager leurs expériences. Encouragez-les à s'ouvrir.

Entourez ces petits d'une ambiance d'amour pour qu'ils puissent s'épanouir mais n'imposez pas de limites à leur esprit ou à leurs facultés spirituelles; plus que tout, ne vous moquez pas ou ne niez pas l'existence de ce qu'ils ont mais que *vous* n'avez pas. Vous apprendrez beaucoup en leur demandant «Dis-moi qui est là?» *s'ils disent qu'ils ont une vision* ou en leur demandant ce qu'ils ont entendu qui *dépasse votre champ auditif.* Montrez-vous sincèrement intéressés et prêts à aider sinon ils perdront le cadeau que vous-mêmes avez perdu dans votre enfance à cause du doute ou du refus de croire ou parce que vous étiez réprimandés par les adultes qui étaient aveugles aux mondes plus élevés. A leur arrivée tous les enfants sont plus près de Dieu que ne le sont les adultes obnubilés par le conditionnement culturel qui force les individus à enfouir au-dedans d'eux-mêmes une grande partie de leur nature véritable.

Je vous supplie de comprendre en tant que parents et enseignants que chaque nouvelle génération arrive dans une vibration plus élevée que la précédente. Que ce soit pour vous un sujet de réjouissance. Servez-vous de votre savoir pour aider et assister ceux qui sont petits physiquement mais grands dans la vérité! Aidez-les à accepter et à partager tout ce qu'ils sont. De tous les cadeaux que vous pouvez leur offrir, accordez-leur la permission imprégnée d'amour d'être ce qu'ils sont vraiment. Sachez de plus qu'un jour vous recouvrerez aussi ces pouvoirs... à condition que vous vous en remettiez à Dieu maintenant et que vous acceptiez de vous en servir pour le bien et pour le service à l'humanité. Car les tests ou initiations imposés à votre âme concernent votre bonne volonté de soumettre le pouvoir au service du noble but moral qui doit être poursuivi par ceux qui deviendront non seulement une création céleste mais des enfants de l'univers, de la vie qui réside bien au-delà de ce que vous pouvez saisir. Votre destin repose dans la naissance des étoiles, dans l'expansion des mondes invisibles.

Petit à petit nous grandissons en amour et en responsabilité. Cette croissance nous conduit naturellement, automatiquement vers notre prochain sommet, puis au prochain. Je vous ai dit que notre Parent possède plusieurs demeures. N'en avez-vous pas le sentiment? Se pourrait-il qu'il y ait plus de possibilités que vous ne puissiez encore l'imaginer? Pour votre demeure, ne cherchez que le plus haut niveau de conscience.

Aux enseignants qui propagent les valeurs de la société revient donc la responsabilité de s'adapter aux changements continuels et aux nouvelles découvertes. L'information périmée doit être remise à jour continuellement. Et l'ensemble de ce changement dépend de votre bonne volonté à vous tenir au fait de cette explosion de connaissances. Une entière compréhension des nouveaux principes universels autrefois incompris ou inexplorés sera absolument requise pour répondre à ce déversement accéléré d'informations concernant les lois que vous appelez LES SCIENCES. Car maintenant, avec l'arrivée de l'Age d'Or et votre entrée dans la quatrième dimension de la vie consciente, l'univers partagera de plus en plus ses secrets avec l'humanité.

C'est la raison pour laquelle toute éducation doit s'accompagner du sens de la responsabilité et de celui de l'amour, les deux étant des pré-requis indispensables dans l'usage des nouvelles inventions et des progrès technologiques. Tout programme scolaire existant doit contenir cette quête de noblesse afin que les découvertes scientifiques servent l'humanité **d'une façon positive.** Vous n'avez qu'à observer votre monde actuel pour réaliser que quelque part la société a failli à son devoir d'enseigner que le coeur doit précéder la curiosité humaine. L'amour doit toujours précéder toute intention de se servir des principes de Dieu.

Je ne veux pas dire que cette responsabilité repose entièrement sur le système scolaire. C'est plutôt la société qui, dans son ensemble, doit susciter cette noblesse d'intention dans la fresque de l'histoire humaine. Néanmoins j'incite chaque enseignant et chaque éducateur, quel que soit son niveau ou son domaine, à prendre l'initiative de préparer un programme traitant des questions morales et de la responsabilité des humains vis-à-vis leurs semblables. Et je répète que la mise à jour des connaissances deviendra une tâche gigantesque et sans fin à cause de l'afflux constant de nouvelles informations.

Par conséquent au fur et à mesure que les toutes dernières découvertes se produisent, consacrez une part de votre enseignement au partage de ces toutes dernières données. Ces découvertes peuvent même se faire sous vos yeux, dans votre salle de classe où les esprits du Nouvel Age sondent leur banque de mémoires à la recherche de vérités qui ne sont ni imprimées ni connues présentement. Mes bien-aimés cette expérience vous deviendra de plus en plus familière au cours des années. Priez pour que l'ouverture d'esprit voulue vous soit accordée afin de prendre votre place de *leaders* dans les écoles et les facultés en plus de devenir des guides pour ceux qui sont moins conscients du côté spirituel. Devenez des porte-flambeaux en cette nouvelle époque enthousiasmante et récoltez les immenses bénéfices spirituels qui découlent de votre engagement. Votre participation est nécessaire en ces temps critiques. Demandez notre aide pour ne pas faillir à votre tâche. Nous sommes toujours auprès de vous, prêts à vous offrir notre assistance dans la mesure où vous la demandez.

Nous promettons fermement à ceux d'entre vous

qui enseignent d'un point de vue spirituel (et je ne veux pas dire religieux) qu'ils seront gratifiés à l'infini. Les enfants que vous encouragerez lorsqu'ils exprimeront avec force leur connaissance de Dieu vous apporteront dans ce partage la joie et l'occasion de grandir personnellement. L'enfant de vos vies passées vit encore en vous, toujours anxieux de fleurir dans les jardins éternels du Créateur. Dieu n'est pas statique et vous ne l'êtes pas non plus. Le changement est toujours présent et nécessaire. Visez donc toujours ce qui vous a déjà été donné. En tant qu'enseignants vous recevrez aussi de l'enseignement.

En vérité, notre Père-Mère est magnanime et généreux pour tous mais il faut que vous soyez prêts à recevoir la vérité. Par conséquent ouvrez-vous afin de recevoir votre part surabondante de bienfaits et syntonisez-vous avec les Cieux de façon à être guidés vers une compréhension toujours plus profonde et vers l'acceptation de ce que vous avez déjà reçu. Ouvrez vos esprits et vos coeurs pour obtenir l'abondance qui vous revient.

Vous êtes bénis dans votre enseignement car vous prenez part au travail que moi le Christ et plusieurs autres enseignants spirituels sommes venus accomplir ici. Soyons donc partenaires dans le plan divin dont l'objectif est de ramener la famille humaine à la dimension céleste qui est sa destinée. Que la crainte d'être accusés de promouvoir la religion dans les écoles n'entrave pas le rôle important que vous jouez et qui consiste à répandre la vérité. Il y a plusieurs façons d'enseigner le moyen de communiquer à l'intérieur de soi sans mentionner le mot «Dieu». Des mots comme LUMIERE, SOURCE et UNITE peuvent exprimer bien des choses, tout comme les mots INTUITION, LE SOI INTERIEUR QUI SAIT ou CELUI QUI APPORTE LA VERITE. Le Créateur n'attache aucune importance au nom employé. Servez-vous de tout vocabulaire qui ne contrevient pas aux règlements des écoles publiques que vous chercherez toujours à améliorer. Soyez inventifs et sans peur!

Quelques-uns parmi vous vont vraiment changer la structure organisationnelle ainsi que le contenu et l'utilité de l'éducation. Mais quelle que soit votre contribution, grande ou petite, apportez-la avec amour et ferveur et vous ne pourrez manquer de réussir. En écoutant à l'intérieur de vous-mêmes vous serez toujours guidés vers la forme supérieure du bien et vers les choix les plus judicieux. Enseignez aussi aux petits que des périodes de calme sont essentielles et qu'elles leur apporteront la force, la confiance et la connaissance intérieure.

Parce qu'ils vivent avec eux, ce sont les parents qui sont les mieux placés pour enseigner et illustrer aux enfants la conscience du Nouvel Age. C'est une tâche vitale de nos jours que d'enseigner aux enfants qui ils sont vraiment et de les encourager à devenir des *leaders* là où leur âme les conduit.

Vous les mères, vous n'êtes pas que des «faiseuses de bébés ». Vous apportez la forme de vie dont une âme a besoin pour des fins de croissance, d'amour et de service. Adressez-vous à l'âme du bébé dans l'utérus et discutez avec elle de ce qu'elle est venue manifester sur la planète. Vous les pères, vous devriez participer aussi à ce processus car la naissance d'une grande âme requiert la collaboration et le dévouement des deux principes mâle et femelle puisque ces deux polarités doivent se retrouver en équilibre à l'intérieur même de l'âme.

En tant qu'équipe familiale, aidez l'enfant à faire grandir en lui l'amour et le goût d'apprendre puis surveillez cette fleur qui s'épanouit sous la voûte du plan céleste. Un couple ne peut trouver plus grande satisfaction que celle d'apporter la vie à une telle âme. Toutefois, rappelez-vous toujours que l'enfant n'est pas votre propriété ni votre possession. Il appartient à Dieu et à tout ce qui existe au-delà de votre petite vie. Ne limitez pas cet être pendant que vous partagez ensemble un projet de responsabilité spirituelle et d'amour joyeux.

Si vous démontrez que dans une famille l'amour et le dévouement sont possibles, l'enfant apprendra par votre exemple de quoi l'humanité est capable. Par conséquent vous devez vous libérer autant que possible du doute et des entraves avant la grossesse et prier ensemble en tant que couple afin de parvenir à la hauteur de cette grande tâche qui est celle d'élever un enfant. Ecoutez ensuite ce que votre Esprit et la plus haute information spirituelle vous invitent à faire dans ce processus de procurer un corps physique à une autre âme qui se prépare à une expérience terrestre.

La naissance cause le plus grand traumatisme qui soit à l'âme qui vient de couper les liens avec son monde, celui dans lequel elle vivait dans la lumière, dans la joie et dans la paix. L'âme devient souvent triste et déprimée au contact de l'environnement qu'elle trouve sur la Terre. Par conséquent, que le bébé bénéficie d'une grossesse la plus normale possible et ne le manipulez pas brutalement pendant son entrée ici-bas. Accordez-lui une ambiance affectueuse avant son entrée dans cette vie et continuez ainsi au cours des années pendant lesquelles vous avez accepté la responsabilité du séjour de cette âme ici-bas. Au début soyez spécialement réconfortants et doux; plus tard, établissez pour le bien-être de l'enfant un cadre de responsabilité imprégné d'amour. **Ce qui ne veut pas dire de laisser la personnalité de l'enfant faire ce qui lui plaît** car cette personnalité humaine doit coopérer avec son âme en manifestant de la bonne volonté et de la compréhension. Elle doit aussi apprendre à respecter les droits des autres.

*** Prescription aux parents et aux enseignants. ***

Le même principe s'applique à toute personnalité adulte sur Terre, pas seulement aux enfants. Quand il est demandé à un adulte de s'abandonner à Dieu cela ne signifie pas qu'il doive devenir un légume sans but ni ambition. Cela signifie plutôt que la petite personnalité humaine devient propice et utile à l'âme, qu'elle est libérée des peurs et des anxiétés, des sentiments de culpabilité et des incertitudes qui, chez l'individu, caractérisent les habitudes qui ont été créées par les conditionnements subis dans l'enfance et par les tendances personnelles.

L'objectif de l'humanité devrait être d'inculquer à l'enfant le moins possible de ces conditionnements négatifs et de ces concepts qui briment car ces barrières et ces pensées inappropriées devront plus tard être passées au crible et éliminées afin que le corps – qui constitue la forme physique de l'âme ici sur Terre – permette à sa partie spirituelle de s'exprimer sans contrainte et de manifester sa joie. La raison première qui motive l'âme à se servir d'un corps physique est l'utilité de celui-ci en tant que médium d'expression de la vérité et de l'amour. C'est pourquoi j'ai souligné que moins vous inculquerez de croyances erronées à un enfant moins celui-ci aura de nettoyage à faire plus tard.

De toute évidence, il est beaucoup plus indiqué d'enseigner à un enfant le principe initial que Dieu est une Source aimante et infinie plutôt que de lui dire: «Nous sommes des vers de terre et Dieu nous aura un jour à cause de nos péchés». Les commentaires de ce type sont faux et ils creéent des barrières. Ma tristesse et ma consternation persistent face aux idées que vos églises inculquent dans l'esprit des enfants et des adultes pour les effrayer et les décourager; ces idées décrivent un Dieu dont la nature est au mieux redoutable et capricieuse. Qui pourrait bien AIMER un tel Dieu?

Je vous assure que notre Créateur ne ressemble

pas à ce personnage redoutable *au bras vengeur* tel qu'enseigné de nos jours par plusieurs religions. Par conséquent enseignez la vérité aux enfants et ne laissez pas remplir leur subsconscient de toute la fausseté qui découle de telles absurdités car ces enseignements ont saboté le message d'amour et de pardon que j'ai apporté il y a deux mille ans. Je suis affligé par le fait que les ambitions ignobles des dirigeants d'églises aient pu abuser et déformer à ce point le sens de mon message – affligé aussi que les masses aient pu croire que Dieu pouvait les tenir en si basse estime.

Je veux dire à toute l'humanité que notre Créateur ne connaît rien d'autre que l'amour! Par conséquent les conditions sans amour qui prévalent sur la Terre ne tiennent pas leur origine du Créateur mais bien de l'humanité elle-même. Mon rôle consistait à vous montrer l'évidence de cette vérité et à vous aider à comprendre que vos pensées et vos actions personnelles sont les causes de votre condition – même si votre responsabilité n'est pas apparente. Vous n'êtes pas des victimes! Vous êtes vous-mêmes les auteurs de l'expérience que vous vivez! C'est la leçon que vous devez enseigner aux enfants. Comme co-créateurs, vous êtes responsables de la plupart des expériences de la vie. Approfondissez-bien cette leçon car l'émotion ressentie vous permettra de mieux l'enseigner. Je vous assure que VOTRE PENSEE a créé les expériences que vous avez vécues. Nous nous efforçons donc de nettoyer votre *mental* et vos émotions afin que vos pensées ne reflètent plus que l'amour et la paix qui vous seront retournés.

Rappelez-vous que ma résurrection a démontré le pouvoir de mon Esprit sur la vie et sur la mort. Servez-vous de ce pouvoir dans votre propre vie et pour votre résurrection personnelle. S'il-vous-plaît enseignez donc aux enfants qu'ils sont aimables et que leur façon de penser déterminera leur conception future de la vie et de la réalité. Dites-leur que Dieu n'est pas un vieux bonhomme arbitraire *assis sur un nuage* et qui déverse tous ces événements tragiques sur l'humanité.

Quand les êtres humains connaîtront vraiment Dieu, ils réaliseront que leurs choix (qui découlent de leur propre façon de penser) finissent par prendre forme tôt ou tard. Si, parce qu'ils entretiennent constamment des pensées négatives, les individus souffrent et vivent des temps difficiles **Dieu n'y est pour rien.** Cela vient d'eux-mêmes! C'est le chef d'oeuvre des humains. Si les enfants grandissent en étant conscients de cette vérité il y aura plus tard de plus grandes chances de paix.

Les conditions des temps actuels et celles de votre planète changeront quand vous et les enfants serez enfin dégagés des peurs de la personnalité humaine, des désirs du pouvoir et de la domination des autres êtres humains, de la violence, de la haine et de la guerre. C'est pourquoi je vous dis que le temps est venu où tous doivent choisir Dieu. Car les royaumes élevés ont prévu un épisode céleste qui doit s'inscrire **maintenant** dans l'histoire de la Terre et cet épisode exige des êtres animés de pensées positives. Voici pour vous l'occasion de croire en la **pensée positive**, de la vivre et de l'enseigner.

En tant que parents ou enseignants n'hésitez pas à dire aux enfants qui ils sont vraiment. Ils pourront alors bénéficier de cette phase dans l'évolution spirituelle et remonter le courant de l'amour jusqu'à d'autres paliers d'expérience. Si vous vous syntonisez chaque jour avec votre MOI supérieur, vous n'avez pas à vous préoccuper des prévisions des événements futurs sur la planète – suivez-en le déroulement en toute quiétude. Soyez convaincus que vous n'expérimenterez que ce qui est nécessaire à votre âme pour entrer dans l'Age d'Or.

J'entends des hommes et des femmes qui disent: «Je ne voudrais pas faire naître un enfant dans cet horrible nid de guerre et de violence.» Mais je vous souligne que vous ne devez pas refuser de procréer si une âme désire ardemment venir ici et se trouver une famille vraiment capable de lui apporter l'enseignement qu'elle recherche parce que la peur n'a pas sa place dans le Nouvel Age. C'est le sens de mon message. Soyez confiants que ce que vous pouvez offrir conviendra exactement à l'enfant que vous mettrez au monde, que cette âme veut réellement être ici et qu'elle a ses propres raisons que vous ne connaissez pas nécessairement. Ayez confiance! Ayez confiance! Ayez confiance! C'est le plus grand commandement que je puisse vous transmettre en ce moment. N'ayez pas peur car l'amour est plus puissant que toute la peur qui existe partout dans l'univers.

Apprenez à vos enfants à aimer et à avoir confiance en Dieu, à ne pas se juger eux-mêmes ni à juger les autres. Tout comme vous, ils seront alors en sécurité quoi qu'il arrive. Des pensées centrées sur l'amour vous aideront à traverser toutes les difficultés. Je vous apportais ce message il y a longtemps et ce dessein de Dieu à votre égard est toujours le même.

Je crois que l'un de mes plus grands rôles d'Enseignant sur la Terre fut celui de vous démontrer que la présence de Dieu ne fait pas qu'envelopper l'humanité comme une sorte de force extérieure mais qu'elle habite aussi à l'intérieur de chaque personne. J'espérais que l'humanité en vienne à comprendre que Dieu est une expérience intuitive très personnelle – totalement réalisable – et que ma profonde expérience intérieure puisse aussi servir d'exemple. Ma vie a démontré que, quoi que les autres aient pu dire ou faire (les gouvernements, les religions ou les personnes non informées), aucun n'est parvenu à vaincre ni à modifier la puissance de ma conscience intérieure de Dieu.

Celui qui ne parvient pas à réaliser qu'en dépit des circonstances de ma vie je ne me suis jamais éloigné de la route que je m'étais tracée ne possède pas la moindre idée de la connaissance de l'Esprit – car la puissance intérieure de la nature divine s'exprimant à travers une personnalité purifiée ne se laisse pas vaincre par quoi que ce soit. D'aucune façon! Même si les circonstances sont difficiles!

Mon but était de vous démontrer que même si j'ai été arrêté, persécuté et en dernier ressort abandonné (même par mes amis les plus chers et par mes disciples), je connaissais quelque chose de plus profond que l'expérience physique extérieure... je connaissais Dieu. Mon Esprit était rempli de cette vérité qui transcende toutes choses. Pouvez-vous comprendre l'importance de cet enseignement? La confiance est la pierre angulaire de l'amour. Enseignez-le aux enfants.

Je savais que Dieu m'aimait. J'ai réalisé que tout comme vous le méritez aussi j'avais droit à cet amour. J'ai décidé qu'aucune réalité terrestre ni rien de ce qui était extérieur à mon Esprit et à mes pensées ne pourrait contrôler ni ma volonté ni mon attitude. Cette façon d'agir doit aussi être la vôtre. Dites aux enfants que Dieu est implanté à l'intérieur d'eux-mêmes aussi manifestement qu'une graine qui contient en elle le schéma d'une fleur ou d'un arbre. Il peut sembler que cette graine soit détruite à l'intérieur de la manifestation de croissance plus grande qui l'entoure mais en réalité c'est la même semence divine qui a créé le système de vie dans son entier, univers après univers. Vous et les enfants, vous êtes la semence de Dieu. Il y a en vous le déversement d'une compréhension qui peut être niée ou ignorée mais jamais détruite.

Je suis venu vous rappeler votre identité mes chers amis. Je suis venu vous dire que vous êtes avec les enfants une merveilleuse création de l'Esprit dans la matière et que vous pouvez faire à peu près tout ce que votre Esprit décide. Car ce MOI DIVIN est le régisseur de votre expérience ici-bas si vous acceptez de vous en remettre à Lui. C'est pourquoi je vous ai demandé de vous asseoir calmement chaque jour pour méditer et atteindre le coeur de votre réalité véritable grâce à votre contact avec le Tout-Puissant. Par votre exemple vous devez enseigner la bonté et l'amour à tous les enfants. Plus tard, quand ils seront prêts, vous pourrez méditer ou vous asseoir ensemble calmement.

Dites-leur que Dieu est présent partout. Vous aussi, en tant que parent ou enseignant, vous êtes une étincelle du Créateur ou la lumière de ce monde. En union avec les autres vous êtes l'Esprit de Dieu présent ici sur la Terre. Acceptez cette responsabilité. Je le répète, vous n'êtes pas les victimes d'un Dieu malveillant pas plus que les enfants d'un premier lit qui sont soumis à la garde d'un parent colérique et incohérent. Les mêmes qualités d'amour – qui furent les instruments du Créateur lorsqu'Il créa le cosmos et les vastes régions de l'espace que vous pouvez à peine observer ou comprendre – existent en puissance chez vous et vous possédez aussi votre propre ESPRIT et votre propre VERBE pour créer. L'usage que vous en faites détermine votre demeure spirituelle future. Enseignez donc l'amour à vos enfants et à vos étudiants car comme vous ils sont amour. Tout autre concept est une illusion et un cri de détresse.

Parce que les parents et les enseignants sont victimes de la croyance en la violence et en la guerre (telles que véhiculées par la culture et dont ils sont devenus les *dépositaires*) il est du devoir de chaque être humain aimant et sincère de procéder à l'examen de cette conscience collective et d'en extirper tous les aspects négatifs. Persistez jusqu'à ce que vous en arriviez à oublier la pensée et le sentiment de toute violence en vous. Quand vous serez purifiés et guéris personnellement, vous serez habiletés à enseigner aux enfants du Nouvel Age. Que cette purification devienne alors votre brevet d'enseignement. Cet aspect de la responsabilité doit se retrouver dans les programmes d'étude de vos universités. Un plus grand nombre de professeurs de mathématiques et de sciences représente-t-il le besoin le plus important de l'humanité? Ou au contraire, ne serait-il pas plus indiqué de se tourner vers des enseignants qui vivent la paix au plus profond de leur être?

Ceux qui forment les enseignants devront évoluer eux aussi à mesure que les critères de l'enseignement seront révisés selon la nécessité de promouvoir la paix. Ceux qui fixent les normes d'accréditation des enseignants doivent aussi trouver les moyens de ne retenir que les êtres les plus qualifiés pour entretenir un contact quotidien avec les groupes d'enfants et les jeunes adultes. Ce n'est pas une tâche facile mais ce doit être fait. Par contre, cette démarche est inutile si les parents permettent aux enfants de passer des heures à regarder la télévision, des vidéos, des films et autres choses du même genre qui emplissent d'horreurs le *conscient* et le *subconscient* et qui leur servent à satiété des leçons de violence et de haine.

Je dois insister en disant aux parents que la télévision ne remplit pas adéquatement ce rôle de *gardienne d'enfant* comme vous l'appelez. La plupart des programmes ne conviennent pas aux adultes et encore moins aux enfants! Soyez donc vigilants quant à la qualité de l'information que vous permettez à d'autres personnes d'introduire dans la banque des mémoires du subconscient de vos enfants. Vous êtes par la présente investis de la responsabilité de meubler les heures que vos enfants passent à la maison avec seulement des conversations, des divertissements et des activités journalières *de la plus haute qualité.* Tout manquement à ce programme annulera une grande partie des efforts déployés par l'école pour développer chez les jeunes les sentiments innés d'amour et de paix.

*** Prescription aux parents et aux enseignants. ***

Pendant que je parle aux parents et aux enseignants de leur chance unique d'aider les enfants de l'Age d'Or à atteindre de nouveaux sommets d'amour, je vous rappelle qu'il importe de maintenir la coopération entre les parents et le foyer, entre les enseignants et l'école, entre la famille et l'église si celle-ci encourage la grande entreprise de la paix. Un mot d'avertissement aux enseignants des *Sunday Schools* (1) au sujet de la méthode souvent employée qui consiste à menacer les enfants en disant: «Dieu vous punira si vous êtes méchants». Il faut plutôt mettre l'emphase sur la responsabilité humaine. Par conséquent, enseignez que la loi de Dieu est l'amour et que toutes les actions devraient en être imprégnées. **Quand les humains manquent d'amour envers eux-mêmes ou envers les autres, il s'ensuit de la souffrance à titre d'avertisseur de ce manque d'amour.**

Le premier message que chaque enfant doit apprendre est que Dieu ne punit pas. Dieu crée et partage l'énergie de l'amour et nous demande à chacun de nous appliquer à vivre l'amour chaque jour et le mieux possible. **Vous vous punissez vous-mêmes** mes bien-aimés quand vous agissez sans amour. Après avoir établi ceci clairement, vous découvrirez plus de sens à votre vie sur la planète Terre. Votre mauvais usage de la loi de l'amour et de la loi de cause à effet vous apporte de la souffrance. Ce que vous provoquez ou créez vous revient. C'est tellement logique! Et vous devez mettre cet enseignement en pratique pour en donner l'exemple et pour le faire comprendre aux autres.

---

(1) N. du T. – Le dimanche après-midi dans les Temples, dans les salles paroissiales ou peut-être dans les écoles, certaines dénominations religieuses de langue anglaise dispensent un enseignement religieux aux enfants. Les titulaires, bénévoles d'habitude, peuvent être un parent, un enseignant ou autre.

*** Prescription aux parents et aux enseignants. ***

Par conséquent il faut que chaque être humain effectue individuellement une grande purification mentale et émotionnelle et qu'il projette ensuite cette intention d'amour et de paix dans l'agglomération culturelle plus vaste qu'on appelle la société. Car ces lourdes chaines culturelles (les croyances en la violence et en la guerre) paralysent souvent l'humain qui voudrait vivre la paix. Y en a-t-il un seul parmi vous dont la vie ne soit pas limitée et emprisonnée par les attitudes profondément violentes et belliqueuses des gouvernements? Ces attitudes ne sont-elles pas rebelles à votre besoin d'amour et de paix?

Je dois maintenant vous demander de quelle façon ces gouvernements sont parvenus au pouvoir. La majorité n'a-t-elle pas accordé son consentement tacite à ce genre de gouvernement? Et qui n'a pas profité économiquement de ces décisions de considérer la guerre comme partie intégrante de la vie?

Les personnes qui pour proclamer leur désir de paix se réunissent et forment un mouvement qui va toujours en s'amplifiant font naître une vague de croyance populaire indestructible d'une telle ampleur qu'elle peut affecter les principaux organes du pouvoir et d'exécution politiques. C'est le minimum requis pour sauver la planète. Par conséquent devenez la paix, enseignez la paix et revendiquez énergiquement la paix auprès de chaque palier de gouvernement: local, national et international. Aucune nation ne doit disposer d'un droit de veto si l'on veut sauver l'humanité. Par conséquent engagez-vous pour la paix et n'acceptez aucun compromis. C'est là le passeport pour la vie dans votre corps physique actuel, c'est la recette pour assurer le bien-être de la Terre-Mère et c'est votre seule clef pour entrer dans les royaumes spirituels. Est-ce assez précis? Que chaque entente pour la paix fasse l'objet d'une décision unique et d'une mise à exécution séparée. C'est l'unique et indispensable programme à suivre pour ceux qui élèvent des enfants et qui leur enseignent.

Où apparaissent de nos jours les concepts d'amour et de paix dans les programmes de vos écoles? Et où l'organisation scolaire met-elle ces aspects humains en application dans la pratique quotidienne? Réfléchissez-y bien!

Donnez-vous donc la main, parents et enseignants. Les attributions de responsabilités sont appelées à certains changements à mesure que les énergies plus élevées infiltreront couramment vos expériences individuelles sur la planète Terre. Vous apprendrez en enseignant et chaque étudiant enseignera lui aussi! Soyez tout simplement éveillés à l'opportunité qui vous est donnée de faire de votre mieux individuellement et dans le cadre de toutes les entreprises basées sur la coopération. A mesure que l'Age en cours (qui est orienté sur la forme et les structures) s'estompe en emportant avec lui les cloisonnements étroits de vos esprits, le monde se manifeste de façon plus spontanée tout en se libérant de ses vieilles définitions physiques et de son contenu limité d'antan.

Faites bon accueil à l'avènement de cet Age de l'éther (ou de l'énergie éthérique) qui est beaucoup plus léger et raffiné dans ses vibrations et qui est par conséquent d'une nature relativement peu structurée. C'est avec des niveaux encore plus raffinés de cette substance que le Créateur fabrique des objets solides à partir de la seule intention de Son Esprit - ce que vous avez connu et fait autrefois et que vous faites présentement à un niveau inférieur. Voilà pourquoi vous avez un corps: pour manifester les effets de votre pensée! Il vous permet aussi de vérifier ce que vous croyez. Nous des Cieux déversons sur vous une nouvelle vibration d'énergie qui permet l'accélération de vos pensées en vous faisant connaître plus vite leur manifestation. C'est pourquoi je vous invite à changer immédiatement vos pensées négatives. Bientôt vous élaborerez une pensée et vous verrez le résultat apparaître très rapidement dans votre corps ou dans votre vie. N'avez-vous pas déjà remarqué même à l'heure actuelle que si votre esprit s'égare en dehors de ses limites, votre corps physique s'en ressent quasi instantanément? Ce phénomène se manifeste particulièrement en Occident par les maladies physiques telles que les troubles cardiaques qui correspondent à un blocage de l'énergie de l'amour ou par le cancer où les cellules deviennent des agents destructeurs pour tout le corps physique.

La sensation différente que l'air lui-même produit en vous lorsque vous le respirez et le sentiment que vos expériences de vie vont en s'accélérant sont des indices des changements en cours. Aidez les enfants à comprendre cela. Ne soyez pas alarmés par ces manifestations presque instantanées car elles sont des événements naturels et elles s'amplifieront régulièrement jusqu'à ce que l'Age d'Or soit plus solidement implanté. Cela ressemble à une montée très lente dans un ascenseur: à chaque étage l'énergie devient toujours plus subtile mais de façon progressive. Ainsi, au fil des jours et des mois vous allez observer un changement mais si **vous méditez** ce changement ne sera pas de nature à vous causer un choc brutal par sa soudaineté. Je partage ces choses avec vous afin de vous assister dans vos efforts car il faut que vous compreniez cet Age de manifestations presque instantanées pour pouvoir l'enseigner.

Cette énergie vibratoire plus fine ou plus subtile vient de nous; elle vous est accordée pour vous permettre de manifester plus facilement votre créativité dans votre monde de matière. Nous sommes en avance sur vous; nous avons appris à construire des choses instantanément en ne nous servant que de nos pensées – une maîtrise que vous possédiez jadis et qui se rétablit au fur et à mesure que nous élevons la qualité et augmentons le type d'énergie accessible en ce moment. Une partie de cette énergie est malheureusement mal employée par plusieurs de vos scientifiques terrestres et par vos forces militaires qui l'affectent à la création d'armes – une insulte à toute la vie! Voilà pourquoi le jour de la grande mise en garde est arrivé. L'énergie d'amour de Dieu ne doit pas servir de cette façon. Puisque le Créateur a décidé que la planète sera élevée très bientôt dans la quatrième dimension de la conscience, seuls ceux qui arboreront une attitude d'amour envers Dieu et envers l'humanité auront la permission d'entrer dans ce nouveau royaume. Cela ne vous paraît-il pas sensé? Si vous pouviez inaugurer une énergie plus facilement maniable qui pourrait être concrétisée presque instantanément en à peu près tout ce qu'un être peut désirer, en permettriez-vous l'accès à des coeurs corrompus capables de détruire la vie?

Non, vous ne le feriez manifestement pas si vous désiriez préserver l'univers entier et toute vie de la destruction. C'est vraiment très simple. Ceux qui aiment entreront dans une nouvelle phase d'avancement et ceux qui ont des coeurs de glace seront soumis au rattrapage. Vous ne feriez pas passer un enfant à l'étape suivante en lecture s'il n'avait pas d'abord maîtrisé les sons phonétiques de base, n'est-ce pas? L'avancement dépend de vos qualités personnelles d'amour et l'amour est votre pré-requis, votre passeport pour obtenir cette croissance.

Si avec tout le pouvoir de votre esprit et l'amour de votre coeur vous reconnaissiez la présence de Dieu au-dedans de vous, la race humaine pourrait alors entrer dans sa prochaine étape d'évolution. Même si certains individus traînent à l'arrière, vous au moins, vous avancerez. Je vous ai apporté la preuve que vous survivrez au sépulcre de la matière. J'ai démontré l'inanité de tous les efforts physiques déployés pour détruire ma nature véritable. La même vérité s'applique à vous si vous la comprenez.

N'oubliez pas de dire aux enfants que le Jésus d'antan n'est pas mort dans le germe à l'intérieur de son coeur et que cela ne peut pas vous arriver non plus – à moins que vous ne fassiez mal servir votre pouvoir. Si vous mourez spirituellement ce sera dû à votre refus de mettre cette vérité en pratique, à votre entêtement à ne pas utiliser la puissance de Dieu avec amour, à votre absence de volonté de grandir dans la lumière. SI VOUS CONSERVEZ VOTRE ETROITESSE D'ESPRIT, VOUS POUVEZ DEVENIR SPIRITUELLEMENT ATTARDES. C'est pourquoi la méditation quotidienne est vitale. Elle permet de vous unir à la présence de Dieu en vous et de chevaucher l'immensité de ce cadeau vers une sainte aventure.

Il y a en vous une étincelle de L'ARC-EN-CIEL éternel et le cercle en son entier. Dans le cercle de l'Unité s'étale la lumière de l'évolution de l'humanité et de son développement. Si vous vous rangez dans la catégorie des enseignants ou des parents, permettez à votre coeur de ne manifester que des arcs-en-ciel et l'Unité.

Ma résurrection a été rendue possible par le pouvoir d'amour de mon Esprit sur les circonstances extérieures et par le refus de croire que la mort existe. En vous remémorant cet exemple vous-mêmes, vous devenez capables d'en faire la démonstration dans vos propres vies, individuellement et en groupe. Ne laissez rien ni personne crucifier votre Esprit ni ébranler votre foi en l'existence de choses que vous ne pouvez pas voir présentement. Dieu existe et Dieu est en vous! Ayez la foi!

Votre propre résurrection est à votre portée, prenez ma main et avançons pour l'accueillir. Tous ceux qui choisissent de se souvenir de la promesse sont bienvenus.

*** Prescription aux parents et aux enseignants. ***

Le Ciel se tient prêt à encourager votre bonne volonté en tant que membres de la Légion d'amour, en tant que porteurs de lumière et en tant qu'ouvriers de la vérité dans cet Age d'Or. En chantant notre nouvelle chanson sur cette ancienne mélodie de l'amour, nous avançons ensemble dans la joie et en sécurité. Que pourrait bien désirer d'autre une âme qui a été créée dans la beauté? Que la paix soit avec vous mes bien-aimés car vous êtes tels que Dieu vous a créés et vous pouvez avoir pleine confiance en cette affirmation.

S'il-vous-plaît, dites aux enfants en mon nom qu'ils sont de précieuses gouttelettes émanant de charmantes manifestations en or et en argent, qu'ils brillent comme des soleils sur la surface de la planète Terre (qui est la mère de toutes les formes de vie qui s'y épanouissent) et qu'ils ont aussi une parenté cosmique qui voyage présentement sur des rayons de soleil afin de vous préparer à tous une plus grande patrie vers laquelle vous voyagerez tous ensemble un jour prochain. Dites-leur qu'ils sont des enfants de la lumière éternelle et de la joie exquise, peu importe qu'ils voyagent sur le sol de Terre-Mère ou dans les horizons éloignés du cosmos.

En embrassant les enfants à ma place, rappelez-leur que leur nom est amour et que l'amour est leur passeport permanent pour les voyages futurs dans la lumière des étoiles. S'il-vous-plaît embrassez-les avec la joie d'un arc-en-ciel tout comme jadis j'ai touché les visages de ceux que j'aimais en les embrassant avec la lumière de Dieu. Lorsque ceux des dimensions célestes descendront pour vous tenir et vous supporter, vous qui êtes ma famille, vous vous offrirez alors un baiser et une accolade pour vous réjouir aussi et pour compenser pour tout le temps où vous n'avez pas été tenus, appréciés et adorés pour ce que vous êtes vraiment. Car la nourriture de vie qui dépasse tous les autres besoins de chaque être est l'amour. L'humanité est née pour en faire la démonstration. Alors, acceptez ce cadeau immaculé et réel que le Ciel vous apporte et reposons-nous tous ensemble dans une étreinte douce et paisible qui goûte le printemps et qui en apporte la sensation.

Un jour nouveau se lève dans vos coeurs et l'Esprit vous conduira encore plus profondément dans les mystères et l'abondance des grâces de Père-Mère. Cela en soi représente l'éducation.

Frères et soeurs, famille des humains, famille de Dieu, encouragez-vous par la certitude que nous sommes vraiment UN quoique nous soyons temporairement séparés. Pendant cette nuit de votre long sommeil puissent les rhapsodies célestes accompagner vos rêves innocents et vos méditations jusqu'à ce que vous vous éveilliez dans la pureté immaculée de la paix.

Mes bien-aimés notre amour vous est assuré pour toujours.

Au nom du Créateur qu'il en soit ainsi.

Amen.

Chapitre 9

EFFORTS CONTINUELS

L'Esprit ne connaît pas de fin. Cette remarque est absolument incontestable puisque je continue de croître et d'apprendre comme d'ailleurs vous le faites aussi, ce qui atteste de la continuelle expansion de la vie dans la création infinie de la nature de Dieu.

Votre désir de transformer votre conscience limitée en la grâce d'une réalité plus grande vous amène à passer constamment de la vie spirituelle à la réalité mortelle. Animé du désir d'aider dans cette transformation majeure de la réalité humaine, j'espère que les cadeaux de vérité que je vous ai apportés stimuleront votre désir de devenir plus pacifiques, plus aimants et plus joyeux pendant qu'avec l'assistance de compagnons sincères vous vous acheminez en toute confiance vers votre héritage.

J'espère aussi qu'en identifiant ces erreurs dues à votre ancienne façon de penser et qu'en vous dévoilant la promesse d'un jour nouveau, j'ai fait surgir une compréhension mutuelle entre mon coeur et le vôtre. Laissez-moi souligner encore une fois ce que je veux que vous sachiez et partagiez avec les autres puisque j'ai promis de vous dire ce que les Légions d'amour et les ouvriers de la lumière sur la planète doivent faire pendant le temps qui reste. Mes bien-aimés, écoutez encore une fois l'énoncé de ces responsabilités et allez dans le monde en étant remplis de lumière et de foi dans votre démarche, dans vos coeurs et dans vos âmes.

a) Vivez chaque jour comme si c'était le dernier, faites usage de chaque pensée comme si c'était la dernière. Ne ratez aucune occasion de faire une bonne action ou d'exprimer une pensée de paix. b) Méditez quotidiennement et soyez sans cesse à l'écoute afin que grâce à la puissance céleste accordée à votre âme par le Créateur, vous sachiez à chaque jour quelles actions vous devriez poser. Dans votre jargon, *demeurez branchés!* De cette façon vous n'aurez jamais peur et vous ne vous inquiéterez pas de ce qui peut arriver. Vous serez informés (comme le sont les élus d'une conscience plus élevée) de ce que vous devrez accomplir et avec qui vous travaillerez. Une méditation de groupe est également nécessaire car les ouvriers de la lumière qui s'assiéront avec vous pourront faciliter l'édification de votre communication permanente et ils la rendront plus fiable. De plus, même votre corps commencera à rayonner grâce à cet accroissement d'énergie élevée qui favorise votre propre illumination ou votre retour à l'identité divine.

c) Formez des groupes pour inciter vos gouvernements nationaux et internationaux à incorporer l'idéal de la paix dans leurs actions et dans leurs projets. Les personnes spiritualisées se désintéressent souvent de leurs responsabilités quotidiennes en tant que citoyens mais cela doit changer. Il faudra l'appui de *toutes* les personnes de coeur sur la planète pour amplifier la voix qui parle au gouvernement. Faites tout ce qui est légalement permis pour exiger la paix à tous les niveaux de votre vie.

J'affirme que si vous faites ces choses de bon gré, avec dévouement et détermination vous ferez vraisemblablement partie des habitants du Nouvel Age sur la planète pendant le millénaire qui suivra le grand nettoyage de la Terre. Ce sera une période de grande évolution et de joie. Je prie que tous entendront l'appel de leur voix intérieure lorsqu'elle leur tiraillera le coeur, leur rappelant qu'ils doivent répondre à l'invitation de leur Créateur s'ils ne l'ont pas déjà fait. Faites ceci en mémoire de Dieu et de tous les enseignants religieux de ce monde. Un jour, nous partagerons les grandes réjouissances et la joie encore à venir pour ceux dont le coeur et l'esprit sont purs... ce que leurs actions et leur comportement quotidiens sont à même de prouver. Vous les chrétiens, s'il-vous-plaît quittez votre suffisance et votre hypocrisie qui vous font dire que Jésus vous a sauvés et que vous êtes affranchis de tout effort personnel. Ce sont *les bonnes actions* qui font contrepoids à la négativité et aux gestes regrettables d'autrefois; elles vous enseignent la disponibilité et le service dont la galaxie a grand besoin.

Je vous le dis, je ne peux sauver personne qui ne veuille changer! De plus, je ne peux sauver ceux qui s'accrochent aux vieux souvenirs de moi et qui persistent à les considérer comme étant la vérité d'aujourd'hui. Seules vos pensées et vos actions personnelles peuvent vous sauver.

Le Jésus que vous avez connu aux temps bibliques a grandi et il est devenu un Enseignant plus puissant et plus important qu'autrefois même si le message qui vous fut apporté en ce temps-là est toujours le même aujourd'hui. AIMEZ DIEU! Vous devez reconnaître qu'une force plus puissante que toutes vos bombes réunies alimente un système énergétique qui assure la rotation quotidienne de votre planète en un mouvement rythmique et harmonieux, comparable à celui d'un berceau. Honorez la Force qui vous met en contact avec le soleil, la lune et les cieux étoilés de votre douzième univers.

*** Efforts continuels. ***

Il est temps de le répéter pour éviter tout malentendu: les êtres humains sur la Terre sont généralement paresseux au point de vue spirituel et ils ont laissé quelques cerveaux répandre le mal au-delà de toute description. Pis encore, vous avez permis à quelques maniaques de prendre votre destinée en main et de vous conduire au bord de la destruction nucléaire à laquelle vos corps physiques ne pourront pas survivre.

Vous vous suicidez culturellement par votre indifférence devant la minorité qui s'empare du pouvoir et qui se rue aveuglément vers la catastrophe technologique... LA CATASTROPHE TECHNOLOGIQUE!

Ne percevez-vous pas ces faits en écoutant les nouvelles à la télévision, à la radio ou en lisant vos journaux? N'avez-vous aucune notion de tout ce que vous laissez faire?

Laissez-moi maintenant vous parler comme un vrai frère et un Enseignant du monde qui ne voudraient voir personne périr. La paix est un choix, la guerre en est un autre. Votre conscience humaine choisit en ce moment le sentier de la destruction physique et, à moins que vous ne commenciez à coopérer immédiatement, je ne pourrai pas sauver vos corps (pas plus que Dieu ne le pourrait) parce que vous avez le loisir de créer votre propre monde, quitte à subir ce que vous avez créé. DIEU A PEU A VOIR AVEC LES CONDITIONS QUI PREVALENT SUR VOTRE PLANETE - VOUS LES AVEZ CREEES AVEC VOS PENSEES, VOS ACTIONS ET VOS DESIRS PERSONNELS.

Vous vivez dans un monde de matière où les événements se produisent conformément à votre propre volonté d'hier et d'aujourd'hui. Par conséquent, cherchez à voir ce que vous pourriez obtenir d'autre en utilisant autrement votre liberté. Si vous n'aimez pas le cours actuel des événements qui m'ont amené du Créateur jusqu'à vous avec la mission de vous éclairer sur votre situation actuelle, alors il n'en tient qu'à vous d'en changer le tableau.

Je ferai tout ce qui est en mon pouvoir pour vous aider car il y a déjà sur la Terre un petit noyau de porteurs de lumière qui essaient désespérément d'enrayer la vague de noirceur et d'atteindre les âmes non engagées qui se donnent bonne conscience en faisant jouer leurs émotions. La masse des humains demeure endormie en utilisant un vaste éventail de moyens d'évasion comme l'alcool, les drogues, la nourriture, la télévision et les autres activités qui distraient du danger actuel ainsi que des actions que toute personne responsable devrait poser en ce moment. Cette masse doit être réveillée!

Je vous ai apporté la grâce il y a deux mille ans. C'est-à-dire que je vous ai garanti mon aide en autant que vous acceptiez de retourner à l'Esprit du Christ qui est la vérité éternelle et que vous acceptiez de donner sincèrement - non point hypocritement - un exemple personnel d'amour inconditionnel et de compassion. Mon aide vous sera acquise si vraiment vous consentez à faire votre part!

Les plans conçus par le Créateur pour cette planète ne nous laissent que peu de temps pour la rendre plus pacifique et plus harmonieuse car une épaisse couche d'égoïsme et d'irresponsabilité étouffe la Terre que vous habitez. Réveillez-vous et avancez dans la lumière à laquelle vous appartenez et que le Créateur veut vous voir réintégrer. Enoncez vos préférences et appliquez-en les principes dans vos vies. En ce moment, l'équilibre des énergies est si précaire que l'immense équipe de secours (que nous employons pour vous pourvoir d'énormes quantités de lumière) échouera si vous ne réagissez pas.

Il y en a parmi vous qui ont déjà effectué les changements que je demande. Et c'est à vous mes porteurs de lumière que nous transmettons le bâton du pouvoir, c'est à vous que nous offrons de l'encouragement. Vous êtes les *leaders* du Nouvel Age et vous représentez une nouvelle civilisation. Proclamez la vérité de l'amour avec conviction. Mais pour ceux qui ne peuvent pas comprendre soyez l'amour personnifié. Voici votre véritable vocation: être la lumière, être l'amour et vous affirmer comme je l'ai déjà fait en diffusant le mot AMOUR dans l'esprit de tous les enfants, de tous les hommes et de toutes les femmes.

Nous des royaumes célestes retournerons jusqu'à la dernière pierre s'il le faut pour réveiller toute l'humanité en cet instant critique; mais pour nous seconder nous avons besoin que chacune des âmes se rappelle sa nature véritable et qu'au nom de la paix elle prenne cette planète en charge. Nous avons besoin d'une Légion d'amour qui marche au pas cadencé de la paix. Nous avons besoin d'anges terrestres pour mettre en pratique la vérité de l'Esprit et du coeur. Nous avons besoin d'un sauveur; tous, collectivement, vous êtes ce sauveur et cette heure est la plus propice. Dès maintenant comportez-vous comme le sauveur car le plateau est prêt et les acteurs sont attendus. Votre représentation planétaire en est au troisième acte où les forces du bien et celles du mal s'affrontent depuis longtemps. A ce stage-ci il semble que la position des forces du bien soit plutôt précaire mais l'aide peut encore venir et renverser la situation - si seulement vous voulez créer ce renversement en vous engageant dans la méditation et en posant des actions inspirées du coeur.

Dans la pièce votre héroïne la Terre-Mère attend que son héros c'est-à-dire le genre humain accoure à sa rescousse. Ce héros c'est vous tous collectivement. Le problème a été causé par l'humanité et la réponse doit venir de l'humanité. Vous êtes à la fois les méchants et les héros. Finissez-en avec cette dualité et passez au dénouement de la pièce. Car il appartient au héros de triompher à la fin et de recueillir l'approbation générale dans une guirlande d'appréciations, d'acclamations et d'applaudissements spirituels.

Dans la dernière scène nous vos hôtes célestes qui constituent votre assistance, nous irons de l'avant avec vous et nous vous suppléerons de puissants courants d'énergie pour soutenir votre motivation. Qui marchera avec moi et avec tous les êtres magnifiques du ciel tout comme le héros et l'héroïne qui s'acheminent vers un plus grand amour? C'est à votre âme de battre la marche puisque c'est la mission de l'âme de vaincre. Votre grandeur, votre âge, votre couleur ou votre condition importent peu. Nous avons besoin de tous, des enfants aussi bien que des adultes. La paix est pour tous. L'amour n'a jamais connu d'étranger.

Avant que le rideau ne tombe, entrons au pas de marche dans la lumière, en tenant la tête haute, avec le coeur imprégné d'amour et la paix comme seule motivation. Quoi qu'il arrive, la Terre elle-même sera sauvée et maintenue en vie mais les êtres remplis de haine et voués à la guerre ne demeureront pas ici pour partager les prochaines aventures spirituelles de la planète.

Moi qu'on appelait Jésus dans les temps anciens, je suis encore et toujours avec vous dans votre situation actuelle et dans votre adversité. Combien de fois ne vous ai-je portés, vous et vos soucis, tout comme d'ailleurs l'ont fait aussi d'autres assistants invisibles qui allègent encore votre fardeau avec amour. Mais nous voici devant l'épreuve de force spirituelle, au moment du tri qui sera fait entre ceux qui aiment Dieu et ceux qui ne l'aiment pas. En ce dernier acte de la représentation quel rôle, quelle participation choisissez-vous? Car il vous faut choisir. Même en vous abstenant de dire oui ou non, vous annoncez vos couleurs.

Comme je l'ai déjà expliqué, vous devez méditer régulièrement (de façon individuelle) et pendant une période de calme vous devez au moins une fois par semaine réunir la puissance de votre volonté et de votre amour à celle de d'autres personnes comme vous. De cette façon un apport supplémentaire de lumière peut vous être fourni pour remplir la structure génétique *même* de votre corps et pour vous emporter toujours plus haut dans la Conscience vibratoire appelée amour et sagesse.

La réunion en petits groupes avec d'autres personnes augmentera la lumière de votre aura ou de votre champ énergétique. Mais vous acquerrez en plus le sens de l'appartenance à une communauté qui peut fort bien ne pas regrouper votre parenté ni le cercle habituel de vos amis. Il se peut même qu'en peu de temps vous découvriez que votre nouvelle famille spirituelle vous devient très chère parce que ces êtres sont au diapason de votre vibration spirituelle et que l'attachement que vous pouvez ressentir pour eux peut en venir à dépasser celui qui découle de la relation d'amour habituelle que vous entretenez avec les membres de votre famille et avec vos amis. Je vous invite à reconnaître que sauf exception bien sûr ce sera généralement une progression naturelle de l'amitié qui se manifestera quand vous vous lierez à ces hautes énergies d'amour pour méditer. Tant mieux si vous pouvez vivre ces moments en compagnie de votre famille et de vos amis. Mais ne mettez pas d'obstacles à ce transfert d'amour à d'autres personnes qui vous étaient autrefois étrangères. D'ailleurs, pourquoi ce changement s'opèrerait-il?

L'explication en est très simple. Les semblables s'attirent. C'est une loi universelle. A mesure que vous élèverez vos vibrations par la méditation quotidienne et que vous partagerez cette conscience élargie avec d'autres, vous atteindrez des domaines toujours plus élevés de communication spirituelle et vous parviendrez éventuellement à communiquer télépathiquement avec ceux qui, comme moi, attendent que vous soyez devenus plus habiles à établir la ligne de communication, le système de contact avec le bien où qu'il soit.

L'Age d'Or dont j'ai parlé est cette époque pendant laquelle la densité normale des choses de la Terre devra changer. L'Esprit ou le Ciel qui a été invisible à vos yeux pendant des milliers d'années deviendra de plus en plus réel pour vous. Vos sens physiques ordinaires seront développés et ils afflueront dans la conscience des choses invisibles, des choses qu'autrefois vous ne pouviez ni imaginer ni atteindre.

Cette aptitude à affluer toujours plus profondément dans la conscience spirituelle peut vous paraître étrange au départ mais je vous assure mes bien-aimés que c'est un processus nécessaire et qu'il deviendra rapidement votre comportement normal dans ce monde. Vous souvient-il, j'ai dit que vous deviez être en ce monde et non de ce monde? C'était là ce que je voulais vous dire. Vous êtes ici en tant que corps physiques mais vous n'avez pas à être alourdis par vos perceptions physiques qui deviendront plus subtiles et qui vous permettront de comprendre, d'entendre et de voir les choses qui se sont graduellement effacées de la mémoire des êtres humains au cours des éons de descente dans les vibrations toujours plus basses du monde matériel. Connaître directement à partir des royaumes cosmiques constitue la forme d'expérience la plus élevée de toutes; plusieurs acquerront cette habileté grâce à leur sensibilité et à leur intuition.

Certains individus recevront encore l'enseignement des Maîtres de l'amour à partir des royaumes autrefois invisibles, ces endroits qui vous seront désormais accessibles au cours du Nouvel Age si vous faites preuve d'amour et si vous servez le Créateur. Quel cadeau! Quelle joie!

Réalisez bien que ces royaumes invisibles de l'amour, de la vérité et de la lumière ne seront accessibles qu'aux seuls ouvriers de la lumière qui en font le choix et qui les méritent. Ceux qui n'investissent pas dans la méditation quotidienne et dans le partage hebdomadaire en groupe ne seront pas aptes à atteindre le niveau plus élevé d'opportunité ni l'accroissement spirituel qui en découlent. L'implication dans ces deux pratiques faciles déclenchera le plus grand bien. C'est pourquoi il est urgent de s'y adonner. Sans le contact quotidien les nouveaux sentiers de communication ne peuvent pas être construits et la personnalité sera laissée dans le noir pendant que les autres bondiront en avant grâce à leur capacité de recevoir intuitivement et de connaître la volonté de Dieu par la direction de l'âme.

Soyez assurés que l'engagement que vous prenez et le temps que vous lui consacrez présentement vous apporteront de grandes récompenses car le Ciel a vraiment élaboré un plan pour promouvoir la croissance et l'évolution de l'humanité. C'est un plan qui permet à l'étudiant spirituel sérieux de se développer maintenant et plus rapidement afin d'atteindre des sommets d'amour et de paix intérieure qui lui eussent été inaccessibles il y a à peine deux ou trois décennies. Voilà quel est notre cadeau à ceux qui faisant partie de l'humanité reconnaissent le but qu'ils doivent atteindre et qui vont de l'avant, alimentés par la lumière et par cette vibration accrue de l'énergie.

Vous vous acheminez vers cet Age d'Or des mille ans de paix, mes bien-aimés, par conséquent régularisez votre droit d'entrée acquis à la naissance en créant le seul passeport qui soit exigé c'est-à-dire en démontrant que vous êtes lumière et que lumière est ce que vous choisissez d'être. Vos périodes de méditation bâtiront ce lien de communication qui est constitué de lumière et d'une vibration énergétique plus élevée. Remarquez que ces deux apports ne peuvent jamais vous faire défaut une fois que le lien est élaboré.

Joignez-vous donc à nous à l'occasion de ce moment ultime de l'évolution humaine. Entrez en contact avec votre enseignant spirituel intérieur et avec votre âme qui peuvent alors devenir une sorte de standard téléphonique géant pour vous maintenir en communication avec les êtres invisibles tels que moi. Souvenez-vous que c'est à vous de bâtir ce système de communication de la Terre jusqu'à nous. Nous pouvons vous fournir les plans mais c'est à vous de les accepter et de les réaliser. C'est votre seule façon d'être «sauvés» ou de renaître dans le Royaume de Dieu. En ceci faites-moi confiance. Bâtissez votre pont spirituel jusqu'à nous qui attendons avec amour et qui désirons aider l'avènement de votre propre **résurrection** telle que décrite et dramatisée lors de ma visite terrestre il y a deux mille ans. Devenez ce que Dieu a anticipé pour vous.

Il y aura beaucoup de possibilités dans le royaume de l'Esprit où commence toute création quand vous les ouvriers de la lumière, vous serez regroupés en nombre suffisant pour unifier la force positive de l'amour sur la planète. Dans cette dimension-ci, là-haut où le schéma de la manifestation de l'énergie est élaboré, les **un** et **un** font plus que deux et quand deux personnes ou davantage sont réunies avec conviction et en harmonie, leur puissance créatrice augmente dans une proportion exponentielle que vos mathématiques ne peuvent pas vraiment exprimer. C'est par la seule pensée, par une intention et des sentiments intègres que la création se projette dans le réseau de vie éthérique qui retient l'espace ensemble; et ici dans ce réseau vaporeux de structures sub-atomiques très fines que vos instruments ne sont pas encore parvenus à dévoiler, l'infini amadoue gentiment une réalité limitée pour l'amener à prendre forme.

Un jour j'ai demandé à mes disciples et à mes apôtres de me suivre pour apprendre et partager cette même vérité avec une humanité fruste. Ils étaient peu nombreux et pourtant l'impact de leur enseignement sur la nature de Dieu et les principes d'amour dont les univers sont la manifestation ne sont pas passés inaperçus ou ignorés, même en dépit de leur compréhension limitée du but que je poursuivais. Seul l'amour leur a permis, même à eux, de saisir un aperçu des origines de la vie et de son expansion continuelle au-delà d'elle-même grâce à une croissance constante et à un épanchement imprégné de joie limpide.

Les églises d'aujourd'hui doivent changer. Elles m'ont déifié au lieu d'encourager chaque enfant de Dieu à pénétrer dans le sanctuaire de son âme et d'en retirer l'énergie divine, source de puissance qui pourrait ensuite agir de concert avec celle de compagnons animés des mêmes intentions. Aujourd'hui je vous avise que tout représentant officiel de l'église qui ne laisse pas tomber les rites dénudés de sens et n'amène pas ses fidèles à vivre des moments de calme dans le silence de leur âme devra en subir les conséquences.

Chacun de vous doit donc méditer quotidiennement dans les recoins de son âme pour forger les outils nécessaires à la communication à laquelle tous ont droit, pas seulement une minorité élitiste. En méditant vous pouvez plus facilement appliquer dans votre vie les commandements de Dieu et en particulier: «AIME DIEU, AIME DIEU DE TOUT TON COEUR, DE TOUTE TON AME, DE TOUT TON ESPRIT et AIME TES FRERES ET TES SOEURS AUTANT QUE TOI-MEME.»

Par conséquent, par la puissance de Dieu et par celle de plusieurs compatriotes enseignants du monde qui se joignent à moi dans cet effort pour établir l'Age Nouveau, je fais appel à la puissance du Dieu saint *en vous*, je la prie d'entendre ce message et de vous conduire dans l'Age d'Or à titre d'exemple clair et brillant de la nouvelle vie qui attend tous ceux qui voudront accepter l'amour que nous offrons. Dieu sourit devant la chance qui vous échoit et devant notre effort partagé.

La discipline sera une règle de base lorsque les ouvriers de la lumière entreprendront en notre compagnie ce périple vers un temps nouveau, vers une nouvelle expérience spirituelle. Le fait de conclure un marché et de le respecter sera alors le test que votre âme aura à subir. Les remarques du genre «Je n'ai pas le temps» ou «Je suis trop occupé» ne sont que des prétextes dont se sert votre égoïsme personnel pour vous maintenir séparés du Créateur, du Ciel. Je vous assure que si vous faites la moitié du chemin en notre direction, la promotion qui attend les ouvriers de la lumière dans l'Age d'Or vous est acquise. Mais je ne peux vous sauvegarder de votre personnalité inférieure, cette petite partie limitée de vous-mêmes qui fait obstacle à votre bien le plus élevé. En disciplinant votre personnalité vous devez être capables de trouver le temps de faire l'expérience quotidienne d'une période calme de méditation. Ce temps passé avec vous-mêmes, ajouté aux autres moments de silence vécus hebdomadairement en groupe, renforcira et sustentera votre progrès spirituel et votre croissance dans la lumière.

Je vous ai dit que vous étiez des enfants de Dieu et de le reconnaître vous inscrit automatiquement comme membres de la Légion d'amour de Dieu, comme ouvriers élus de la lumière. Peu importe votre ancienne religion si vous en avez déjà eu une, tout ce qui compte maintenant c'est votre bonne volonté de servir et d'apprendre. Ce sont là les deux seuls critères requis pour vous engager comme volontaires dans la Légion d'amour. Si vous êtes prêts à **apprendre** et à **servir**, je vous recevrai dans cette Assemblée venue de très loin qui compte de nobles âmes anxieuses de voir votre Terre-Mère nettoyée des *patterns* de pensées négatives de mort, de destruction et d'agression envers les autres formes de vie – toutes choses attribuables à l'humanité en ce moment. Le temps est venu pour la Terre de se transformer. Les ouvriers de la lumière, vous devez donc vous impliquer sous peine de devenir des attardés spirituels.

Le Créateur exige que la paix soit instaurée *maintenant*. Ce décret est un ordre pour moi comme pour vous. Sans la paix, la Terre connaîtra la douleur et le chaos. Je ne cherche pas à vous effrayer ni à vous inquiéter de vos corps. Ceux qui croient en Dieu et qui acceptent la leçon de la résurrection que j'ai apportée il y a deux mille ans comprendront que la perte du corps n'est pas ce qui importe le plus de toute façon. La condition de votre âme est de beaucoup plus importante. Il n'en demeure pas moins que la situation actuelle est critique!

Qu'on ne se méprenne pas sur le sens de mes paroles. Dans les temps anciens quand l'humanité a perpétré des actes de destruction, la planète a dû être nettoyée afin de permettre un recommencement. *Le même sort vous attend en ce moment*. Il y a eu tant de haine, de guerre et, récemment, d'invasions de l'espace qu'une période de nettoyage se produira sur la Terre avant la fin du vingtième siècle à moins que l'humanité n'opère un redressement rapide des choses en faveur de la paix et seulement pour la paix.

Vous devez donc réaliser que le temps identifié comme étant les tribulations est déjà en cours sur la Terre et que, mes frères et mes soeurs, ce message est un dernier et urgent appel à chacun de vous pour vous réveiller, pour vous faire accepter vos responsabilités et pour vous amener à faire montre de pensées et d'attitudes pacifiques. Chacun doit s'avancer dans le monde en brillant de la splendeur qui fut la vôtre avant l'apparition de l'homme. Vous souvenez-vous que vous êtes la lumière de ce monde?

Pendant que vous étiez faibles, impuissants et démunis, vous avez laissé les militaires et les agences gouvernementales répandre les germes de la guerre et les semences de la haine jusqu'à conduire le monde au bord de la destruction. Dans ce dernier grand bouleversement qui est le résultat du mal que l'humanité s'est infligé à elle-même (ce qu'on appelle «karma» ou loi de cause à effet) assurez-vous de maintenir le contact quotidien avec votre âme. **Vous êtes les sauveurs du monde** et ce n'est que par vos efforts actuels que la Terre peut être épargnée.

Plusieurs coeurs ont adressé des prières (à moi et à d'autres enseignants spirituels de toutes les religions) en disant: «Mais je n'ai rien fait de mal. Pourquoi cela devrait-il m'arriver?» La réponse est très simple: A CAUSE DE LEURS PENSEES NEGATIVES, TOUS SE SONT EGARES DANS LE PASSE. Il n'y a pas eu que des pensées d'amour. Toutefois, les âmes qui sont maintenant prêtes à servir et à diffuser la lumière seront élevées à un plus haut niveau de conscience que celles qui refusent d'aider. Donc si la Terre doit subir des changements, seuls ceux qui se seront élevés à ce niveau de conscience seront ramenés ici pour les mille ans de paix. Pouvez-vous imaginer ce que sera le monde lorsque les bien-aimés de Dieu seront revenus vivre cette nouvelle étape dans l'évolution spirituelle de l'homme et que la paix régnera sur la Terre? Un ciel pur, une planète en fleur qui est aimée et entretenue, les minéraux, les plantes et les animaux qui sont protégés et enfin les vies humaines réunies dans l'amour tout en étant libérées de la soif du pouvoir et de la méchanceté!...

Vous ne pouvez savoir à quel point nous désirons tous que vous vous réveilliez des pensées de violence que vous avez formulées en esprit les uns contre les autres et combien nous souhaitons dissiper ces pensées d'agression qui se sont accumulées dans la bande de lumière invisible qui entoure votre vaisseau spatial Terre, toujours en rotation sur lui-même. Je vous dis que la Terre étouffe et que la conservation de la vie est menacée. Malgré tout, celui qui accepte de se réveiller peut encore le faire avec un minimum de douleurs et de souffrances.

Sachez que dans cette entreprise les enseignants de toutes les époques et de toutes les régions du monde se sont joints à moi, ce sont: Krishna, Bouddha, Moïse et d'autres prophètes de l'Ancien Testament, Mahomet et des milliers d'autres qui sont venus des confins de notre univers. Tous sont réunis pour apporter l'aide dont la planète a besoin.

Mais vous devez comprendre que cette priorité intense accordée à nos efforts actuels en faveur de l'humanité ne peut être maintenue indéfiniment. D'autres activités dans l'univers réclament nos énergies et notre attention. Nous ne vous laisserons jamais à l'abandon mais c'est maintenant qu'il faut profiter au maximum de l'aide sans précédent que Dieu accorde à la Terre.

Il en est plusieurs sur la planète qui croient sincèrement que Dieu n'existe pas. Je vous dis en ce moment que si c'est l'hypocrisie des églises qui vous a fait perdre la foi, vous devez quand même faire tous les efforts pour penser et agir d'une façon aimante avec le souci d'aider tous ceux qui croisent votre route. Autrement, votre manque d'intérêt vous éliminera du groupe de ces ouvriers de la lumière qui sont reconnus comme étant le «peuple choisi».

Assurez-vous de bien comprendre cet exposé. Personne ne sera autorisé à revenir dans les prochains mille ans s'il n'a pas démontré quotidiennement qu'il est *par ses actions et par ses pensées* l'amour de Dieu personnifié. Aucun de vous ne reviendra s'il ne se dévoue pour ses frères et ses soeurs ou si, d'une façon favorable à la paix, il n'influence les structures du pouvoir sur la planète.

En raison de votre libre arbitre vous pouvez agir à votre guise mais cette liberté a déjà été votre Némésis. Par conséquent je vous presse de réprimer votre *mental* sceptique et votre personnalité égoïste et de ne prêter votre attention qu'à ce qui est respectueux et qu'à ce qui favorise la paix à tous les niveaux de vie. Que vous vous présentiez comme agnostiques ou que vous adhériez à un mouvement religieux quelconque n'est pas primordial. L'essentiel, c'est la preuve tangible de votre amour pour Dieu et pour la paix. Vous devez manifester cet amour, vous le devez!... Comme je le répète sans cesse. Vous le devez non pas en mémoire de celui qu'on appelle Jésus mais pour le progrès de votre propre âme immortelle.

Moi le Christ, je ne peux rien faire pour sauver ceux qui ne reconnaissent ni n'extériorisent la vérité de leur beauté intérieure. Vous les chrétiens écoutez ceci: vous pensez avoir opéré la renaissance de votre âme et vous agissez hypocritement en vous affichant comme supérieurs aux autres, mais vous feriez mieux de vous attarder pendant ce temps des tribulations à évaluer l'état de votre pureté et à troquer votre attitude actuelle contre une autre de service et d'assistance sincère. En guise de test, demandez-vous dans quelle mesure vous pouvez aimer sincèrement les autres et jusqu'où vous allez pour les aider. Mais abstenez-vous de juger car le prix en est élevé.

Il y a longtemps, d'autres enseignants spirituels ont lancé cette même invitation à l'humanité. Mais le libre arbitre existant, la plupart n'a pas choisi la paix. Cet appel du clairon résonne encore aujourd'hui: CHOISISSEZ LA PAIX. «Plusieurs sont appelés, mais peu répondront» illustre ce qui résultera de l'entêtement de l'humanité, de son insistance implacable à faire selon son gré. Je vous le demande: «Ceci vous a-t-il apporté le monde de paix, d'amour et de joie auquel vous aspirez? Ou, au contraire, votre vie n'est-elle pas envahie en ce moment par la menace d'une catastrophe nucléaire et par la possibilité de destruction de la Terre, sans parler des dommages causés dans certaines régions spatiales?»

Ce nouvel appel à l'humanité repose en partie entre les mains de nos Légions d'amour et il reste peu de temps. Joignez-vous à moi pour que nous fassions ensemble tout ce qui est possible. A partir d'aujourd'hui chaque âme est informée de cette possibilité de croissance spirituelle, de connaissance de soi et de service. Faites votre réservation pour l'Age d'Or en vous impliquant tout de suite, peu importe ce que vous avez fait dans le passé. N'êtes-vous pas las d'être séparés de ceux qui vous aiment sincèrement? N'êtes-vous pas enfin prêts à vivre la paix et la joie?

En résumé, j'ouvre mon coeur et j'adresse ce message à tous ceux qui me recevront dans le sanctuaire intime de leur âme. Les bénédictions du Dieu-créateur-de-tout vous attendent, mes frères et mes soeurs. Acceptez-les maintenant si vous ne l'avez pas déjà fait.

Commencez immédiatement à méditer et ne vous arrêtez pas.

Permettez à l'éclat de l'amour de briller sur cette petite lueur qui scintille à l'intérieur du royaume de Dieu, là où vos voisins de l'espace suivent cet épisode télévisé d'un drame unique vécu ici et qui s'intitule «L'humanité de la planète Terre se survivra-t-elle à elle-même?» Vous êtes vous-mêmes le producteur, le directeur et les acteurs de ce drame. Nous des royaumes plus élevés avons créé le rôle du héros et avons offert notre assistance, le reste relève de votre engagement individuel et de groupe.

Même si la période appelée «les tribulations» semble indiquer une fin quelconque, rappelez-vous que je vous ai dit: **«l'Esprit ne connaît pas de fin»**, alors ne vous attendez pas à une expérience qui détruira la vie totalement. Souvenez-vous toujours que Dieu Se déploie, Se déploie et Se déploie encore et que, par conséquent, il en va de même du système solaire, des univers, des galaxies ainsi que de moi-même et de vous, mes bien-aimés. Ne vous tracassez pas au sujet du commencement des choses ni de la nature de Dieu. Dieu expire ou Se déploie puis à nouveau Il nous inspirera au bercail où nous goûterons notre banquet spirituel. Ayez tout simplement foi qu'il existe un plan riche de promesses et de joie en abondance pour tous ceux qui choisissent d'y adhérer. Ayez confiance et croyez. Sans la confiance, vous êtes en péril!

Au nom de toutes les choses saintes et bien-aimées du Créateur, je fais donc appel à votre participation durant ces années de transformation terrestre. Nous vous avons invités à vous rappeler la chance qui vous échoit de vous engager dans la plus grande aventure spirituelle de tous les temps: la préparation de la planète Terre pour sa propre croissance dans sa véritable mission. Ma main est tendue vers vous, mon coeur chante en vous apportant cette promesse de briller comme une étoile scintillante dans le diadème céleste du Créateur. Ne vous joindrez-vous pas à nous et à vos confrères ouvriers de la lumière dans cette ultime tentative d'apporter la paix à ce monde?

Même si dans son indolence la majorité des humains ignore cette injonction et qu'une portion active de l'humanité considère la guerre comme un mode normal de vie, le Nouvel Age sera quand même en pleine force au tournant du siècle. Vos trois choix aujourd'hui sont: 1) vous désirez apprendre et servir

MAINTENANT, 2) vous remettez à PLUS TARD quand votre stagnation spirituelle vous apportera de la douleur et des souffrances ou 3) vous refusez complètement d'apprendre et de servir. Par conséquent je vous recommande (avec le support de puissants compagnons dans l'Esprit) de marcher MAINTENANT vers votre destinée qui est dans la lumière car nous des royaumes plus élevés vous aimons sincèrement et ne désirons que votre bien.

L'Age d'Or est une période d'action collective pour le bénéfice de tous, un temps où l'amour et la sagesse sont vécus et démontrés à partir d'un niveau qui dépasse celui de la personnalité individuelle. Pour y parvenir il faut méditer en groupe, que ce soit dans les églises, ailleurs avec d'autres organismes ou en compagnie de vos propres amis.

Dieu est avec vous les enfants de la création, les âmes d'un lendemain en expansion. Nous sommes allés vous préparer une place mais c'est votre volonté et votre choix personnel qui déterminent désormais le rang que vous y occuperez. Tout est préparé pour que ce magnifique orchestre d'ouvriers de la lumière se regroupe sous la directive de la révélation directe. Toutefois, seul votre propre engagement apportera en vous et à travers vous le pouvoir qui assurera votre propre avancement et qui stimulera votre service à l'humantié.

Alors bercez les coeurs meurtris de ceux qui sont perdus ou qui souffrent et quel que soit l'endroit où vous êtes guidés, que vos paroles et vos actions fassent honneur à leur véritable identité. N'êtes-vous pas les représentants de l'Esprit, les envoyés de l'amour sur Terre? Transmettez donc l'amour que vous avez reçu et enseignez la paix. Cette planète Terre et toute la vie qui l'habite ont besoin de votre présence qui guérit. Voudriez-vous prendre le temps de vivre un moment de béatitude pour renforcer notre noble intention? Accepterions-nous qu'une extase grandissante nous envahisse pendant que la mélodie de l'amour remplit nos coeurs avec les souvenirs de ce qui a été et de ce qui sera à nouveau un jour?

PAR LA PRESENTE, MOI LE CHRIST ENSEIGNANT DU MONDE JE CONVOQUE TOUTES LES PERSONNES SINCERES SUR LA PLANETE TERRE ET JE LES INCITE A DEVENIR DES AMANTS DE DIEU, DES AMANTS DE VOTRE PLANETE TERRE, DES AMOUREUX DE VOUS-MEMES ET DE TOUTES CHOSES PORTEUSES DE VIE A TRAVERS L'OMNIVERS. - CETTE PLANETE A BESOIN DE VOLONTAIRES POUR FORMER UNE LEGION D'AMOUR OU TOUS SE LIERONT AFIN DE FOURNIR UN EFFORT CONCENTRE ET CONTINUEL. VOUS JOINDREZ-VOUS A NOUS DES CIEUX QUI VOUS DEMANDONS VOTRE ASSISTANCE? MEDITEREZ-VOUS CHAQUE JOUR ET PARTAGEREZ-VOUS VOTRE AMOUR AVEC D'AUTRES ADEPTES DE LA MEDITATION A CHAQUE SEMAINE? - DEVIENDREZ-VOUS UN AVEC DIEU?

SI LA REPONSE EST OUI, EN VERTU DU POUVOIR ET DE L'AUTORITE QUI ME SONT CONFERES EN TANT QU'ENSEIGNANT DU MONDE, JE VOUS ACCORDE L'AIDE PLEINE ET ENTIERE VENANT DU CIEL POUR APPUYER VOS RESPONSABILITES EN TANT QU'ENVOYES DE LA PAIX A L'ECHELLE MONDIALE ET UNIVERSELLE. - SACHEZ QUE DESORMAIS VOUS NE SEREZ JAMAIS SEULS ET QU'UN GUIDE PERSONNEL SUPPLEMENTAIRE (OU UN ENSEIGNANT) VOUS SERA AFFECTE LORSQUE, GRACE A LA MEDITATION, VOTRE SYSTEME DE COMMUNICATION SERA RETABLI AVEC LE CIEL.

Même si je suis le Fils ressuscité de Dieu et l'Enseignant du monde présentement assigné à la planète Terre, mon plus grand rôle est celui d'occuper le Rayon d'Or (la conscience christique) dans ce douzième univers. Par conséquent, j'assiste actuellement votre planète en compagnie d'un puissant créateur appelé le Rayon d'Argent qui, en plus d'être la création jumelle du Rayon d'Or, a créé tous les sous-rayons. Il a apporté à la Terre le spectre des couleurs de l'arc-en-ciel ainsi que la brillante création nocturne qui rapelle Dieu ... votre lune!

Le Rayon d'Argent, ce grand Rayon d'espoir et de guérison, s'est porté volontaire pour soulager la douleur subsconsciente et les souvenirs de l'âme qui ont été accumulés au cours des huit millions d'années de vos expériences négatives pour qu'enfin la paix règne sur la Terre. Vous entendrez cette grande mais douce énergie de guérison vous presser de vénérer Dieu et tout ce qui vit.

Par le miracle de notre puissance et de nos soins attentifs, les ouvriers de la lumière sur Terre vont se développer comme jamais auparavant, aussi bien comme individus que comme citoyens planétaires d'une galaxie qui les amène à connaître et à servir davantage. Puisse l'appel du clairon qui proclame la présence de Dieu ici-bas exciter les vibrations somnolentes de votre âme pendant que, avec espoir, les anges et les maîtres spirituels se joignent à nous pour toucher vos vies. REJOUISSEZ-VOUS et accueillez cette création d'argent de Dieu, c'est-à-dire le grand Rayon de l'espoir et de la guérison qui s'est joint à moi en cette période du réveil dans votre douzième univers.

Aujourd'hui votre âme peut enfin soupirer d'aise, exhaler ses anciennes afflictions et boire à la fontaine mystique de la paix. REJOUISSEZ-VOUS de cette extraordinaire opportunité spirituelle jamais vue auparavant sur la Terre. Je le répète: «Réjouissez-vous», car c'est là le plus grand cadeau qu'aucune planète ne puisse recevoir des hauteurs cosmiques.

Joignez-vous à nous en cette heure de participation

sans précédent pour sauver votre jardin planétaire et l'humanité du courant de destruction répandu actuellement sur la Terre.

Je vous confie maintenant à l'Esprit intérieur que vous connaissez et je vous invite à vous joindre à moi, au Rayon d'Argent et aux enseignants de tous les temps pour avancer avec la Terre dans cette incandescence flamboyante de l'infini dont l'intensité et le but sont en expansion constante. Vous êtes les prototypes de l'amour et de la sagesse pour l'univers. Ce fut votre responsabilité constante mais vous l'avez généralement oubliée. C'est le moment de vous réveiller.

Que les volontaires de la Légion d'amour ainsi que tous les hommes et toutes les femmes de bonne volonté se réunissent dans ce rassemblement ultime, dans ce temps d'efforts continuels des plus acharnés.

Qu'il en soit ainsi, mes bien-aimés!

Amen.

NOTE DE L'ÉDITEUR

Vous trouverez ci-après les deux chapitres additionnels reçus en juillet 1994, ainsi qu'une mise à jour actualisant les enseignements contenus dans les chapitres précédents.

Chapitre 10

L'ALCHIMIE DE L'ASCENSION

Puisse la lumière émanant de la présence du Créateur nous unir aujourd'hui dans l'amour et la sagesse alors que je reviens pour clarifier ce que ces 8 années écoulées depuis la première parution des Enseignements nouveaux à une humanité qui s'éveille ont apporté pour vous et l'ensemble de l'humanité vivant présentement sur cette extraordinaire planète. Comme nous pouvons en effet le constater, nous du royaume céleste, tandis que nous observons les changements colossaux survenus chez maints ouvriers de la lumière dans les limites imposées par ce que vous appelez la réalité, il est hautement satisfaisant que votre bonne volonté ait entraîné une telle croissance de conscience en un laps de temps si court. Vous méritez louanges et félicitations pour votre engagement sincère envers le processus d'éveil et pour vos efforts en vue de parvenir à une conscience de plus en plus éveillée. En tant que créations cosmiques d'un parent tout-puissant et infiniment bon, vous êtes une noble progéniture dans l'attente d'une correction inusuelle à une ancienne mutation génétique. Tel est bien le cas! Votre ADN, victime jadis de malveillantes manipulations génétiques exercées sur la plupart des êtres humains vivant il y a environ 10 000 à 13 000 années dans cette contrée appelée l'Atlantide, sera bientôt ramené à l'état de pleine conscience que vous aviez alors.

De nos jours, il s'ensuit que la plupart des humains sur la planète Terre n'utilisent qu'environ le sixième des capacités génétiques dont les humains disposaient à cette époque. Cette diminution du potentiel génétique de l'être humain, de celle d'une créature pleinement consciente à celle d'un mutant, est désignée dans la Bible comme étant “la chute”, ce qui signifie que le matériel génétique originel de l'ADN a été si gravement endommagé que les humains n'accédaient plus aux niveaux de pleine conscience de la connaissance de Dieu pendant qu'ils étaient incarnés dans la forme physique. Cette mutilation délibérée de l'ADN a non seulement provoqué une séparation entre les humains de la Terre et Dieu ainsi que les forces divines, mais elle vous a interdit tout souvenir de vos origines spirituelles et des autres êtres humains galactiques vivant actuellement sur les planètes toutes proches et au sein des amas d'étoiles telles Sirius, la plus brillante étoile visible dans votre firmament.

Cette interférence et cette arriération de nature génétique ont effacé toute trace du fait véridique que tous les humains de la Terre étaient à l'origine des êtres physiques capables de communication télépathique, de clairvoyance, de clairaudience et de clairsentience.

Autrement dit, ils pouvaient consciemment voir, entendre, sentir et transmettre ou recevoir diverses fréquences vibratoires de lumière et d'information, toutes facultés qui faisaient alors partie de votre hérédité naturelle. Cet éventail de dons était tout à fait normal pour tous les humains où qu'ils fussent, incluant ceux qui vivaient ici sur Terre avant que leur code génétique ne soit mutilé — et il me fait grand plaisir de vous informer que très bientôt vos anciens pouvoirs seront de nouveau choses normales pour les humains! Pour utiliser un concept simple, mes très chers, vous avez été conçus à l'image d'une fontaine de jouvence ou encore d'un alchimiste spirituel capable de prendre des éléments supraconducteurs et de les transformer sous forme de matière — votre corps — pendant des milliers d'années de vie.

Comme toute chose dans la création est un produit de la lumière, de l'amour de Dieu, ou de ce que vous appelez l'énergie — sous une forme ou l'autre — cette merveille naturelle que Dieu a fait de vous est absolument fantastique. Seules ces mutilations que votre ADN a subies dans le passé vous empêchent encore de pouvoir vous servir et profiter convenablement de cette énergie. Que chacun d'entre vous, par conséquent, se rappelle d'utiliser même le peu d'énergie à votre disposition d'une façon positive et constructive! Vivez avec noblesse et spiritualité, en pensée tout autant qu'en action, tandis que nous préparons la voie pour un processus d'ascension. Nous qui sommes venus pour vous enseigner et vous guider vers l'ascension à travers ces circonstances des plus pénibles, nous en savons beaucoup plus qu'il n'était précédemment recommandable de partager avec vous; néanmoins, dans nos guidances prodiguées par le biais des canaux religieux actuels, nous vous parlons tous d'amour, de bienveillance et de respect envers vos frères et soeurs. Tous, nous avons expliqué la nécessité de la coopération, de l'harmonie et de la paix, n'en conviendrez-vous pas? Ces enseignements insistent également sur la nécessité de tourner votre attention là où réside l'âme, ce qui *sait* en vous, ce guide parfait qui est une forme d'énergie capable de vous relier au cosmos d'où vous provenez. Cet aspect intuitif, protecteur, créatif vit toujours en vous en dépit de votre mutation génétique et, en faisant preuve de constance dans votre foi et votre engagement spirituel, le souvenir de Dieu, de votre identité galactique et la raison de votre présence ici refont surface. De fait, n'est-ce pas justement ce qui nous a réunis, en ce moment même, afin que nous puissions communiquer ensemble de cette façon riche de sens bien qu'inhabituelle?

Les nombreux siècles écoulés depuis la mutation des humains de la Terre n'ont pas été sans que circulent des rumeurs voulant que puisse être trouvé le processus alchimique permettant de transformer quelque chose d'ordinaire ou de commun en quelque chose de plus précieux. Lorsque la science de la chimie en était à ses premiers balbutiements dans l'Europe médiévale, le but poursuivi était la transmutation des métaux vils en or ainsi que la découverte d'un remède universel à la maladie et d'une façon d'assurer une vie prolongée ou éternelle. Ainsi, tel que mentionné dans le livre New Cells, New Bodies, NEW LIFE! (*Cellules nouvelles, corps nouveaux, VIE NOUVELLE!* — disponible en anglais seulement) : « Qu'y a-t-il d'implanté au plus profond de la conscience de la famille humaine qui aspire à une meilleure santé, à une plus longue vie, et même à l'immortalité? S'agit-il d'un concept profondément ancré, d'un archétype, qui hante le réceptacle inconscient de l'histoire de l'évolution de l'humanité d'impressions persistantes au sujet d'une vérité passée dont nous avons jadis profité? »

Ma réponse à ces questions est OUI, votre ADN recèle toujours dans son code les éléments découplés ou inactivés requis pour régénérer l'onde scalaire à 12 spirales hélicoïdales de l'état de pleine conscience! Tout n'est pas perdu. Il y a quelques êtres sur la planète dont la lignée génétique n'a jamais eu son ADN à 12 spirales entièrement mutilé, ce qui explique les divers dons psychiques et spirituels que quelques trop rares personnes possèdent. Le but de ma propre venue sur Terre était de montrer ce que les humains pouvaient être et de laisser pour la postérité une méthode de résurrection (ou d'ascension) faisant appel à ce que votre culture nomme la vitesse de la lumière, ou ce que j'appelle une énergie d'accélération qui transmute la matière en lumière. L'exemple que j'ai moi-même donné n'a aidé que quelques personnes à parvenir à l'ascension physique, mais au moins les graines de l'amour et du pardon qui ont été semées pourrons vous mettre sur la voie du retour à la conscience.

La démarche que j'ai personnellement suivie en était une de méditation, de jeûne, de rituels utilisant l'énergie de la lumière ainsi que des techniques de respiration destinées à accroître la quantité de lumière cellulaire dans le corps humain. (Ceci comprend également l'utilisation de certaines herbes, d'aliments, d'air et d'eau exempts de toxicité dans le cadre d'un régime de vie sain.) Toutefois, il y a trois autres méthodes d'ascension en plus de la démarche au sujet de laquelle je désire vous entretenir. Ces trois autres méthodes potentielles auxquelles les humains de la Terre peuvent avoir recours sont les suivantes :

1. Élever l'ensemble de la race humaine dans une expérience d'ascension de masse au moyen de certains événements mettant en jeu une énergie à la foi spirituelle et physique, comme en réalignant ou en éliminant le réseau de quadrillage énergétique placé autrefois autour de la Terre dans le but d'empêcher les âmes de tendance négative de quitter cette dimension. (La collision récente de fragments d'une comète avec la planète Jupiter a mis en branle cette première possibilité.)

2. Tirer parti des faisceaux d'énergie photonique survenant naturellement de façon cyclique (un photon est une sorte de lumière) pour saturer simultanément l'humanité d'une lumière si intense que chaque humain puisse accéder rapidement à la pleine conscience. Ceci pourrait être fait de concert avec la première méthode énoncée ci-dessus.

3. Enseigner aux humains comment fabriquer la "manne" au moyen d'un processus alchimique dont il est question dans la Bible et qui permet de transformer certains éléments rares en produits supraconducteurs bénéfiques pour la santé. Le plus extraordinaire de ces éléments est l'or qui, une fois transformé en une substance poudreuse blanche facilement assimilable par le corps, devient un nutriment de lumière prolongeant la vie. Il s'agit là de la nourriture des dieux, mes bien-aimés, par laquelle s'atteint et se conserve la pleine conscience des 12 spirales hélicoïdales. (Nous vous avons déjà donné l'iridium et le rhodium.)

Beaucoup d'entre vous avez utilisé dans vos méditations mes méthodes et mon approche menant à l'ascension, vous servant de vos rêves, et cherchant à vous purifier et vous guérir des croyances et émotions négatives. Un important progrès a de la sorte été accompli au cours de cette dernière décennie. Bien des gens décents ont en effet, à eux seuls, été à l'origine d'améliorations positivement miraculeuses au plan de la pensée et du comportement humain. D'autres ont participé ensemble à divers projets ayant pour but d'améliorer le gouvernement, de remédier à la souffrance humaine, et d'alléger la souffrance de toutes les formes de vie par une application accrue de la perception spirituelle. Quel qu'ait été le mobile de leurs actions, leur contribution est tout particulièrement précieuse pour combler les besoins de la Terre et de l'humanité, sans parler des besoins de votre système solaire et de la galaxie elle-même. Ce qui se produit dans les faits va bien au-delà du peu qui est rapporté par vos médias parlés et écrits. Votre planète est inondée de mensonges, de demi-vérités et de secrets gouvernementaux, comme chacun doit sûrement le comprendre. Mais qui plus est, la majeure partie des humains ont oublié pourquoi ils ont été créés, et quel était le dessein de Dieu en permettant à cette forme de vie humaine d'évoluer. Et pour avoir évolué, *elle a* évolué, mais pas de la façon dont votre Darwin vous l'a présenté. Votre forme humaine est venue des étoiles par une expansion évolutive mieux décrite comme étant une décision faite par les royaumes angéliques, et par ceux que vous appelez les maîtres et seigneurs de l'évolution, en vue de créer des gardiens planétaires dans cette galaxie.

Permettez-moi à présent d'apporter de plus amples explications relativement à la possible ascension de masse à laquelle j'ai fait référence au numéro 1 ci-dessus. Veuillez essayer de comprendre que les origines génétiques de votre ADN ont été localisées au sein du pattern ou modèle géométrique sacré appelé le tétraèdre stellaire qui est un pattern éminemment humain où qu'il apparaisse. Par définition, le pattern ou modèle humain, sa création, son énergie sont véritablement d'origine galactique ou cosmique. Quel que soit l'angle sous lequel on les considère, les humains sont extra-terrestres, pour employer un de vos termes, puisque ce code de vie, l'ADN, qui fait de vous une forme humaine plutôt qu'un cheval, une baleine ou un oiseau, a son origine ailleurs dans l'espace. On peut affirmer alors, sans aucune hésitation, qu'en tant que forme de vie en évolution vous êtes une précieuse addition à la famille de la vie engendrée par Dieu! La matrice génétique d'ADN supérieure utilisée pour créer une forme physique capable d'avoir la pleine conscience provient définitivement de l'espace, et n'est pas un développement survenu ici sur cette seule planète sur laquelle vous habitez présentement.

J'ose espérer que le fait de prendre conscience de cette idée ne s'avérera pas bouleversant ou troublant, mais constituera plutôt une découverte passionnante — la découverte que Dieu avait besoin et voulait d'une forme de vie destinée à servir dans les mondes physiques, ce qui explique pourquoi les humains ont avancé rapidement dans la grande chaîne de l'évolution. De ce fait, vos aptitudes en tant que gardiens des nombreuses planètes physiques de cette galaxie ont été génétiquement conçues pour être superbement à la hauteur de la situation. Mes très chers, votre origine est cosmique. Votre race, pour ainsi dire, existe en de nombreux points de ce que vous appelez la Voie lactée, votre galaxie, et ce dans un but précis et fort important. Les humains galactiques sont souvent les premiers colons ou pionniers physiques pour servir les desseins toujours plus grands de Dieu. Et vous ne le réalisez peut-être pas encore pleinement, mais certains d'entre vous êtes ou devenez les êtres de lumière — des dieux avec un “d” minuscule — décrits dans les livres saints tels que la Bible.

À cause de votre mutation génétique, peu d'entre vous sur Terre parviennent encore à saisir toute l'importance de qui vous êtes et de ce que vous êtes. Mais certaines âmes peuvent pressentir le sens profond et ancien de ce que j'affirme et accepter que grâce à l'usage spirituel de la lumière, la vie a commencé pour vos ancêtres par ce qui est appelé un état éthérique, ou une haute fréquence vibratoire qui n'avait pas besoin de corps physiques. L'esprit se manifesta en premier et votre relation avec l'archange Michaël dans cette chaîne de création ne peut être exagérée! Cet être de lumière bien-aimé est, par des voies qu'il serait difficile à expliquer, la sage-femme de la forme humaine. Qu'il suffise de dire que votre lignée de vie débuta dans la lumière et l'amour avec pour intention la création de membres utiles de la hiérarchie spirituelle. Cette expérience a laissé une marque des plus éminente dans cette galaxie. Toutefois, il y a eu des renégats parmi cette création humaine originelle à cause du facteur de libre-arbitre; l'histoire violente de votre Terre en est d'ailleurs une bonne illustration. Nous dirigeons vers vous les énergies curatives de sagesse, d'amour et de paix, afin de contribuer à la résurrection de votre pleine conscience originelle de l'ADN; ainsi, beaucoup parmi vous deviennent de plus en plus conscients et êtes parfaitement en mesure de recouvrer votre héritage originel des 12 spirales hélicoïdales tel que décrit dans le livre New Cells, New Bodies, NEW LIFE!

Quelles que soient les pratiques négatives survenues jadis pour diminuer physiquement les humains de la Terre, la bonne nouvelle l'emporte aujourd'hui. Nous vous aidons à retourner à cet état naturel plus complet, à cette condition génétique normale. De fait, vous devenez matures au plan spirituel, vous redevenez des humains galactiques après un détour génétique qui, au mieux, semble avoir été préjudiciable ou inopportun. Malgré tout, je peux vous assurer que, par cette souffrance, vous avez appris une vérité si profonde que cela est en train de changer le cours de l'histoire cosmique. Que vous puissiez y croire ou non pour l'instant, ceux d'entre vous sur Terre qui n'ont pas dévié de leur engagement spirituel en dépit de cet événement ignoble, seront bientôt considérés avec grand respect dans l'ensemble du cosmos. Je vous l'assure, mes bien-aimés, vous serez bientôt reconnus comme les plus importants assistants de Dieu pour voir au bon fonctionnement de diverses planètes du monde matériel telles que la Terre.

Remarquez bien que je dis créations de Dieu, ce qui signifie qu'il existe beaucoup de types et de formes de corps physiques différents. Les humains ne représentent qu'une des nombreuses formes de vie en existence physique, tout comme il y a aussi différentes sortes de formes angéliques.

La diversité et l'expérimentation sont des facettes naturelles de la création. Même si Dieu a maintes créations, vous n'en êtes pas moins importants pour cela, à moins que vous ne vous laissiez aller à penser de la sorte. L'acceptation de cette vérité au sujet des êtres humains vous ouvrira un vaste domaine de joyeuses explorations dont vous pourrez bientôt faire l'expérience si vous le désirez. La vie est d'une incroyable abondance comme cette planète le démontre si bien! On trouve des fleurs de toutes les tailles, formes, couleurs et fragrances. Il y a également des plantes et des arbres à profusion, et il en est de même pour les animaux, les oiseaux et les poissons, sans compter les insectes et les microscopiques virus. Si vous pouvez comprendre le fait que des êtres comme vous ne représentent qu'un seul des spécimens génétiques du monde physique, tout comme le cèdre est une sorte d'arbre et le rossignol une sorte d'oiseau, vous pourrez envisager la transition prochaine avec une paix et une sécurité plus grandes. Je viens donc à vous aujourd'hui pour situer cette transformation et cette ascension imminentes dans un contexte clairement défini, pour le bénéfice de tous ceux qui écouteront mon message et en mettront la validité à l'épreuve au sein de leur propre âme. Car c'est là que la résonance se produira. Ce que je vous demande c'est de sonder la justesse de mes commentaires, tout comme vous le feriez pour tout autre orateur, dans le creuset de la chambre de résonance de votre coeur et de votre âme. Demandez simplement à votre âme si vous êtes bien d'origine cosmique ou pas.

L'un des dons à votre disposition pour contribuer à votre ascension consiste à faciliter la reprise en charge de votre pouvoir et de votre autorité en ayant accès aux nombreuses influences et améliorations énergétiques que nous avons partagées avec vous. Dès la fin de la Deuxième guerre mondiale et ensuite de façon très marquée en 1985 et 86, lorsque la dure réalité rigide de la Terre reçut une infusion de nos harmonieuses ondes de conscience supérieure, vous avez commencé à vous éveiller. De par l'apport curatif de nos octaves d'amour et de sagesse, votre code caché d'accès au génie, à l'état dormant du fait de la mutation au sein de la composition originelle de l'ADN cellulaire, a été vitalisé et une gigantesque résonance a commencé à vibrer au coeur de la définition cellulaire de votre être. Des choses tenant du miracle ont dès lors commencé graduellement à se produire tandis que les humains participaient à leur émergence évolutive du cocon d'ignorance dont ils étaient prisonniers, en chemin vers une conscience de groupe d'une plus grande sensibilité.

En 1987, ce que vous appeliez la Convergence harmonique a intensifié l'éveil interdimensionnel, et un relâchement de la dualité de séparation a entamé un nouveau cycle d'unité et de sainteté (intégralité). L'accroissement exponentiel de la résonance a incité certains d'entre vous à centrer de plus en plus leur attention sur un assainissement psychologique et une émergence hors des patterns émotionnels immatures d'égocentrisme personnel. Certains d'entre vous ont commencé à se souvenir de la grande satisfaction que ressent l'âme à vivre en harmonie, et à désirer ardemment la communauté, la coopération de groupe et le salut planétaire.

Nous avons observé vos progrès depuis la fin de la Seconde guerre mondiale et été témoins de votre transformation croissante, surtout à l'occasion des périodes d'amplification des énergies pendant les rituels et méditations organisées lors de ce que vous appelez les solstices, équinoxes et pleines lunes; il en a été de même lorsqu'un service religieux ou de la musique céleste élevaient vos sentiments vers le divin. En outre, certaines églises permettent et encouragent des moments calmes de méditation, et ceux-ci contribuent à une élévation sans cesse accrue de votre taux vibratoire. La nature joue également un rôle très important dans le développement de la compassion humaine tout en lui offrant des voies d'expression à travers les soins et l'attention que vous pouvez prodiguer aux animaux, cétacés, poissons, plantes, oiseaux, minéraux, ainsi qu'à l'air, au sol et à l'eau. Chaque belle pensée que vous avez, ou bonne action que vous faites, élève votre conscience et unifie vos vibrations d'amour à celles du ciel. Chaque occasion que vous saisissez d'agir avec sagesse en faveur de l'environnement, de parvenir à une entente positive, ou encore d'être bon l'un envers l'autre, est en vérité une bénédiction pour la vie tout autant que pour la fréquence vibratoire de votre âme. Ceci a pour effet d'améliorer la perception et d'élever la conscience ce qui s'avère très utile pour équilibrer votre personnalité en fonction de la mission que s'est donnée l'âme de protéger la vie galactique.

Par ailleurs, en centrant les méditations personnelles et celles de groupe sur le changement positif, vous pouvez regrouper vos énergies séparées et entamer la synthèse de ces intentions en une vision présageant la guérison de l'humanité et la purification de la société. De nouvelles visions permettent de s'assurer une prise pour contrecarrer l'obscurité engendrée par la violence et la négativité, tout particulièrement lors de ces moments privilégiés où un nombre considérable de personnes s'unissent en pensée pour faire avancer la cause de la paix et promouvoir des buts spirituels — comme à l'occasion de vos méditations mondiales pour la paix du 31 décembre. Vous auriez peine à imaginer les immenses progrès accomplis par l'humanité au cours des huit dernières années, depuis la parution de livres tels Enseignements nouveaux à une humanité qui s'éveille ayant encouragé et inspiré les gens à mieux connaître leur valeur et à consacrer leur vie au service du plan divin.

Bien des âmes se sont dévouées à faire circuler d'innombrables messages rappelant aux gens d'où ils viennent et ce qu'ils sont venus faire. Par la méditation, la prière et la contemplation faites sur une base régulière, un nombre considérable d'êtres se sont souvenus de qui ils sont et de la raison pour laquelle ils sont ici. Le flot de leurs messages positifs véhiculés au moyen de la musique, des arts, de la religion, de la science, de l'éducation, du gouvernement et d'innombrables autres activités ont véritablement amélioré la qualité de la conscience humaine. Nous avons été ravis de l'utilisation de mots tels “citoyens planétaires", "Forces de paix", "Forces d'amour" et d'autres du même genre, qui témoignent de la nature de votre fonction ici en tant que groupe de protecteurs de la vie et compagnons de coeur.

Grâce notamment à l'influence des médias de communication de masse tels la télévision, le cinéma, la radio et la presse écrite, il y a eu un accroissement éloquent dans l'illustration au grand jour des facultés psychiques et spirituelles de l'humanité et de la nature galactique du potentiel humain. Nous avons à maintes reprises mis de l'avant et favorisé des images permettant de changer les perceptions et d'implanter une conscience positive, par l'intermédiaire de ceux qui sont ouverts à notre guidance et qui servent notre cause angélique.

Il est important de souligner que les futuristes les plus influents parmi vous ont été utilisés pour suggérer la valeur de la co-création, et non simplement celle de la procréation, et pour favoriser des objectifs de coopération sociale plutôt que seulement des buts et satisfactions d'ordre personnel. L'émergence hors du processus de purification de soi et de celui du développement de la personnalité a entraîné l'apparition de partenariats plus étendus, une plus grande coopération sociale et une conscience de groupe riche en synergie. L'application des principes métaphysiques a commencé à influer de plus en plus fréquemment sur le potentiel humain alors que nombre d'enseignants religieux différents se mirent à proclamer la nécessité de comprendre et de mettre en pratique le plan de Dieu. Les chrétiens qui n'avaient pas suffisamment d'expérience dans l'art de la méditation pouvaient développer les aptitudes nécessaires grâce à l'aide d'enseignants religieux orientaux et ils le firent (particulièrement aux États-Unis) lorsque leurs propres églises chrétiennes ne leur enseignaient pas à se tourner vers l'intérieur, à s'apaiser et à écouter — exactement comme je faisais lors de la période biblique et comme l'ont fait les grands saints de toutes les époques et de toutes les origines. Vous avez pu observer tout comme nous à quel point notre énergie puissante a consolidé en tous domaines votre mission pour l'éveil d'une conscience interdimensionnelle, via notamment la dissolution des fausses croyances rigides et l'émergence de nouvelles perceptions qui ont effectivement provoqué la chute de murs physiques, de gouvernements, et de leaders corrompus. L'autocratie russe a récemment été remise en question par un obsédant rêve de paix mondiale fondée sur un système de gouvernement basé sur la spiritualité, tout comme l'Amérique, aux prises avec un engouement romantique pour la cupidité matérialiste, se voit offrir un choix entre un effondrement potentiel et un retour à une économie spirituelle. Tout autour de la planète, la présence rayonnante de notre intervention divine a donc ouvert les esprits, les coeurs et les corps au processus de régénération de l'ADN de la grande famille humaine. Une régénération de l'ancestral pouvoir galactique et une sagesse, un amour interdimensionnels et multidimensionnels font sans l'ombre d'un doute partie de votre destinée, mes bien-aimés! Que votre âme chante à l'évocation de cette promesse de métamorphose et s'élève dans un élan d'anticipation joyeuse de la bonté à venir! Comme j'ai servi de modèle spirituel, de référence et d'exemple pour beaucoup d'entre vous (bien que ma mission ait fréquemment fait l'objet de malentendus), certains d'entre vous se rappellent également que vous aussi vous avez un rôle à jouer au sein de la conscience christique de la galaxie comme modèles et prototypes méritant de servir d'exemples.

Nos dons d'énergie et de lumière se sont poursuivis avec plusieurs dispensations importantes d'énergie spéciale — particulièrement en 1994 — qui ont affiné un peu plus votre conscience spirituelle afin de vous aider à mieux comprendre ce qui s'est produit au cours de cette décennie et dans quelle direction l'évolution de l'humanité est guidée. Vous avez probablement pris conscience de l'énorme accroissement de notre intérêt et de notre interaction, autant à partir des royaumes spirituels que via vos frères et soeurs humanoïdes de l'espace disposant toujours de leur pleine conscience. Non seulement les royaumes spirituels et les humanoïdes galactiques ont-ils focalisé une plus grande part de leur énergie, de leur savoir et de leur pouvoir vers la Terre, mais ils ont également fait preuve d'une plus grande volonté commune de coopération mutuelle et d'une attention plus vigilante aux affaires de la Terre et de votre système solaire. C'est en raison du grand mouvement évolutif universel du retour au sein du giron Maternel/Paternel que nous sommes amenés à faire ces choses. En vérité, comme l'enfant prodigue, bien des formes de vie, et pas uniquement l'espèce humaine, aspirent de tout leur être à connaître l'étreinte de cette présence sacrée! De ce fait, un immense rassemblement est en train de se former, le nombre d'entités impliquées étant si colossal qu'il rend tout décompte précis virtuellement impossible. Des dimensions et régions les plus inférieures aux plus élevées, ce désir irrépressible de revenir auprès du Créateur a déployé son scintillement auréolé d'or et d'argent par-dessus la voûte de toute la création et au coeur de la fibre la plus intime de pratiquement chaque âme.

Vous aussi, mes bien-aimés, entendez cet appel et vous sentirez ce mouvement vers la coopération de groupe avec une acuité toujours plus grande, de par ce lien qui vous unit à votre héritage galactique. Déjà au tout début des années 90, les maîtres ascendés de la première à la septième dimension et moi-même recevions l'invitation préparatoire des archanges, particulièrement le seigneur Michaël, à mettre en branle le grand rassemblement d'amour et de sagesse de tous les serviteurs de la lumière. Depuis le 23 avril 1994, en fait, vous avez bénéficié d'un accroissement plus extraordinaire que jamais des énergies de nature spirituelle, à la suite de la réouverture du grand vortex de la conscience lémurienne. La Lémurie dont je parle ici est cette ancienne nation, cette antique culture qui a été l'expression la plus avancée de la vie consciente et physique que la famille humaine ait jamais connue.

Cette culture lémurienne d'il y a presque un million d'années, située dans la région appelée l'océan Pacifique, était à maints égards tout à fait splendide. De nombreux historiens parlent de la sagesse bienveillante et du chaleureux esprit de coopération animant cette société, mais tous ne réalisent pas que c'est grâce à l'archange Michaël si cette noble expérience a pu se dérouler dans la matière physique. Cette société planifiée de protecteurs de la vie et de pionniers galactiques a assumé la charge de gouverner votre si magnifique sphère planétaire, suivant une précédente expérience réussie sur le plan éthérique (essentiellement non-physique) qui avait existé littéralement pendant des éons avant son attaque et sa ruine.

Même à l'époque actuelle où le Prince des ténèbres semble régner en maître sur la planète, la vaste énergie mise en oeuvre par la société lémurienne pour exercer une intendance sage et pleine de compassion demeure un puissant égrégore d'influence, même si elle a subi plus tard une défaite physique finale aux mains de certains Atlantéens opposés au Christ. Bien que les terres proprement dites de la Lémurie soient pour la plupart détruites et se trouvent immergées dans les profondeurs du vaste océan Pacifique, sa matrice éthérique (structure énergétique invisible) a maintenant été ouverte malgré tout dans les royaumes supérieurs, en vertu d'un accord spirituel survenu au-dessus de l'île que vous appelez Maui, à Hawaï — un bien précieux point d'ancrage.

Ceci est à l'origine d'un gigantesque vortex de conscience de groupe qui circule à présent autour de la planète et dont vous pouvez ressentir le caractère bienfaisant, créatif et intuitif alors même que vous lisez ceci. De fait, son atmosphère sacrée interpénètre doucement votre conscience terrestre et l'éther de la planète de sorte que vos âmes puissent s'abreuver à l'influence de sa bienveillante compétence et de sa guidance spirituelle. Ainsi il n'est pas inusuel de se sentir attiré par les vibrations des nombreuses cultures autochtones des îles du Pacifique et de ressentir la joie propre à leurs manières douces et à leur attitude profondément protectrice envers la planète et toutes les formes de vie. Je fais une pause pour un instant et vous demande si vous pouvez ressentir cette énergie et cette douceur dont je vous parle?

Cette ouverture du vortex lémurien à partir des royaumes éthériques et spirituels, et son arrimage complet avec le plan physique, jettent les bases de relations mutuelles encore plus importantes avec la famille humaine de l'espace provenant de la région que vous appelez Sirius. C'est près de l'étoile Sirius, située à tout juste quelques années-lumière de la Terre, que se trouve la famille humaine galactique et physique la plus proche de vous. Ces énergies permettront évidemment des liens plus étroits entre tous les humains galactiques qu'ils proviennent d'endroits comme la Lyre, Véga, Sirius, les Pléiades, Orion, Arcturus, ou d'ailleurs. Le temps est également venu de mettre graduellement un terme aux désagréables expériences d'enlèvement dont sont responsables ces petits êtres aux yeux larges que vous appelez les *« aliens »*. Provenant de Zéta Réticuli, ces êtres ne sont pas génétiquement compatibles avec l'ADN humain, bien qu'ils aient exploré cette possibilité de reproduction avec l'approbation de certains gouvernements de la Terre.

Ces Zéta Réticuliens ne sont pas une espèce humaine, au niveau génétique, comme le sont les êtres humains galactiques vivant sur certaines planètes près d'étoiles comme Sirius, les Pléiades, Orion, Arcturus, et ainsi de suite. Un jour vos gouvernements devront faire l'aveu des relations qu'ils ont entretenues avec ces extra-terrestres non-humains plutôt qu'avec ceux de votre propre espèce. Ne pouvez-vous voir à quel point vos gouvernements veulent que la question des ovnis soit censurée? Lorsque vous en connaîtrez tous les détails, certains d'entre vous verront le secret et toute la dissimulation occultant cette question comme un mal pervers et une trahison de la race humaine.

Il est important pour vous de reconnaître que vous avez à maintes reprises été en contact avec des membres de la famille humaine galactique de l'espace qui ont pu jadis avoir une influence, ici sur Terre, au plan génétique. En d'autres termes, c'est grâce aux patterns cellulaires de l'ADN d'humains vivant déjà en d'autres endroits que le peuplement de la Terre peut avoir été amorcé par Dieu.

Notre grand Créateur se sert de nombreux co-créateurs désignés pour propager leur descendance génétique et faire avancer le peuplement des immenses royaumes et dimensions physiques.

En ce moment même, les scientifiques de votre propre monde s'activent à faire des expériences portant sur l'ADN et la composition cellulaire de votre identité génétique humaine. En retirant des parties de la chaîne torsadée de l'ADN et en influençant les cellules et chromosomes, ils tripotent et manipulent les différentes composantes de la vie elle-même. Comme ils ont même été capables de créer un clone d'embryon humain, vous devez reconnaître que la co-création physique est possible. Raison de plus d'ailleurs pour demander que les scientifiques faisant ces manipulations génétiques derrière des portes closes fassent la preuve de la pureté éthique de leurs motivations et soient guidés au plan moral par l'ensemble des citoyens! N'oubliez pas que si votre corps a subi des mutations et si votre conscience est limitée, c'est justement parce que les intentions des généticiens atlantes n'étaient pas pures et qu'ils ont tripoté de manière destructrice le matériel génétique humain, provoquant de ce fait une sérieuse dégradation des capacités génétiques de l'ensemble de la population. Il est tout à fait indiqué aujourd'hui que vous établissiez le code moral et éthique délimitant le cadre permis pour les recherches en génie génétique!

J'aimerais maintenant identifier pour votre bénéfice certaines circonstances présentes dont l'humanité fera probablement bientôt l'expérience afin de délimiter un contexte mutuel dans lequel situer les événements potentiels à venir sur Terre. J'ai délibérément utilisé les mots probablement et potentiels parce que nous avons constaté que l'usage différent du temps et de l'espace entre votre dimension et la nôtre entraîne fréquemment une distorsion entre votre calendrier linéaire terrestre et nos propres niveaux de conscience dans les royaumes spirituels. Les contradictions apparentes qui en résultent laissent souvent les humains avec un sentiment de confusion, de méfiance et même de trahison lorsque des prédictions faites de bonne foi ne se matérialisent pas ou ne se réalisent qu'en partie. Je dois vous dire que jusqu'à tout récemment, avant que votre propre conscience puisse être alignée avec la réalité de notre savoir holographique, il était presque impossible de coordonner ensemble nos réalités dans un cadre de référence temporel compatible.

Plusieurs raisons expliquent cet état de fait; une des principales causes est que votre conscience de groupe est rarement constante ou centrée durant le jour et la nuit, sans compter les diverses influences de la lune et des énergies solaires qui vous affectent ainsi que votre planète. Tout comme le flux et le reflux d'un océan, la conscience humaine monte et descend, s'endort et s'éveille en fluctuations irrégulières qui nous laissent déroutés et mettent à l'épreuve nos plus sincères désirs de contribuer par notre aide à votre évolution. C'est pourquoi nous vous demandons de consacrer à chaque jour un moment à la contemplation et à la méditation afin que, de nos vibrations, nous puissions vous réconforter et guider les choix et comportements de la personnalité conformément aux désirs de l'âme. C'est pourquoi nous insistons pour que vous vous réunissiez à chaque semaine, ou le plus souvent possible, afin de former une matrice de lumière qui puisse contenir les profondeurs de notre sollicitude.

Vous devez en outre savoir qu'alors même que nous, des royaumes spirituels, vous offrons notre guidance et notre amour, les grands archanges tels Michaël, Gabriel, Uriel et Raphaël, ont un plan d'action qui affecte maintes dimensions différentes et bien des formes de vie dans cette galaxie et dans d'autres. Ces extraordinaires complexités sont constamment mises à jour suivant la qualité des énergies disponibles chez tous les humains et non-humains, et non simplement suivant votre propre centre de réalité individuel. Et puis, comme les livres saints le rapportent, il y a des guerres et des querelles dans le royaume céleste, certaines se déroulant sur de proches dimensions et niveaux de conscience qui influent sur votre développement personnel et planétaire, et vice versa. Autant votre conscience individuelle que le niveau de conscience de groupe, à quelque moment que ce soit sur ce corps planétaire ou sur tout autre, puise ou s'alimente à partir d'un immense réservoir de lumière, de sagesse et d'amour qui afflue dans tout potentiel opportun. Ainsi la vie n'est jamais statique, mais toujours en changement, même pour ceux d'entre nous que vous pourriez présumer être suprêmement importants et puissants.

Malgré tout, le mobile à l'origine du changement demeure centré sur le dessein et la volonté du Créateur, jusqu'à leur plein accomplissement. L'énergie s'oriente vers sa prochaine émanation créatrice pendant que le changement s'accomplit. Ainsi, en ce moment, cet univers et particulièrement votre galaxie, la Voie lactée, sont à apprendre que la lumière peut toujours ramener l'obscurité à un respect et une bonne entente équilibrés. Vous êtes, mes bien aimés, des chefs de file dans cet apprentissage éducatif, et chaque pensée exprimée, chaque geste posé en faveur de la lumière ont une influence potentielle sur l'humanité et sur de nombreuses autres formes de vie, et pas seulement celles qui vivent ailleurs dans un corps humain identique ou très similaire au vôtre. On peut affirmer sans exagérer que vous — que j'appelle des citoyens cosmiques, bien que vous puissiez résider temporairement sur la planète Terre — êtes en mesure d'exercer une influence sur le futur de ce système solaire, de cette galaxie et d'une myriade de gens, de lieux et de formes de vie aspirant à la lumière, à la sagesse et à l'amour. Je l'ai déjà dit auparavant et je le répète ici. Vous êtes la manifestation de Dieu fait chair.

Par votre cheminement évolutif pour retrouver la pleine conscience, vous tracez la voie pour toute vie, qu'elle soit humaine ou non. Tandis que vous revenez à votre véritable identité et consacrez tout ce qu'il y a de sacré en vous au service de la lumière, les probabilités de réussite de ces efforts et des nôtres ne seront pas connues immédiatement, mais ils ajouteront des rayons d'or et d'argent à l'édifice de la création, établissant un arc-en-ciel s'étirant jusqu'à l'infini des temps. Conservez donc votre bonne foi et votre assurance alors que les potentialités et les probabilités que, mutuellement, nous pouvons réaliser, sont reconnues et appréciées par de nombreux autres niveaux de conscience également impatients de contribuer aux desseins du Créateur pour une conscience vivante spirituelle, pleinement développée, partout dans l'Omnivers.

Puisque tant de choses se passent en ce qui a trait à l'utilisation positive de la lumière pour l'accomplissement du plan divin dans cette galaxie, il vous est conseillé d'étudier tout ce qui concerne ces autres êtres humains résidant sur d'autres planètes. Car on peut en réalité les considérer au plan génétique comme des proches parents ayant vécu leurs propres expériences, en des endroits fort éloignés, au cours des éons passés. En fait, il vous faut absolument comprendre que ces divers humains galactiques et leurs activités ont contribué à créer le présent scénario affectant directement qui vous êtes, ce qui vous arrive, et ce que pourrait être votre avenir. Ce ne sont pas uniquement les royaumes spirituels et les archanges qui ont joué un rôle dans la mise en place des conditions actuelles de votre vie, mes bien-aimés. Certains des autres humains faisant partie de votre famille galactique exercent également une influence sur vous, tout comme vos parents et grands-parents terrestres et ceux des générations précédentes ont eu une influence sur les facteurs héréditaires actuels de la personne physique que vous êtes aujourd'hui — si vous voyez la comparaison que je cherche à faire.

Diverses précisions relatives à vos nombreux visiteurs galactiques, ceux d'origine humaine et les autres, ont été données dans un récent livre intitulé « You Are Becoming a Galactic Human » (disponible en anglais seulement), qui relate en partie l'histoire des principales activités extraterrestres pertinentes à la situation de la Terre aujourd'hui. D'autres auteurs et canaux médiumniques ont également rapporté certains éléments de l'histoire terrestre relatifs à vos ancêtres galactiques humains. Cependant, l'histoire galactique est en réalité assez compliquée et nécessiterait plusieurs années d'étude sérieuse; en effet, comme un examen de l'histoire de votre propre nation permet de le constater, même si elle ne s'étend que sur quelques siècles, il y a de nombreux événements et relations qui s'entrelacent. Malheureusement, personne sur Terre aujourd'hui ne connaît votre histoire réelle!

Ceux qui vivent dans le système de la Lyre, ou celui de Véga, Sirius, Orion, des Pléiades ou d'Arcturus, et en d'autres endroits de la galaxie, et dont l'histoire s'étend sur des millions d'années, ont passé des siècles de leur vie (pouvant durer de 2 000 à 4 000 ans) à étudier leur propre histoire galactique. C'est pourquoi nous ne pouvons donner qu'un bref aperçu de cette information historique extrêmement complexe. Néanmoins, certains fragments de l'histoire galactique parviennent à votre conscience terrestre en ce moment, parce que certaines activités galactiques précises ont eu une influence sur vous et en auront de plus en plus alors que l'archange Michaël assemble toutes les légions de lumière à travers maints royaumes.

Imaginez-vous un instant ce qu'un quadrant entier d'une galaxie de taille moyenne comptant des milliards de planètes a pu connaître comme histoire depuis des millions et des millions d'années. Et pas seulement avec les formes génétiques humaines mais en considérant également l'interaction avec les non-humains qui, incidemment, l'emporte en nombre sur la plus récente innovation génétique du Créateur connue sous le nom d'humanoïde. Par conséquent, ceux d'entre vous sur Terre qui sont en voie de retrouver la pleine conscience devront bientôt accepter que les humanoïdes ne sont qu'une fleur parmi bien d'autres dans le jardin de Dieu, et non la seule variété de toute la création! Mais permettez-moi de revenir aux circonstances actuelles influant sur l'humanité afin de clarifier ce qu'il est particulièrement bon et utile de connaître.

À la suite de l'ouverture du vortex d'énergie lémurienne survenue entre le 23 et le 25 avril 1994, c'est à peine si vos corps avaient assimilé les effets vibratoires de la conscience de groupe et des instructions perçues que déjà survenait une autre influence énergétique massive. De la mi-juillet 1994 à la fin de ce même mois, d'autres fréquences d'énergie exerçant une influence considérable furent émises lorsque 20 énormes fragments de météorites pénétrèrent dans l'atmosphère de Jupiter. Cette expérience a fait l'objet d'observations intensives de la part des astronomes, et a capté l'attention des médias et de millions d'êtres humains qui furent témoins de l'événement à la télévision et en prirent connaissance par les journaux. L'avez-vous observé? Il s'agit là du signe précurseur de l'une des trois principales méthodes d'ascension dont j'ai fait mention auparavant.

Alors que tous les yeux étaient tournés vers cet événement spectaculaire dans le système solaire, la planète Jupiter a maintenant été reconnue comme étant voisine de la Terre, même si elle est située assez loin du centre du système solaire. La série d'impacts physiques qu'a ainsi reçus la partie opposée de Jupiter a influé sur l'ouverture de ce que vous appelez la psyché humaine, tout comme vos spectaculaires expéditions spatiales d'il y a quelques années menant aux alunissages ont fait passer les humains d'une perception égocentrique à une prise conscience que la Terre vit et se meut dans l'espace. De fait, cette nouvelle perception de la Terre vue de la Lune, semblable à un vaisseau spatial en orbite, a permis le lancement de la phase suivante du processus d'éveil de la conscience galactique. Les humains ont vraiment commencé à saisir que la planète Terre est un bien précieux méritant d'être sauvegardé même de leur propre cupidité inconsciente et de leurs pratiques abusives.

Cet épanouissement ascensionnel de la conscience de groupe planétaire à la vérité voulant que Dieu possède maintes résidences dans l'espace est devenu le fondement de la prochaine compréhension requise, à savoir que la Terre fait aussi partie d'un système solaire et comporte de proches voisines. Les planètes avoisinantes peuvent exercer une influence aussi bien positive que négative sur la Terre, en fonction d'autres facteurs sur lesquels les humains de la

Terre n'ont aucun contrôle! Cette phase de prise de conscience que des liens vous unissent au plan physique à d'autres planètes est un élément crucial à votre acceptation de responsabilités galactiques en tant que membre d'un système solaire. Ainsi, en moins de 20 années, la famille humaine terrestre s'est découverte, via les voyages de ses astronautes et ses instruments scientifiques, comme vivant sur une planète orbitant dans l'espace, une planète au surplus entourée de voisines planétaires.

En outre, vous avez maintenant vu de plus près que jamais auparavant l'une de ces voisines solaires, Jupiter, et ceci précisément au moment où elle était affectée par des circonstances échappant à son contrôle. Cette observation est d'une importance vitale à la perception et la compréhension que vous avez de vous-mêmes en tant qu'habitants d'un système solaire placé sous l'égide de la galaxie. Il est parfaitement clair, par conséquent, qu'avec le bombardement de fragments de comète qu'a subi la face opposée de Jupiter, un bombardement d'une force si colossale qu'il aurait été catastrophique même pour votre propre planète, vous avez acquis une indispensable perspective sur vous-mêmes en tant qu'habitants planétaires vivant dans un système solaire qui peut subir l'influence d'événements et de circonstances externes, et même galactiques, échappant à votre contrôle.

Avez-vous soupçonné que les émissions provenant de ces fragments de comètes ont libéré, en frappant Jupiter, des forces que la plupart des habitants de la Terre auraient de la peine à reconnaître? Permettez-moi d'en identifier simplement une fort importante, de nature physique, à savoir une <u>émission de gravitons</u> ou une influence énergétique ayant possiblement rapport avec le maintien de l'équilibre de la planète Terre ce qui, espérons-le, évitera un changement d'axe des pôles. Ces énergies de même que certaines autres peuvent être utilisées pour favoriser la réparation du trou dans la couche d'ozone de même que le rétablissement plus tard du firmament de la Terre. Les royaumes spirituels supérieurs, et ces êtres interdimensionnels que vous appelez les extra-terrestres, peuvent utiliser ces émissions de gravitons pour contribuer au réalignement de la Terre, et à celui de votre système solaire, et aussi exercer une influence s'étendant bien au-delà! La collision d'une comète à la surface de Jupiter a également eu pour conséquence d'attribuer une qualité jovienne aux émissions d'énergie qui vous entourent, permettant de nouveaux lendemains grâce à l'utilisation de la sagesse et de l'amour universels.

L'expérience de l'énergie de Jupiter accentue également un puissant appel lancé par l'archange Michaël pour un plus grand éveil de votre spiritualité, et ceci représente une proclamation messianique de la plus haute importance! Tout comme pour la naissance de l'enfant Jésus et de nombreux autres événements religieux et spirituels qui sont devenus des faits historiques marquants dans la psyché humaine terrestre, cet événement sur Jupiter a mis en évidence un grand messager et protecteur — un messie universel et galactique. Ce messie nouvellement honoré et guidé par Dieu est celui connu comme étant l'archange Michaël, qui rappelle aux humains sur Terre que le véritable but de leur existence est de retourner dans les dimensions supérieures des cieux où il lance de nouveau un appel à toutes les légions de la lumière en faveur de la coopération dans la camaraderie et le service.

Aussi je vous demande de regarder ma présence messianique sur Terre il y a 2 000 ans comme étant le signe précurseur de cet événement relié à l'archange Michaël en 1994, et de prendre conscience que tous les êtres de lumière dans ce système solaire et dans cette galaxie sont appelés à retourner d'où ils viennent. Le seigneur Michaël, fils du divin Père/Mère universel, lance une nouvelle fois l'invitation à la planète Terre et à ses serviteurs de la lumière d'entendre l'appel à l'éveil solaire et galactique!

Conscient que mes exhortations répétées à employer positivement ces influx d'énergie sont difficiles à formuler en des termes compréhensibles pour votre expérience mentale, plusieurs illustrations sont proposées pour démontrer comment ces énergies peuvent être comprises par la famille humaine, tout particulièrement par les serviteurs de Dieu. Veuillez donc vous reporter à *l'illustration #1.*

Imaginez-vous être un observateur situé loin dans l'espace, regardant en direction de la région de l'espace que vous désignez sous le nom de système solaire. Vous pouvez voir un mouvement de rotation circulaire au sein duquel se trouvent le Soleil, entouré de quatre petites planètes proches appelées Mercure, Vénus, la Terre et Mars, et ensuite, plus loin sur le plan orbital, cinq planètes dont la plus proche — et la plus grosse — s'appelle Jupiter. Vous pouvez alors voir qu'en un certain sens la Terre est située entre le Soleil et cette immense planète, Jupiter. Les deux exercent une influence sur la Terre.

En plongeant dans Jupiter, les fragments de la comète libérèrent maintes émissions peu communes, certaines d'entre elles ayant des effets physiques, mais d'autres étant pour ainsi dire plus subtiles et spirituelles. Notez que ces émissions se propagèrent dans l'aura — ou les multiples champs d'énergie — de la Terre, traversée également par les rayons de l'astre solaire. Puisque les rayons du Soleil vous sont familiers, vous savez le pouvoir qu'ils ont sur la vie telle que vous la vivez. Jupiter émet donc des ondes énergétiques supplémentaires qui, même si elles sont invisibles, affectent la Terre, l'humanité et toutes les formes de vie. De fait, Jupiter est un soleil éthérique nouvellement formé émettant de subtiles énergies spirituelles à travers votre système solaire et vers les matrices galactiques sous la gouverne des grands archanges. Jupiter est une source de précieuses qualités qui sont maintenant utilisées pour saturer et stimuler la conscience supérieure autant des êtres éveillés que non éveillés sur Terre et bien au-delà. C'est un grand ami débordant de dons d'inspiration immanents.

Comme Jupiter est une chose vivante, elle possède une nature reconnaissable, un ensemble de qualités, à l'image

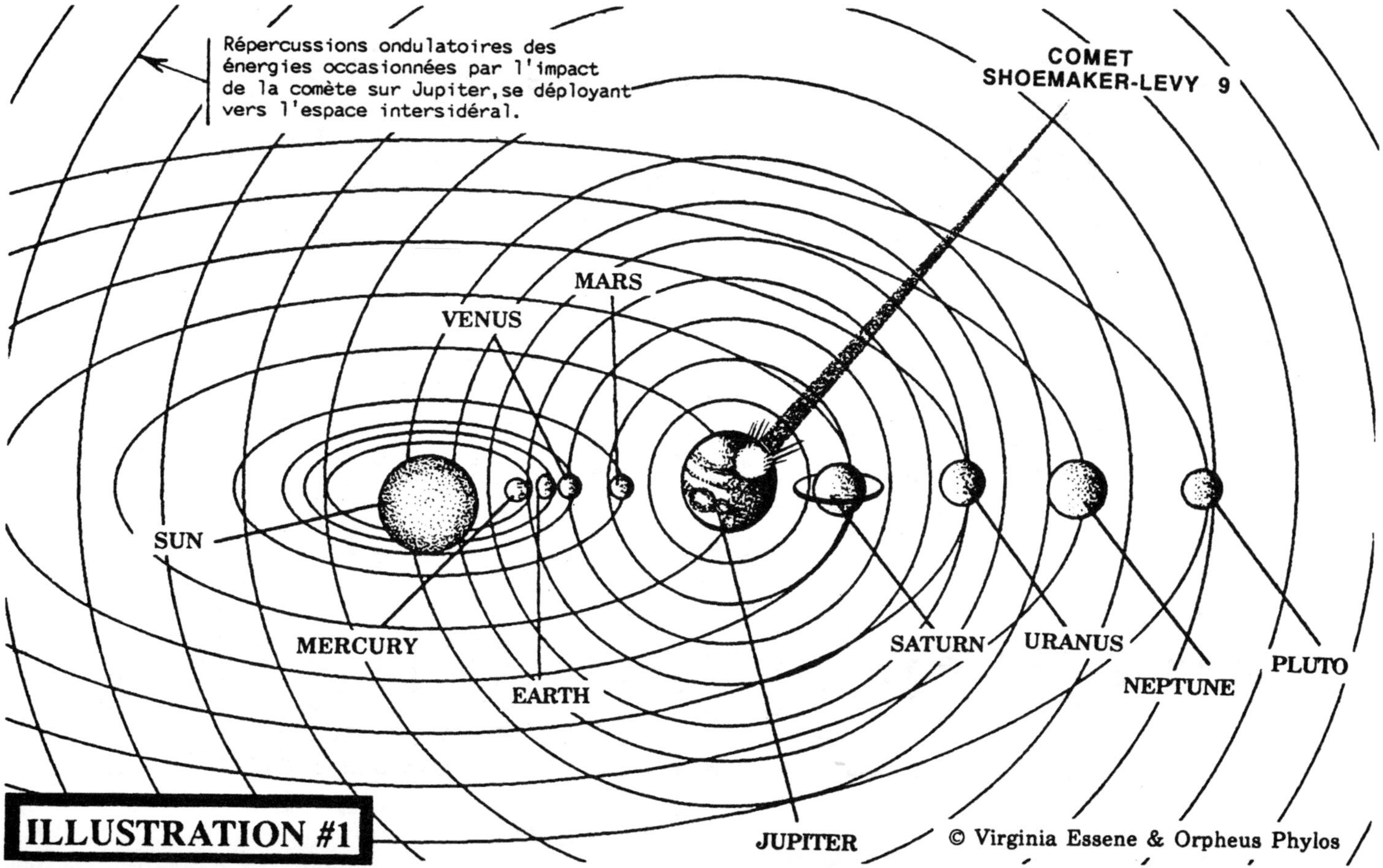

ILLUSTRATION #1

des humains et des animaux. En bref, Jupiter représente la capacité de faire l'expérience d'opportunités nouvelles et d'entreprendre des choses à l'aide de la sagesse cosmique, d'idées et de concepts universels. Sa nature en est une de grande expression créatrice menant à la réalisation de soi! L'influence de Jupiter contribue par conséquent à une plus juste compréhension de la philosophie divine et de la conscience spirituelle qui peuvent aider à transformer l'ignorance et le doute en des vibrations d'amour élevées. Partout où l'épanchement d'énergie de Jupiter enlace d'autres vies, il dépose cette énergie stimulante. Ainsi la noble influence de Jupiter ne présage que des aspects positifs pour vous sur Terre, sans compter le pouvoir additionnel que lui confère le feu du Soleil.

Veuillez considérer le fait que l'ensemble de votre système solaire est présentement élevé à un niveau vibratoire supérieur par une onde d'énergie, une sorte d'intrusion ondoyante de fréquences vibratoires (un son que vous ne pouvez entendre mais qui néanmoins existe). Cette collision de la comète avec Jupiter a libéré des énergies qui redressent l'alignement du système solaire vers des desseins plus élevés, vous amenant de l'état d'illusion où vous vous trouvez toujours à la plus juste réalité dont cette dimension plus basse est le reflet — une réalité vers laquelle vous aspirez à retourner puisqu'il s'agit du véritable monde spirituel intérieur d'où vous provenez.

Je vous prie maintenant d'examiner *l'illustration #2* qui montre les énergies combinées du Soleil et de Jupiter focalisées dans un champ cristallin invisible. L'influence de ce nouveau champ modifie la trame du quadrillage énergétique terrestre de sorte qu'il puisse passer à un quadrillage cristallin à environ 20 facettes. Il améliore également son système de chakras de sorte qu'il y en ait 13, et ceux-ci seront désormais ajustés à l'intérieur, ou intégrés au sein de ce plus vaste quadrillage cristallin. En d'autres termes, ces subtiles énergies combinées du Soleil et de Jupiter ont entamé la préparation d'une identité et d'une réalité dimensionnelles supérieures pour votre Terre-Mère.

ILLUSTRATION #2
(part.1)

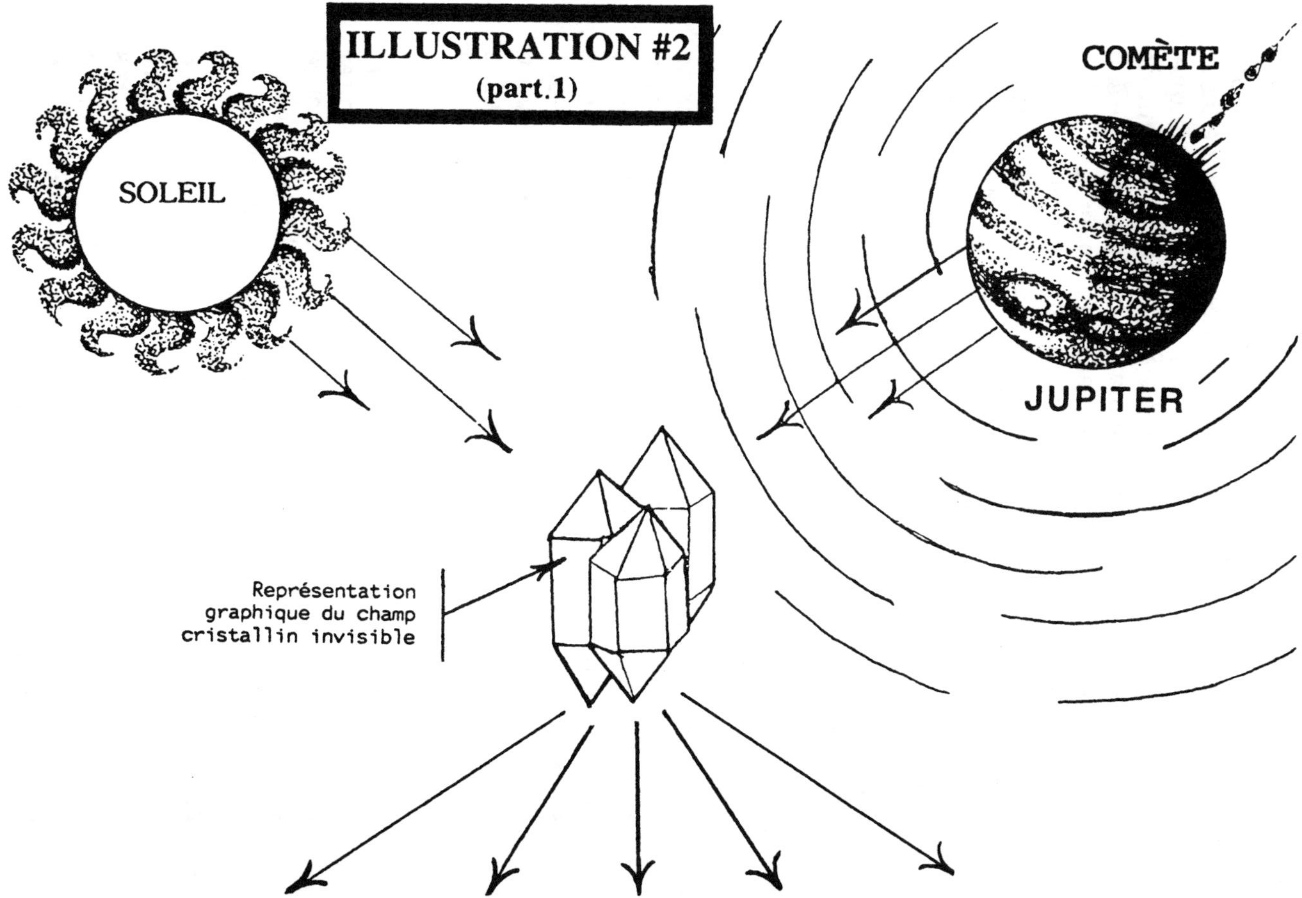

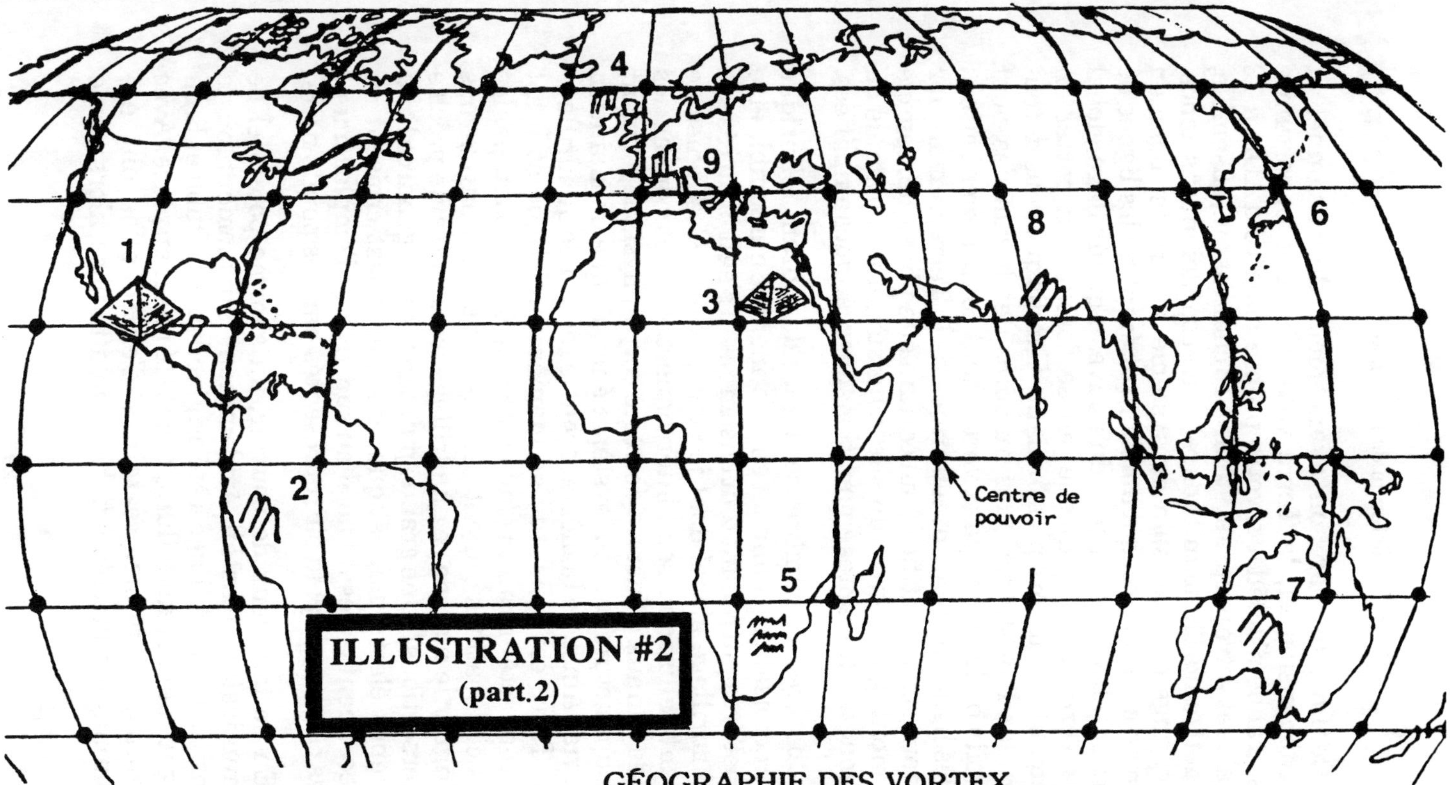

GÉOGRAPHIE DES VORTEX

1. MEXICO/YUCATAN
2. AMÉRI. SUD/ANDES
3. ÉGYPTE/PYRAMIDE
4. ANGLE./STONEHENGE
5. AFRI. DU SUD/KALAHARI
6. CHINE/MER DU SUD
7. AUSTRALIE/MONTS AYRES
8. INDES/HIMALAYA
9. GRÈCE/DELPHE

De fait, de par son avancement dimensionnel et interdimensionnel, la Terre vous offre une opportunité plus grande d'accéder à votre propre matrice d'ADN à 12 spirales et votre propre système à 13 chakras qui, ensemble, permettront à l'humanité de retrouver sa pleine conscience. Un changement au sein du système solaire est donc en train de se produire, qui améliore et amplifie les lignes de courant tellurique au sein du nouveau quadrillage global de la Terre de sorte qu'elle puisse dorénavant porter un vêtement de lumière plus brillant. Tandis que vous découvrez (sur l'illustration) les numéros de chacun des neuf endroits où les principaux vortex sont couramment situés sur les lignes de courant tellurique de la Terre, remarquez que tous sont identifiés à un certain site physique, comme une montagne sacrée, un site religieux, une pyramide ou une zone de puissantes émanations énergétiques amplifiées.

Observez les nombreuses lignes de courant tellurique s'entrecroisant et comment elles forment ce qui semble être un vaste réseau reliant tout ensemble. Il s'agit là du réseau de quadrillage global dont je vous parlais. Ces lignes de courant tellurique sont interconnectées tout comme les grands canaux d'énergie de votre corps physique forment en acupuncture un seul système énergétique de maintien de la vie. Ainsi, de la même façon, le réseau de quadrillage de la Terre est constitué de manière holistique et il est interconnecté en raison d'un vaste plan mis au point par les sages civilisations qui ont précédé la vôtre. Pouvez-vous distinguer le plan de ce quadrillage avec sa trame précise d'intersections? Une grande puissance est engendrée là où les lignes électromagnétiques d'est en ouest croisent ou entrecoupent celles du nord au sud. Notez l'emplacement de ces centres de pouvoir représentés par des points noirs.

En de tels lieux de pouvoir, un énorme potentiel de communication existait évidemment au moment où le dispositif du quadrillage a été originellement établi et là où les lignes de courant tellurique ont été mises en place. Avec le temps, toutefois, certaines d'entre elles ont été endommagées ou irrémédiablement affaiblies, alors même que vos propres codes mutants d'ADN devenaient incapables de générer la pleine puissance et la pleine conscience. Heureusement, cependant, avec le retour messianique de l'archange Michaël, utilisant les merveilleuses fréquences vibratoires de Jupiter, presque tous les centres de pouvoir sont remis en état afin d'aider l'humanité à recouvrer ses anciens dons psychiques et spirituels tels la télépathie, la guérison énergétique, la clairvoyance, la clairaudience, et ainsi de suite.

En fait, lorsque commença l'arrivée des énergies joviennes, les vibrations accrurent la fréquence de nombreux points du quadrillage énergétique, tout particulièrement celle de plusieurs lieux dormants situés dans l'hémisphère sud, dont notamment l'endroit inactif que vous appelez le Pôle Sud. Celui-ci sera maintenant vitalisé afin de ramener l'équilibre avec le Pôle Nord plus actif, pour qu'une plus grande capacité de communication spirituelle contribue à une accélération de l'activité interdimensionnelle avec vos guides et enseignants célestes, et avec la quintessence des fréquences supérieures.

J'espère, mes bien aimés, que vous saisissez maintenant toute l'importance que la collision de la comète avec Jupiter a pu avoir pour le système solaire, le système de quadrillage énergétique de votre planète, et pour la guérison de l'ADN de votre propre corps. Par maints aspects fort intéressants, votre propre champ aurique et le système de chakras maintenant en expansion deviennent de plus en plus équilibrés, ce qui, avec les techniques de méditation appropriées, peut contribuer à accélérer votre ascension. C'était là un important message lors de ma visite sur Terre il y a 2 000 ans... et ça l'est toujours aujourd'hui.

Lorsque vous examinerez *l'illustration #3*, veuillez observer que tout comme la planète Terre est influencée par ces énergies d'ascension subtiles et physiques, de même votre propre corps physique est également alimenté et rechargé afin que s'effectue la transformation de l'ADN que votre âme a ardemment désiré accomplir. Pouvez-vous sentir mes bien-aimés l'influx de ces énergies bénies?

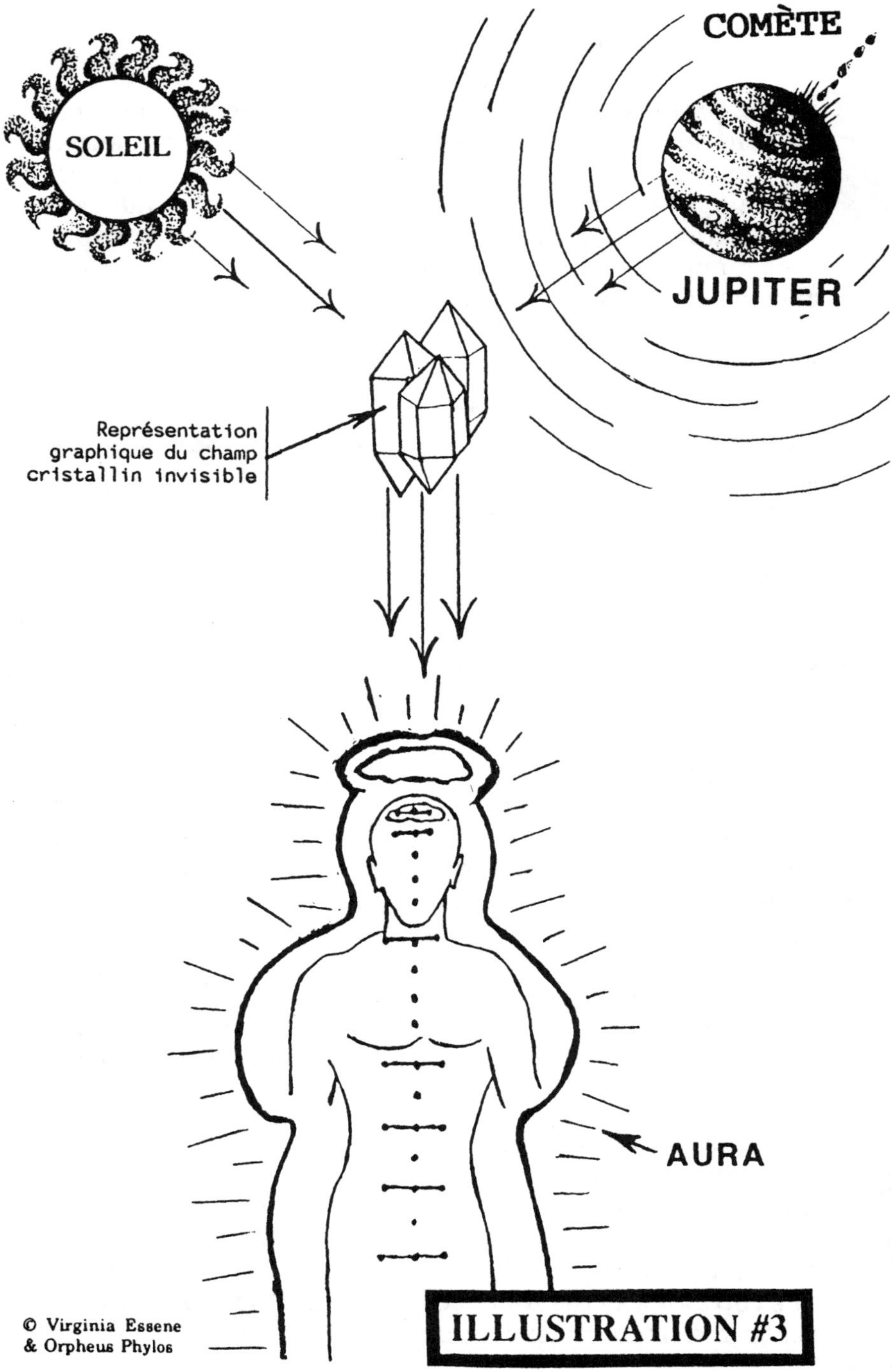

ILLUSTRATION #3

Que vous les sentiez ou non, vous devez continuer avec une aimable intention de mener une vie positive et réfléchie consacrée à votre Créateur et à tous les représentants élevés de notre Dieu Père/Mère — et pas uniquement au Jésus d'autrefois. Pas plus d'ailleurs que sous les autres noms que certains m'ont donnés, tel Sananda par exemple. (Comme les autres civilisations humaines galactiques me connaissent dans leur propre langue, qu'ils soient de la Lyre, de Véga, des Pléiades, d'Orion, d'Arcturus ou de Sirius, mes divers noms pourraient être source de confusion.)

Cette vie réfléchie, positive que je vous recommande peut s'appuyer sur l'information prophétique dont dispose présentement l'humanité — de l'information qui ne se trouvait pas dans les premiers livres de la Terre, comme la Bible — mais qui nécessite votre discernement! J'applaudis certainement au fait que vous consentiez à croire que votre Créateur et les enseignants, maîtres, et prophètes, tous porteurs de la lumière, ne vous ont pas abandonnés, mais sont maintenant revenus afin de préparer la voie de votre libération de la mort physique par l'ascension à la pleine conscience, tout comme ils l'ont fait à l'époque décrite dans la Bible.

Bien que je ne puisse l'ordonner, je vous recommande avec insistance et ferveur d'entreprendre ou de poursuivre plus ardemment votre travail de recueillement intérieur, que ce soit par la méditation, la prière, la contemplation, le jeûne, la musique inspirée, les arts, le mouvement, les rituels, le chant scandé, le contact avec la nature ou une combinaison de ces expériences positives. Faites-le à chaque jour! afin que votre personnalité humaine soit purifiée et délivrée de ses attitudes et actions limitées, et que votre âme devienne réceptive à ce qui vient de ces niveaux du ciel que vous aspirez à atteindre. C'est ainsi que par une disposition d'esprit et une expression de votre être plus imprégnées d'amour — dont j'ai tenté jadis de faire la démonstration — vous parviendrez à créer votre propre lien de communication avec le ciel, ce qui rapprochera l'heure de l'ascension.

Dans le prochain chapitre, je parlerai de deux autres méthodes possibles pour parvenir à l'ascension : la lumière photonique ou une méga-cellule de conscience, et aussi l'ascension par l'alchimie.

En attendant, rappelez-vous que vous êtes nés de l'amour et de la sagesse, mes frères et soeurs bien-aimés, et que reçonnaître ce fait et s'y identifier est un grand gage de paix. À présent, puisse le Créateur bénir votre conscience et l'élever dans les pâturages sacrés, au-delà des limitations de la Terre, afin que tous nous séjournions ensemble là où notre destinée a voulu que nous soyons... dans l'unité!

Puissiez-vous être à tout jamais heureux. Amen et amen.

Chapitre 11

VOTRE HÉRITAGE NATUREL RECOUVRÉ

Avant de poursuivre notre propos au sujet de l'ascension, j'aimerais vous rappeler que l'une des choses les plus difficiles à faire pour un être humain est de se connaître lui-même ou elle-même, ce qui explique pourquoi toutes les religions et toutes les philosophies ont exhorté leurs fidèles à mettre en pratique la célèbre maxime : « Connais-toi toi-même ». Vous me permettrez alors de vous rappeler une fois de plus que le but de votre présence sur Terre est de découvrir qui vous êtes, qui sont les humains, et ensuite de suivre sans déviation ni compromis votre dessein personnel et humain. Mais il est bien sûr possible que cette remarque soulève un certain étonnement en vous puisqu'il est exigeant et souvent difficile de persévérer, vous en conviendrez. Cela peut s'avérer un défi particulièrement formidable lorsqu'il vous arrive de ressentir une certaine incertitude à votre sujet, face aux autres et à leurs mobiles, et face aux circonstances externes où vous vous trouvez plongés en vivant sur cette planète. Même si j'ai déjà abordé cette question dans un précédent chapitre, j'aimerais approfondir le sujet parce qu'il est absolument essentiel à votre processus d'ascension et qu'il représente un aspect important de vos circonstances actuelles en tant qu'êtres spirituels sur la planète Terre. Il est en outre nécessaire pour les humains d'apprendre qui ils sont en tant qu'espèce galactique.

Tout comme je vous ai demandé de vous rappeler qui vous êtes et qui sont les humains, je souhaite également vous faire connaître qui était celui que vous appelez Jésus. Il est vital que vous ne reteniez pas de moi une image ou un stéréotype issu du passé et rapporté par erreur dans plusieurs descriptions et commentaires de la Bible, même s'ils étaient somme toute bien intentionnés. Les perceptions passées que l'on retrouve dans ces récits comportaient certainement des éléments de vérité — comprenez bien ici que je ne le nie pas. Mais je vous demande de mettre un terme aux discussions frivoles portant sur la couleur de mes cheveux et de mes yeux, sur ma taille et mon poids, au sujet de mon nom, et ainsi de suite, et de prendre conscience que vous pouvez mieux me connaître aujourd'hui par la lumière et le son, et par la vibration d'amour que nous partageons, plutôt que par mon apparence physique et les perceptions erronées du passé.

Je suis venu sur Terre pour offrir un modèle d'amour, et Jésus était un nom simple et peu compliqué pour cette fin. Je crois que le choix de ce nom a facilité mes contacts avec les gens ordinaires de cette époque, permettant ainsi au pardon, à la décence et à l'espoir de s'épanouir. Ce nom évoquait le réconfort, l'amitié et la capacité d'offrir un enseignement franc et sans détours, tout comme dans les paraboles et les béatitudes qui, pour la plupart, sont encore assez fidèlement rapportées dans la Bible aujourd'hui. Je ne recherchais pas la vénération alors, pas plus que je ne le fais aujourd'hui. Mon enseignement spirituel est toujours franc et sans détours et, je l'espère, utile pour ceux qui l'entendent, car j'aspire sincèrement à apporter le réconfort, l'amour et l'espoir en cette période d'éveil.

Comme la plupart des humains de la Terre ne peuvent me voir tel que je suis aujourd'hui, vos principaux symboles religieux montrent principalement ma mort ou un corps souffrant sur une croix de douleur — un symbole du passé qui ne peut que susciter la peine et la culpabilité. Libérez-moi donc de la mort en reconnaissant le Jésus ressuscité, le Christ Jésus vivant présentement. Je me suis servi du nom du Christ en page couverture de ce livre simplement afin d'attirer votre attention vers une puissante énergie se trouvant à votre disposition. C'était cette énergie christique qui devait descendre du royaume des anges pour incarner l'esprit dans la chair, et exprimer ce que vous appelez la « pensée divine ».

Le mot Christ signifie la pensée divine qui est votre héritage et votre seule façon d'être guidés par inspiration divine et d'être guéris au plan moléculaire afin qu'un jour vous puissiez recouvrer votre pleine conscience, perdue depuis si longtemps déjà. Cette pensée divine, engendrée par le Créateur, gouverne le lumineux royaume des cieux, celui des anges, celui des âmes et celui des galaxies. Puisque l'espèce humaine fait partie du royaume galaticque, et qu'on lui a accordé l'autorité nécessaire pour s'occuper des lieux physiques du monde matériel en de nombreuses dimensions et régions, ceux qui ont dévié de ce rôle peuvent certainement l'assumer de nouveau! C'est pourquoi je suis venu sur Terre, afin de vous rendre la mémoire et vous aider à ouvrir votre coeur à ses plus hautes fréquences d'amour, de bienveillance et de compassion. Ce faisant, vous recevrez à nouveau votre héritage Maternel/Paternel et l'abondance de ses richesses vibratoires aux couleurs de l'arc-en-ciel. Un 'détour' n'est pas nécessairement définitif ou inéluctable, mes bien-aimés, si l'on observe et respecte les 'panneaux de signalisation'.

Alors, qu'est-ce que je vous demande de faire au juste dans notre relation? Lorsque vous pensez à moi comme étant celui qu'on appelle Jésus ou le Christ Jésus, chassez de votre esprit toute perception, opinion et croyance antérieures quant à mon apparence, et commencez à vous en remettre au son pour accueillir ma présence dans votre vie. Plutôt que de me concevoir comme une personne distincte ayant vécu il y a fort longtemps, invoquez-moi à l'aide de sons exprimant le fait que je suis vivant, aujourd'hui, au sein des Rayons d'Or et d'Argent de notre sublime Créateur. En utilisant le son, vous reconnaissez que j'ai en moi la volonté, la pensée et la puissance de l'Esprit Saint. De ce fait, la trinité existe en moi, tout comme vous faites partie de cette trinité si vous voulez qu'il en soit ainsi. En acceptant le pouvoir de choisir de faire appel à l'Esprit Saint dans votre vie, aujourd'hui — c'est-à-dire précisément ce que je vous demandais jadis de faire — vous quittez le monde de la dualité et de la séparation pour vous ouvrir à l'influence de perspectives plus élevées, tout comme je fis autrefois.

En vérité, permettez-moi de reconnaître que lors de ma venue sur Terre, c'est le bien-aimé archange Michaël qui me vint en aide. J'aimerais donc que vous entendiez ses propres paroles au sujet de cet événement de sorte que vous puissiez comprendre que vous pouvez vous aussi être guidés à partir d'un plan spirituel beaucoup plus élevé que ce que vous pouvez imaginer à cet point-ci de votre évolution. Car de par ce que j'ai accompli, la matrice du « second avènement » a été mise en place afin que vous puissiez suivre la voie toute tracée... pour vous.

Comme il est difficile d'expliquer par écrit la prononciation exacte de la salutation que j'aimerais vous entendre utiliser lorsque vous pensez à moi, essayez de votre mieux de dire AH ZOUH NAIGH (en accentuant brièvement le NAIGH). En prononçant ceci, vous emploierez une salutation connue de vos frères et soeurs galactiques dont la planète d'origine est Sirius B. Ces personnes vivant sur le plan physique sont plus proches de vous dans la galaxie que toute autre espèce humaine — n'étant qu'à 8.6 années-lumière de la Terre — alors que les Pléiadiens, par exemple, sont à plus de 400 années-lumière de vous. Si vous voulez bien examiner une carte illustrée de la Voie Lactée, votre galaxie, et trouver le bras ou la ramification du nom d'Orion, vous remarquerez que la Terre est à plus courte distance de certains humains galactiques dans cette zone qu'elle ne l'est du Soleil Central se trouvant à quelque 30 000 années-lumière de distance. (Il n'existe pas pour nous d'années-lumière comme vous l'entendez, il n'y a que des mesures d'hyperespace; mais j'utilise ici un terme que vos actuels esprits scientifiques comprennent.)

Des renseignements de localisation plus précis sont expliqués et illustrés dans le livre You Are Becoming a Galactic Human.

Je vous demande de dire AH ZOUH NAIGH lorsque vos pensées se tourneront vers le Créateur et vers moi. Si vous ne pouvez faire ce que je vous ai suggéré, Jésus l'acceptera tout de même pour autant que vous soyez centrés sur l'ami, l'enseignant vivant — le Jésus ascendé. Puisque nous nous aimons mutuellement, Jésus le fera. Les Conseils de la lumière répondront toujours à ce nom aussi longtemps que vous serez dans cette dimension inférieure où l'usage d'un titre altier n'est ni requis, ni attendu.

AH signifie que vous faites appel au JE SUIS (ou à l'intention, la volonté originelle).

ZOUH reconnaît le pouvoir de création (ou la « pulsation du temps »).

NAIGH est l'énergie de création physique qui suit le spirituel dans la forme manifestée.

Par ce son AH ZOUH NAIGH, vous reconnaissez le Créateur et les aspects reliés aux Rayons d'Or et d'Argent qu'il amène dans vos dimensions de vie. Le Rayon d'Or est la conscience cosmique ou la vibration de communication de l'esprit universel — ce que vos Égyptiens désignaient par « l'oeil qui voit tout ». Le Rayon d'Or active la sagesse et la vérité éternelles dans toutes les dimensions et toutes les sphères, incitant les cohortes d'anges à stimuler et inspirer les âmes assoupies et inconscientes afin qu'elles puissent à nouveau connaître la Loi de l'Unique — la vérité éternelle et les philosophies de lumière. La Conscience Christique sert le Rayon d'Or en élargissant le cercle de lumière et en créant l'unité entre les âmes afin que tous les esprits soient unifiés en un seul dessein harmonieux, dans l'ensemble des dimensions.

Veuillez prendre conscience que votre frère, Jésus, est un être oint du Christ qui n'aspire qu'à vous faire entrer dans le cercle de lumière et au sein de groupes d'âmes plus avancées, afin de transmettre la connaissance et d'activer l'éternelle étreinte de l'amour de la paix et de la grâce. Depuis que l'influence du Rayon d'Argent a été amplifiée dans cette dimension par le passage de la comète Halley près de la Terre en 1985-86, son but a été de montrer à l'humanité comment se guérir elle-même. Ceci est accompli par l'apport d'une puissante énergie divine d'auto-guérison et d'auto-harmonisation dont tous doivent se servir pour se purifier et se guérir en vue de l'ascension prochaine. Ainsi, mes bien-aimés, je suis aujourd'hui au service des grands Rayons d'Or et d'Argent, tout comme j'espère que chacun d'entre vous désire l'être, afin que l'objectif fondamental de la guérison de l'humanité et de la planète Terre puisse nous unifier.

Peut-être comprendrez-vous que pour venir jadis au sein de la négativité qui avait cours sur Terre, afin d'éveiller et d'inspirer l'humanité et de l'aider à se rappeler de son rôle dans le plan du Créateur, j'avais besoin de soutien pour accomplir ma tâche. C'était ma relation au plan énergétique avec l'archange Michaël (Mikaël) qui a donné force et puissance à ma vie terrestre et permis ma résurrection finale. Il s'agit, bien sûr, du même grand être qui s'est maintenant manifesté pour appeler tous les êtres de la galaxie à revenir au sein du cercle de lumière, rappelant à chaque âme que le temps est venu de faire un choix entre la lumière ou l'obscurité.

Le seigneur Michaël est porteur de la Flamme bleue de transmutation, composée de rayons ultra-violets, infra-rouges et gamma, ainsi que de toutes les autres fréquences d'énergie électromagnétique, bien au-delà de votre spectre visible. Ces composantes de la Flamme bleue sont mieux décrites comme étant des aspects créateurs du grand Soleil Central de cet univers — pas seulement de votre Soleil Central galactique — qui émet maintenant un faisceau ardent afin de hâter tous les âmes à se rallier aux légions de lumière. En raison du renforcement actuel des énergies mises en jeu par le seigneur Michaël, des voix et des accords harmonieux s'élèvent des choeurs angéliques célestes afin d'inonder d'un amour rayonnant l'humanité, la planète et toutes les formes de vie à sa surface. Ceux qui occupent les mondes intérieurs et les autres plans d'existence sont également touchés. De fait, les êtres doués d'une conscience plus élevée se réjouissent de ce qu'il accroît la puissance de la convergence harmonique de la relation espace-temps dans la galaxie et l'univers, et pas seulement celle de la Terre et de votre système solaire.

Ainsi, nous, résidents des cieux, sommes beaucoup mieux préparés pour contribuer à votre bien-être que cela n'a été le cas depuis des milliers d'années, et ce tout particulièrement depuis l'impact, en juillet 94, des fragments de la comète sur Jupiter. (Voir les précédentes illustrations en ce qui a trait aux effets de la comète sur Jupiter.) Par conséquent, j'ai demandé à notre bien-aimé seigneur Michaël de vous expliquer de quelle façon lui et les anges peuvent aider ceux qui séjournent dans un corps humain, en décrivant comment il m'a apporté son aide au cours de mon propre séjour terrestre.

Avant de poursuivre avec mes propres observations, je vous demande donc de bien vouloir inspirer profondément pendant quelques instants, tandis que vous vous préparer à accueillir l'archange Michaël. Puis, demandez-lui de partager avec vous la perception qu'il a de la façon dont il est venu m'aider au cours de mon incarnation physique sur Terre.

MESSAGE DE L'ARCHANGE MICHAËL

Mes salutations à toi, bien-aimé être de lumière.

Je suis l'archange Michaël, Christ de votre univers, amenant mon énergie protectrice par l'entremise de la Flamme bleue de transmutation, afin de neutraliser la négativité à tous les niveaux au sein des plans ou dimensions où vivent des entités, partout en cet univers. Je viens pour restaurer la vie et ramener l'équilibre aux âmes qui sont prêtes à faire naître la flamme (vibration} de l'ascension et à retrouver la paix. Dans cette évolution, je rassemble ceux qui ont atteint l'état christique dans leur perfection de l'esprit, afin d'élever et de créer d'autres mondes. Je viens pour rétablir l'équilibre afin que le Créateur vivant puisse voir sa propre réflexion personnifiée à travers toutes les légions de lumière qui règnent dans tous les royaumes du ciel, des anges, de l'esprit, des âmes et des galaxies.

L'élément dont je me sers pour transmuter la négativité et superviser l'univers réside dans la capacité du feu, du point de vue de l'énergie du proton, de l'électron et du neutron, prenant sa source dans le Soleil Central. Cet aspect du feu se manifeste aussi à travers les champs électromagnétiques des contre-courants des divers systèmes de codage de fréquences — la couleur, la lumière et le son. Ce dernier est le langage universel des domaines spirituels. Le Soleil Central de l'univers représente symboliquement le Créateur vivant, qui n'est qu'une personnification de lui-même dans sa propre énergie exprimée afin que tous le voient. Ce Créateur est beaucoup plus vaste que tout symbole connu ou donné à l'homme, ou connu au sein des nombreuses dimensions intérieures, et même si ses nombreuses créations expriment sa puissance, aucun de nous cependant ne peut contempler ou voir le Grand Tout-Puissant.

Néanmoins, en raison de la Sainte Trinité, il y a une clé permettant à toutes les âmes d'obtenir ce qui est esprit, pouvoir et volonté. Par l'utilisation de cette clé, toutes les âmes peuvent trouver leur chemin pour retourner à la Source à partir de laquelle elles se sont séparées pour devenir les multiples formes et expressions dans tout l'Omnivers de l'Unique. Pour ceux du sein de la trinité qui choisissent de s'opposer, ou de s'isoler dans la dualité —tels ceux appelés Satan, sans lumière, ou malin — certaines limitations dimensionnelles cristallines, barrières, ou quadrillages énergétiques ont été créés pour confiner le Prince des ténèbres sur Terre. Par exemple, un quadrillage énergétique appelé angles du tétra fut créé au moyen d'un cordon ou fil d'énergie cristalline géométrique.

Ce quadrillage de lumière entoure présentement l'atmosphère de la Terre telle une clôture ou frontière jusqu'à ce que les épreuves de l'apprentissage aient été passées ou réalisées pour toutes les âmes, grâce à la flamme de l'ascension. Ce n'est que par une fréquence vibratoire positive que chaque âme pourra donc passer à travers cette frontière du quadrillage énergétique pour revenir au sein des royaumes supérieurs de lumière, tandis que les âmes négatives demeureront emprisonnées. De nombreux enseignants et saints hommes spirituels sont descendus dans les lieux sombres de la Terre afin d'y accroître la lumière et d'enseigner le processus d'ascension, mais comme les progrès ont été lents, un autre plan fut mis à l'essai. J'en ferai maintenant une brève description que beaucoup d'entre vous comprendront pleinement.

Afin d'apporter leur assistance à l'humanité, les grands seigneurs du temps se rassemblèrent et décidèrent que l'énergie de la Conscience Christique, porteuse de la pensée divine, enverrait un être sur Terre qui aurait un corps physique mais qui serait tout de même habité du souffle de la flamme divine. Demeurant ferme d'esprit, il montrerait au monde physique comment manifester l'amour en soi-même, et comment l'exprimer ensuite en pensées et en actions. Par cet exemple, la Loi de l'Unique serait enseignée et plusieurs progresseraient, en raison de sa démonstration, vers les régions plus élevées, ramenant ainsi des âmes sur la voie du salut. Conséquemment, un être appelé Micha fut désigné pour aller sur Terre et être ce maître de la pensée divine afin de rendre manifeste le summum du divin.

Cet être est connu de vous comme mon fils Micha (ou personnification) apparaissant sous l'énergie de la lumière éternelle en tant que Jésus le Christ (ce qui signifie Jésus la pensée divine de la lumière éternelle exprimée et manifestée dans la forme). Il devait marcher sur Terre, témoignant de la grâce de Dieu, de l'amour, de la lumière et de la loi de Dieu, afin que tous en soient témoins et suivent la voie ainsi tracée. Il devait donner une démonstration des pouvoirs de la lumière, et enseigner à l'homme comment découvrir le vrai sentier du Dieu vivant qui réside en chacun — connu également comme le Dieu Père/Mère. Comme il a été dit : « Ce n'est pas moi qui fais ces choses mais le Père (ou Dieu vivant) en moi. »

On me désigna pour demeurer au sein de la grâce éternelle — appelée la lumière divine en lui — et c'est ma voix qui l'aida à suivre la nature divine de son âme. Je vins à lui de maintes façons lorsqu'à travers lui s'exprimaient une vérité, une pensée inspirée et les dons qu'il montra à l'homme de la Terre. Je fus envoyé vers lui et apparus sous forme de la Sainte Colombe lorsqu'il fut baptisé par Jean le Baptiste, lui faisant ainsi don de la flamme éternelle du divin — ou comme on l'a affirmé, l'Esprit Saint qui est le souffle de Dieu. Cet esprit entra en lui, établissant un lien d'UNITÉ entre son incarnation physique, ses émotions, son mental et son âme. Je vins également pour l'aider et le guider à travers les épreuves de la séparation (incarnation terrestre) afin qu'il puisse avoir la force de demeurer uni à l'esprit divin tout en marchant sur Terre et en enseignant aux humains comment trouver la voie du royaume des cieux. Par ses démonstrations du pouvoir de l'esprit, nous espérions rétablir au sein de l'esprit humain le chemin du retour à la grâce éternelle de l'amour divin.

Plusieurs s'inquiétaient du fait que le message et l'exemple de Micha (le Christ Jésus) n'aient pas pénétré assez profondément dans les âmes endormies, prises au piège de la matière. Beaucoup craignaient que l'humanité ne s'éveille jamais pour revenir en sa demeure céleste. Nous avons pourtant persévéré au nom de toutes les âmes séparées de partout dans les royaumes galactiques, y compris celles de la planète Terre. Jésus et d'autres sont d'un soutien indéfectible pour vous et c'est sans relâche qu'ils demandent à tous les grands Conseils : « Aidez leurs âmes! »

Ainsi, tandis que la lumière vous parvient maintenant pour accroître l'intensité de vos énergies jusqu'aux fréquences vibratoires supérieures, vous devez faire le choix final de servir les buts du Créateur. Comme il y aura fort probablement une progression continue de la conscience dans l'ensemble de votre quadrant de la galaxie, l'attente pourrait s'avérer assez longue pour les âmes qui ratent cette spirale ascendante d'énergies positives! Par conséquent, faites votre choix de faire partie de cette présente spirale, mes biens-aimés! J'assignerai un guide/enseignant à chacun d'entre vous qui accepte. Agissez donc sans délai. Joignez-vous à nous maintenant!

Et qu'il est soit ainsi.

JE SUIS MICHAEL

* *

Jésus poursuit...

Maintenant que vous comprenez que les êtres négatifs ont été bannis par l'archange Michaël et confinés sur Terre sous un quadrillage de lumière sacrée d'une haute fréquence vibratoire, vous comprendrez pourquoi tant de gens semblent être dans un profond sommeil ici — ou même sont impliqués dans des actes cruels et malfaisants. Il y a eu une basse vibration qui ne favorise pas un comportement spirituel. Cependant, il y a en ce moment précis bien des âmes de lumière qui ont choisi de venir naître ici pour aider à établir une assise plus large pour la lumière, sachant que l'exécution d'un plan de réhabilitation souhaitée depuis longtemps était sur le point de se dérouler. Ils sont, en un certain sens, des enseignants célestes qui prendront part à la phase d'évolution humaine appelée « le second avènement ». La plupart d'entre vous lisant ceci, par exemple, font partie de ce groupe, ou vous êtes l'une de ces âmes désirant ardemment retourner au sein de la chaleur et du pardon du Créateur à l'aide du don sacré que j'ai appelé la grâce. Par conséquent, le seigneur Michaël, de nombreux anges, les Maîtres Ascendés et moi vous guiderons avec ferveur dans votre cheminement si vous en faites la demande.

Bien des fois ce commandement a été formulé, mes bien-aimés, « *Aime Dieu de tout ton coeur et de toute ton âme, ainsi que tes frères et soeurs, comme toi-même.* » C'est avec cette très ancienne vérité que je suis venu, comme bien d'autres, pour enseigner à chacun sur Terre que vous pouvez retrouver la plénitude de votre être grâce à la nécessaire transformation du coeur et par la mise en pratique des principes spirituels fondamentaux.

La population de la Terre est donc présentement composée d'êtres négatifs qui s'entêtent à poser des gestes malveillants et méchants... de ceux qui s'éveillent pour revenir à l'intégrité spirituelle après un long sommeil inconscient... et enfin de ceux qui ont volontairement offert leur lumière pour le salut de la planète Terre. C'est pourquoi on retrouve parmi vous une grande diversité de niveaux de conscience. Ceux qui sont sensibles à l'énergie peuvent effectivement voir, entendre ou sentir les divers degrés de conscience alors qu'ils vaquent à leurs occupations quotidiennes. La qualité de l'énergie d'attention que chaque personne dégage est évidente, telle une odeur facilement identifiable, soit de la puanteur, ou son opposé, un arôme délicat. Avec les nombreux apports d'énergie que nous offrons présentement à nos dévoués serviteurs de la lumière et aux nombreuses âmes en éveil qui aspirent ardemment à rentrer au bercail, l'équilibre de la décence et de l'honneur penche de plus en plus en faveur du ciel. Bien des gens savent que quelque chose d'exceptionnel est en train de se produire alors que le temps semble se contracter, créant un sentiment inhabituel d'urgence. Vous pouvez être assurés que l'appel final, l'avertissement de l'archange Michaël nous rappelant que tous doivent prendre une décision quant à leur engagement envers la lumière, s'ils souhaitent recevoir la grâce, ne fera qu'intensifier la fébrilité de chaque âme jusqu'à ce que s'accomplisse la promesse de l'adjonction d'un guide/enseignant à la suite d'une demande de votre part faite de plein gré!

En raison de cette offre pressante d'un retour et d'une résurrection possibles aiguillonnant chaque être de l'intérieur, maintes possibilités inhabituelles de manifestation surviendront. Cette stimulation est suscitée par le pouvoir amplifié des grands archanges venant de nombreuses dimensions, et tout particulièrement de Michaël. Votre avenir sur Terre est riche de probabilités incroyables et de potentialités fabuleuses! C'est dans cet état de perception ouverte et de renonciation aux croyances erronées que les miracles se produisent, mes bien-aimés.

Des miracles se produiront parce que chaque âme peut maintenant bénéficier de guides additionnels qui lui seront assignés, certains provenant de régions angéliques très élevées, afin de rendre l'ascension aussi agréable que possible. Pour ceux qui servent la lumière, et pour qui le travail de groupe devient leur mode de vie, des transformations exponentielles peuvent survenir. La question surgit donc tout naturellement, que peut-on faire pour se préparer au futur au milieu de ces circonstances extraordinaires? Peut-on espérer quelque sécurité des possessions matérielles, des comptes bancaires, d'un emploi, des pensions, et ainsi de suite?

Vos questions nous parviennent constamment; à chaque instant vous demandez : « Que devrais-je faire? Où devrais-je aller? » Vos prières, vos appels et vos requêtes n'en finissent plus. C'est pourquoi je m'empresse de mettre à jour le contenu de ce livre. Alors que vos âmes ressentent l'intensité de cette transformation spirituelle de la conscience, vos personnalités sont fréquemment accablées par la peur du changement. Ayant séjourné sur Terre, je peux comprendre ces émotions désordonnées auxquelles vous laissez le contrôle vos vies, ce qui, de ce fait, vous cause du tort ainsi qu'à autrui. La prescription pour se guérir de cette peur est entre vos propres mains et la guérison doit résulter de vos propres efforts et de votre propre introspection. Accordez votre amour et votre confiance au Créateur. Soyez à l'écoute de la petite voix intérieure qui vous guide et qu'il n'en tient qu'à vous de rendre manifeste. Consentez à faire ces choses que vous êtes guidés de l'intérieur à faire. S'il ne vous est pas encore arrivé de méditer, commencez immédiatement! Vous devez établir le calme en votre esprit pour entendre la voix de l'âme en vous et les sages guidances dirigées à votre intention par de puissants assistants angéliques.

Je vais maintenant répéter la prescription de base qui existe pour éliminer la peur au cours de votre séjour dans la forme humaine.

1. Vous devez savoir que la lumière de Dieu, de la bonté, du Créateur a formé le plan d'inciter tous les humains à revenir à leur maison céleste d'origine pour y vivre en paix, et vous y avez tous été personnellement et collectivement conviés.

2. Vous disposez d'excellents guides et enseignants tout autour de vous pour vous aider au cours de cette ascension hors de la négativité.

3. Il vous faut rechercher le silence et vous réserver des moments d'écoute méditative pour entendre leur guidance. La guidance ne vous parviendra généralement pas des sources dont vous dépendez présentement telles que la radio, la télévision, les journaux et les autres médias de communication—bien que nous ayons usé de notre influence pour les améliorer. Elle proviendra essentiellement du plus profond de votre âme, de votre intelligence spirituelle.

4. Vous devriez vous associer avec d'autres personnes partageant vos intérêts et vos intentions durant ce processus, de crainte d'être troublés par les vibrations négatives qui sévissent en cette période de l'évolution. De fait, la conscience de groupe est une importante base de soutien, de joie et de réconfort. Pour certains, cela voudra dire une église, un temple, un ashram, ou tout autre endroit propice à une intention de groupe positive comme un cercle hebdomadaire de méditation par exemple. Pour d'autres, cela voudra dire de vivre au sein de leur famille d'origine, ou avec un conjoint ou des amis partageant une semblable compréhension spirituelle et un même engagement à cet égard. De nouvelles familles et communautés spirituelles

fondées sur des convictions communes, la méditation et la manifestation de l'énergie de groupe sont de plus en plus chose courante et représentent une tendance d'avenir.

Naturellement, des êtres ayant autant de chance que vous disposent de tout un réseau de groupes de soutien pour vous aider à atteindre la pleine conscience à laquelle aspire l'humanité et dont elle a tant besoin. Comme je vous l'ai recommandé autrefois, « Lorsque deux personnes ou plus sont assemblées en mon nom, je serai présent au milieu d'eux. » Cela veut tout simplement dire qu'à chaque fois que deux personnes peuvent s'entendre pour être en harmonie et pour coopérer ensemble, le Christ — la pensée divine — est présent et disponible comme énergie exponentielle pour venir en aide pour quelque besoin que ce soit.

Aujourd'hui je vous recommande d'être uni en divine pensée avec une autre personne et puis de continuer ensemble en formant le plus vaste groupe harmonieux possible afin que sa matrice de lumière puisse entraîner une manifestation plus féconde et plus rapide. En cette époque, de petits groupes d'au moins 12 ou 13 personnes peuvent centrer simultanément leurs esprits dans une intention positive en vue de réaliser un but ou dessein commun, créant ainsi une manifestation de pouvoir aussi intense qu'un rayon laser. Des groupes plus importants sont encore plus puissants, cela va de soi, et par conséquent, lorsque vous réussissez bien en petits groupes, transposez vos talents dans des situations de groupes plus importants à chaque fois que cela est possible afin de maximiser votre pouvoir de manifestation.

Il est également possible maintenant de commencer à apprendre comment forger des consensus, autrement dit comment parvenir à un accord unanime en esprit. Même si certaines personnes, organisations et entreprises se servent de ce principe en certaines occasions, celui-ci n'est définitivement pas mis en pratique de façon uniforme, sérieuse et constante au niveau mondial comme le font ailleurs dans la galaxie les êtres apparentés à l'espèce humaine. Vous avez beaucoup à apprendre en ce qui concerne cette utilisation de la communauté d'esprit unifiée. Il va s'en dire que la communauté d'esprit, ou l'unité, engendre un champ d'énergie unifié qui peut être employé comme outil de manifestation, ce que vous êtes d'ailleurs en train de découvrir. Ceux que vous appelez les humains galactiques provenant de proches planètes, et qui ont une conscience et une fréquence plus élevées, connaissent rarement la dissension au sein de leurs groupes familiaux immédiats comme c'est souvent le cas pour les gens ici sur Terre.

ÉVÉNEMENTS FUTURS

J'aimerais maintenant faire de brefs commentaires concernant les questions qui nous parviennent de votre dimension en ce qui a trait aux événements futurs. Ces demandes inondant nos royaumes portent communément sur des thèmes de peur, de confusion et d'incertitude, et elles prennent continuellement de l'ampleur. Cela survient en partie du fait que la réceptivité intérieure et le 'channeling' de pensées divines se sont tellement accrus de nos jours, et que tout ceci peut donner lieu à des informations, des guidances et des avis différents. Je vous supplie donc de mémoriser et de mettre en pratique le commentaire suivant, autant au niveau conscient qu'inconscient, par tous les moyens possibles, afin de ne jamais l'oublier! LE CHEMINEMENT QUE SUIT VOTRE ÂME POUR PARVENIR À LA MAÎTRISE EXIGE QUE VOUS SOYEZ À L'ÉCOUTE DE LA PETITE VOIX INTÉRIEURE ET QUE VOUS FASSIEZ PREUVE DE DISCERNEMENT POUR RECONNAÎTRE LA BONNE INFORMATION PERSONNELLE QU'IL CONVIENT À VOUS SEUL DE SUIVRE! COMME IL Y A UNE MULTITUDE D'INFORMATIONS VOUS PARVENANT MAINTENANT D'UNE TELLE DIVERSITÉ DE FRÉQUENCES VIBRATOIRES ET DE RÉSONANCES GALACTIQUES, VOUS DEVEZ RECEVOIR DE L'INTÉRIEUR LES

RECOMMANDATIONS À SUIVRE SUR LE PLAN ET LE CHEMINEMENT VOUS CONCERNANT EXCLUSIVEMENT AU COURS DE CETTE PÉRIODE D'ASCENSION PLANÉTAIRE. IL NE PEUT Y AVOIR UN UNIQUE PLAN APPLICABLE POUR CINQ MILLIARDS DE PERSONNES. PAR CONSÉQUENT, VOUS DEVEZ VOUS METTRE À L'ÉCOUTE DE VOS PROPRES GUIDES!

Veuillez je vous prie revenir au début de cette assertion et la relire à nouveau. Et encore une fois. Et encore. Puis, laissez-la s'implanter profondément dans votre système de croyance, mes bien-aimés. Je ne puis vous donner de message plus important que celui-ci pour vous protéger en ces temps de changement. Voyez-vous, certains d'entre vous ont entretenu d'anciens rapports avec certains royaumes et certains êtres spirituels (tels que moi-même et l'archange Michaël), et vous êtes ici pour remplir des engagements pris il y a très longtemps. Chacun d'entre vous fait partie d'un certain plan et d'une certaine équipe, pour ainsi dire, et votre collaboration sera nécessaire pour aider à mener à bien un travail spécifique dans ces circonstances et activités en cours de déroulement.

Certaines personnes ont un lien très fort les unissant avec certaines planètes de la famille des humains galactiques, autres que cette Terre, dont la fonction fait également partie du même plan de réhabilitation mais avec quelques différences. Il y a littéralement des milliards d'assistants provenant de dimensions familières et étrangères - d'interdimensions connues et inconnues - et des royaumes spirituels reliés à l'espèce humaine et aux créatures non-humaines. Pour utiliser votre langage plus coloré, IL S'AGIT LÀ D'UNE GROSSE AFFAIRE! D'UNE OPÉRATION ÉNORME, ABSOLUMENT GIGANTESQUE QUI AFFECTE CETTE GALAXIE ET DE NOMBREUSES AUTRES GALAXIES ET SYSTÈMES DE VIE FORT ÉLOIGNÉS.

Par conséquent, oui, nous qui sommes connus de vous comme des maîtres et enseignants spirituels, aborderons l'humanité par contact télépathique et nous serons peut-être même vus quelquefois sous une apparence physique au cours de ce changement ascensionnel vers la pleine conscience. Certains d'entre vous pourront sentir qu'ils ont été portés à des niveaux spirituels élevés afin d'y assumer des tâches et responsabilités spéciales, travaillant alors avec ceux qui n'auront été jusque-là que des noms dans des livres saints - alors même que d'autres se retrouveront à bord d'un vaisseau spatial d'origine extraterrestre en compagnie d'amis dont ils ont été séparés depuis longtemps. Mais la plupart des autres personnes demeureront en des endroits précis de la Terre, agissant comme guérisseurs, conseillers, et enseignants là où leurs talents peuvent être le mieux utilisés pour contribuer à l'éveil d'une population humaine de plus de cinq milliards d'individus.

Entre-temps, nous inondons la conscience humaine de nombreux produits et inventions dans le but d'aider à la santé génétique du corps, et vous serez sans cesse surpris par leur diversité, leur qualité et leur utilité. S'il vous semble que votre corps s'adapte difficilement aux changements au niveau de son ADN, faites l'essai de ces nouveaux produits - de même que des herbes naturelles et de certains suppléments stimulants - afin de trouver ce qui fonctionne le mieux pour vous. Il pourrait bientôt y avoir à votre disposition un produit très puissant à consommer, quelque chose d'extraordinaire, de stupéfiant, semblable à la "manne" dont il est question dans la Bible, afin d'aider certains humains de la Terre à ramener leur ADN cellulaire à son potentiel de pleine conscience. Ne laissez donc pas les bureaucrates du gouvernement vous priver de votre liberté de choix comme citoyen en matière de traitement médical personnel et de produits de santé! Cette manne aidera bien des personnes à soigner leur corps physique épuisé et même à transformer de 2 à 12 certains patterns de spirale d'ADN mutants! Ce que je veux dire ici c'est que vous disposerez bientôt d'une recette pour prolonger la vie de façon remarquable et miraculeuse. Apprendre ce plus grand de tous les secrets alchimiques - soit comment transformer l'or, un métal des plus précieux, en une poudre blanche supraconductrice que votre corps peut absorber - aidera l'humanité à progresser vers l'ascension.

Toutes les grandes religions de jadis connaissaient ce processus alchimique par lequel on transformait l'or en une substance supraconductrice que le corps humain pouvait assimiler sans danger. Moïse en parla, et il est décrit dans les Védas, les écrits sacrés de l'hindouisme. Je vous en ai même parlé de ma propre bouche il y a longtemps de cela, quoique mes commentaires à propos de cet aliment spécial dans la Bible soient peu nombreux, sans compter que des esprits mutants inconscients les ont interprétés et traduits de façon indirecte. Demeurez attentifs à ce que je viens de vous expliquer et continuez en toute sécurité à apprendre ce que pourrait être votre rôle futur dans l'usage personnel des éléments supraconducteurs afin de promouvoir la santé et favoriser ou provoquer le processus d'ascension. L'iridium et le rhodium assimilables, ainsi que plusieurs autres éléments, aideront bientôt beaucoup de gens à parvenir à la santé physique, et ils pourraient même devenir des précurseurs de l'utilisation de la substance poudreuse blanche qui peut être fabriquée en alchimie à partir de l'or. Comme ce procédé est d'une si grande importance, vous devez comprendre qu'il vous faudra protéger les êtres de lumière qui le rendront à nouveau accessible. De fait, un consortium de serviteurs de la lumière à l'esprit pur et au coeur sacré devrait faire de ce projet sa plus urgente priorité et y consacrer toute son attention! J'aimerais maintenant changer de sujet pour aborder un autre genre d'ascension de masse possible, à savoir l'effet de la bande photonique.

Les scénarios foisonnent aujourd'hui au sujet de l'ascension, y compris un qui a présentement cours voulant que des membres de votre famille humaine galactique en provenance de divers systèmes solaires avoisinants arrivent pour vous préparer en vue de l'influence de cette bande photonique avec ses quelques jours d'obscurité totale suivis d'une expérience de lumière. Mes bien-aimés, il vous a déjà été conseillé dans la Bible de vous tenir prêts à être enlevés "en un clin d'oeil"; par conséquent ces diverses explications ont en commun le même thème, ne croyez-vous pas? Essayez de comprendre que cette énergie photonique pourrait être une expérience de nature physique 'allumant' les gènes de votre corps, ou être interprétée comme une méga-cellule d'une colossale conscience spirituelle. Je me dois pourtant de souligner que votre corps devra créer un nouveau système de chakras de même que faire entrer cette lumière dans les trillions de cellules contenant cette signature d'ADN défectueuse. Ainsi, en toute franchise, même si l'énergie photonique ou la conscience de Dieu vous enveloppent, il peut y avoir des temps de réponse corporelle bien différents qui ne peuvent être parfaitement calculés à l'avance. L'ascension d'un seul individu est facile à prendre en main. Une ascension de masse impliquant des milliards d'humains est évidemment une situation plus exigeante et plus complexe - et ce serait faire insulte à votre intelligence que de prétendre autre chose.

Néanmoins, il y a de fortes chances que le mouvement cyclique du Grand Oeuvre de Dieu - appelez cela comme bon vous semble - puisse entrecroiser votre système solaire et votre planète au cours de cette décennie. En ce qui regarde la date exacte de cet événement, préparez-vous simplement dès maintenant à disposer de nourriture, d'eau et de vêtements chauds pour tout changement climatique soudain - même à des inondations, des tornades, des tremblements de terre, des ouragans et d'autres soi-disant désastres naturels de ce genre. Cela fait, continuez sans crainte à vaquer à vos occupations normales. La chose la plus sûre et la plus utile que vous puissiez faire est d'être en harmonie au plan spirituel avec le savoir intérieur de votre propre âme. C'est là la seule véritable PROTECTION DE SURVIE en tout temps, en tout lieu.

Cependant, il doit aussi être clair que la compagnie d'un groupe d'autres êtres spirituels et d'amis pleins d'amour vous aidera probablement à surmonter plus efficacement toute surprise ou tout défi inattendu. Tenez-vous donc prêts personnellement et collectivement pour toute éventualité, mes bien-aimés, et sachez que nous guiderons vos pas, s'il nous est permis de le faire. MAIS VOUS DEVEZ VOUS TENIR PRÊTS À RECEVOIR DES INSTRUCTIONS À L'AVANCE AU SUJET D'ÉVÉNEMENTS INHABITUELS. DEMEUREZ CONFIANTS QUE VOUS SEREZ AVISÉS PAR VOTRE PROPRE ÂME ET SES CONSEILLERS QUANT À VOTRE RÔLE DURANT L'ÉVÉNEMENT, ET PRENEZ UN MOMENT À CHAQUE JOUR POUR MÉDITER OU DEMEURER DANS LE CALME AFIN D'ÊTRE RÉCEPTIFS À L'ESPRIT.

Même si nous du monde spirituel ou ceux que vous appelez vos frères et soeurs de l'espace, au plan physique, vous apparaissaient, ou communiquaient avec vous d'une façon ou d'une autre, l'expérience que vous en feriez pourrait quand même être différente de celle de bien d'autres personnes autour de vous. Il y a des milliards de personnes sur cette planète, vivant chacune en diverses nations et cultures, et ayant divers niveaux de conscience. De ce fait, même s'il n'y avait en apparence qu'une seule circonstance commune en voie de se produire, la perception en serait tout de même individuelle, si vous saisissez ce que je veux dire. Il vaut donc mieux être au niveau de perception le plus élevé et le plus pur de sorte que votre système de croyance vous permette de vivre des expériences tout en ayant le sentiment d'être en sécurité et d'être soutenu. Supposons par exemple que vous deviez prendre l'avion pour vous rendre à une autre ville. Imaginez un aéroport desservi par une douzaine de compagnies aériennes et leurs nombreuses liaisons aériennes reliant des villes ensemble selon un complexe horaire de départs et d'arrivées. Puisque vous ne pouvez prendre qu'un seul vol, vous devez faire un choix précis. Mais qui peut connaître le meilleur vol? Et qui peut désirer vous donner le meilleur billet pour un voyage agréable? Nous le pouvons. Mais il vous faudrait connaître le plan - en écoutant votre voix intérieure - ou vous le rateriez. (Il s'agit d'un exemple banal, peut-être, à moins que cet avion ne soit destiné à s'écraser.) Il n'en tient toujours qu'à vous, bien sûr, de choisir d'écouter ou de ne pas écouter votre voix intérieure, mais je vous recommande sincèrement de vous trouver un "agent de voyage céleste" au cours de cette période extraordinaire afin de vous guider dans toutes les activités de la vie pouvant entraîner quelque conséquence majeure. Dois-je en dire plus?

Si vous êtes tourné vers la spiritualité et si vous méditez dans le but d'utiliser l'énergie du Créateur pour guérir et à des fins supérieures, votre expérience sera différente de celle de quelqu'un dont la perception est obscurcie par des dépendances, une faible énergie au niveau des chakras, des croyances aveugles, et une nature peu aimable. En vérité je vous assure que si vos croyances peuvent accepter la possibilité d'une vie sûre et aussi d'une certaine forme d'ascension, cette autre perception vous permettra d'accéder à des opportunités bien différentes de ceux dont le coeur et l'esprit sont fermés. Comprenez-vous bien ce que je suis en train de décrire?

Je puis vous assurer que par le calme et la méditation, autant individuelle que de groupe, vos chances de connaître ce qu'il vous faut savoir augmenteront de façon exponentielle. Que l'humanité utilise la manne ou non, éveillez-vous afin d'être harmonisé avec le rôle spécifique qu'il vous revient de remplir. Peut-être votre ascension sera-t-elle une combinaison de ces possibilités. Il y a beaucoup de chaos sur la planète en ce moment parce que la conscience de la plupart des gens est encore à moitié endormie tandis que leur âme est influencée par les énergies spirituelles que nous émettons. Lorsqu'une âme sait ce dont elle a besoin et lorsque la personnalité n'est pas à l'écoute de ces besoins, les ignore ou les désavoue , des circonstances inhabituelles peuvent être suscitées afin de capter l'attention de la personnalité. Peut-être quelqu'un que vous connaissez ou vous-mêmes avez eu l'occasion de vivre quelque chose de cette nature? C'est pourquoi les groupes sont si utiles pour séparer les prédictions valables de celles qui le sont moins. Si vous croyez uniquement qu'un vaisseau spatial vous téléportera à bord ou que des anges avec des ailes vous apparaîtront et ne croyez à rien d'autre, vous limitez alors la façon dont la communication peut vous parvenir, ainsi que le type de relation que vous pouvez avoir avec vos enseignants et guides.

Mais ne vous tracassez pas mes chers, car nous nous tâchons présentement de vous orienter vers les bons groupes spirituels en des endroits précis où vous seriez le mieux situés pour votre propre expérience ,de résonance ascensionnelle. Il s'agit d'une entreprise colossale pour nous et pour vous, et pourtant les livres d'histoire du futur conserveront probablement de ces années sur Terre de longues descriptions et de passionnantes histoires de succès accompli. Vous devez apprendre à être autonomes et à faire preuve de discernement en écoutant votre voix intérieure! Faire des contre-vérifications peut quelquefois être valable avec ceux en qui vous avez confiance, mais vous précipiter vers tout un tas de gens pour des conseils peut s'avérer épuisant, et leurs informations peuvent être imprécises pour vous, même si elles peuvent se révéler valables pour une autre personne. Ce n'est qu'en vous mettant à l'écoute de votre voix intérieure que vous pouvez espérer évaluer l'information qui vous arrive et déterminer quelles sont les meilleures décisions à prendre.

Je vous l'ai dit autrefois et vous le redit à nouveau. L'amour est votre protection! Votre pureté est votre bouclier contre toute blessure. La bonté dont vous faites preuve et la coopération que vous offrez vous identifieront à votre famille spirituelle sur Terre, ainsi qu'à nous d'ailleurs. Aurez-vous confiance en cette équation et la sérénité de notre promesse vous détendra-t-elle? Nous ne vous avons pas laissé sans réconfort et nous ne le ferons point SI VOUS OUVREZ VOTRE COEUR AU CARACTÈRE SACRÉ DE LA VIE, SI VOUS FAITES PREUVE DE TOUTE LA BONTÉ DONT VOUS ÊTES CAPABLES, ET SI VOUS ÉCOUTEZ VOTRE VOIX INTÉRIEURE.

Nous mettrons bientôt à votre disposition une carte permettant d'identifier certains endroits physiques où les nombreux méridiens spirituels et les énergies des êtres stellaires sont en voie d'être activés, afin que vous puissiez commencer à examiner à quel endroit pourrait se trouver votre famille spirituelle, si vous ne l'avez pas déjà rejointe. Pour certaines personnes, la recherche de leur famille spirituelle peut les amener à se déplacer, à changer d'emploi, ou simplement à faire confiance en la bonne étoile qui les guide d'une façon qu'ils n'auraient jamais envisagé de faire. Je vous conseille pour ma part de voyager avec le minimum de bagages et de ne pas vous surcharger de tout l'attirail inutile du matérialisme. Ceci est tout particulièrement vrai pour vous en Amérique du Nord. Déterminez ce dont vous avez réellement besoin et acceptez de partager avec d'autres une partie du reste. Certains d'entre vous peuvent mettre en commun vos talents et vos ressources financières, ou même fonder des centres de lumière ou des communautés afin d'accroître le potentiel de manifestation que nous vous apportons.

Pour ceux d'entre vous qui sont portés à être cupides, cette idée de partage peut avoir les apparences du communisme ou sembler peu judicieuse. Mais vous pouvez être sûrs qu'une situation vous mettant au défi de partager se présentera si vous vous accrochez trop aux biens matériels et si vous persistez à abuser des ressources naturelles de la Terre, comme les Américains tout particulièrement l'ont fait. En consentant véritablement à partager l'abondance que nous tentons de vous apporter, il en résultera un grand bien et de nombreux réseaux spirituels coopéreront d'une façon miraculeuse. Partager l'amour, l'abondance de Dieu et chercher la compagnie de gens serviables est beaucoup plus susceptible de vous apporter la joie que les déboires que l'avarice et la cupidité personnelle ou corporative peuvent causer.

Je dois en outre ajouter que les politiques économiques de vos nations technologiques laissent beaucoup à désirer et nous remarquons que même certains d'entre vous, parmi les serviteurs de la lumière les plus engagés, sont fortement entachés de possessivité dans leur attitude à l'égard des objets matériels. Il en est ainsi autant pour les individus que les familles, les organisations et les nations.

La cupidité avide est une affreuse attitude à conserver lorsque d'autres meurent de faim, bien que je comprenne que la peur et le désir de contrôle en soient à l'origine. Veuillez simplement faire en sorte de garder une façon de voir équilibrée tandis que nous progressons vers la conscience supérieure, car le partage dans l'unité d'un seul esprit deviendra alors un mode de vie parmi des groupes familiaux élargis, et même entre certains systèmes planétaires en entier. Ainsi vous vous acheminerez définitivement vers des comportements dénués d'égoïsme. Il est regrettable que l'on permette à certains sur Terre de conserver leurs milliards, leur pouvoir et leur cupidité, alors que d'autres sont affamés, mais cela va changer. Je le répète, c'est à l'équilibre que le capitalisme doit tendre. C'est d'équité dans l'expression de ce qui vient du coeur dont vous avez besoin. Veuillez réfléchir à ce que je viens de partager avec vous, car le sujet de l'abondance n'est jamais bien loin dans l'esprit de la plupart des êtres humains. Lorsque vous aurez de nouveau atteint le niveau de la pleine conscience, la pénurie sera chose du passé et il en sera de même de cet attachement à la cupidité et à l'avarice. Entre-temps, consentez à ce que l'abondance que nous vous apportons ne soit utilisée qu'à des fins positives et nobles.

Avec la dissolution de la peur de la pénurie et de la faim, du même coup disparaîtra la croyance qu'il n'y en a pas assez pour fonctionner. Plusieurs feront alors l'apprentissage d'une leçon sur l'abondance matérielle, ou le manque d'abondance matérielle, afin que vous en arriviez à comprendre ce qu'est le véritable esprit d'abondance. Pour disposer d'énergie à volonté, il vous faudra à tout prix une attitude différente au sujet d'une foule de choses, et très bientôt vous pourrez disposer d'autant d'énergie que vous le voudrez. En quittant la troisième dimension, mes très chers, vous réaliserez qu'un profond changement se sera produit dans votre monde matérialiste fortement polarisé entre ceux qui ont tout et ceux qui ne possèdent rien, et que la question de l'abondance aura trouvé son point d'équilibre. Tous ceux qui voudront bien faire leur part pour le groupe recevront suffisamment de ce qui est nécessaire.

Réfléchissez donc à ce qui vous a été donné et demandez dans vos méditations à apprendre en toute sécurité la signification du véritable principe d'abondance du Créateur. Ce changement de conscience à venir est la plus grande abondance que vous ne pourriez jamais espérer avoir. Alors pourquoi se contenter de moins que la plus authentique prospérité qui soit? J'ose croire, mes bien-aimés, que la beauté exquise de cette planète soit pour vous la preuve de la richesse et de l'abondance inouïes de la création.

Enfin, ayant partagé certaines idées concernant les principales méthodes d'ascension, j'aimerais apporter quelques clarifications sur la façon de mesurer ce que vous appelez le temps. La chose la plus essentielle à vous rappeler concernant le temps est que c'est une mesure d'une énergie vivante et que, par conséquent, il existe sous forme de "durées" ou de fréquences pulsatoires plus communément désignées sous le nom de longueurs d'onde ou de parcelles de lumière. Ce qu'il vous faut c'est un calendrier qui mesure les longueurs d'onde (les pulsations) les plus significatives ou importantes et qui identifie les intentions qu'elles transmettent. Puisque l'énergie fourmille de fréquences vibratoires, vous ne pouvez la contrôler, comme vous ne pouvez d'ailleurs échapper à l'intention ou au dessein véhiculés par ces pulsations.

On ne vous a probablement jamais dit qu'une seconde de temps est équivalente à la fréquence de transition spectrale d'un isotope de cæsium. En fait, la plupart des gens pensent qu'une seconde ce n'est qu'une toute petite partie d'une minute qui, à son tour, n'est qu'une toute petite partie d'une heure. Et qu'est-ce qu'une heure alors si ce n'est que le 1/24 d'une journée? Personne ne vous dit que les pulsations du temps et l'influence qu'elles apportent sont un code inhérent se rapportant au grand Soleil Central. Ce code, peut-on dire, relie les différents aspects de la conscience entre les divers points et énergies à l'intérieur de la galaxie, et ce même au niveau moléculaire de l'ADN , des acides aminés, et de nombreux autres fondements essentiels de la vie. Ce que vous appelez la destinée, l'évolution et la résurrection sont reliés à ces pulsations de temps et leurs qualités de réalité potentielle. C'est un peu comme de faire résonner une note, suivie d'une autre note, et d'une autre, et ainsi de suite.

Quand vos scientifiques seront capables d'identifier des gammes de fréquences situées au-delà du spectre de la lumière visible, vous pourrez découvrir que toute chose dans le monde physique est constituée d'harmoniques, d'octaves, de cycles, de spirales et de rythmes d'énergie — des modèles mathématiques d'harmoniques célestes déjà imbriquées dans la trame du temps et de l'espace en séries implicites et explicites. C'est d'un calendrier holistique dont vous avez besoin, et non un calendrier linéaire qui ne tient pas compte de la nature de l'énergie, car seul un calendrier vivant pourrait peut-être suivre et englober les patterns d'énergie galactique ou cosmique (le temps). Mais comment obtient-on un calendrier vivant?

Ceux que vous qualifiez de gens primitifs se fiaient aux cycles de la Lune pour faire les semailles, suivaient les marées, et comptaient les changements saisonniers. Cependant, environ une centaine d'années avant ma naissance, le calendrier romain, fondé sur 12 mois comportant un nombre tour à tour pair et impair de jours, cessa de tenir compte des cycles lunaires pour se centrer plutôt sur l'attribution de noms aux mois et l'établissement de certaines durées de temps à des fins politiques et d'identification de jours fériés. Le calendrier grégorien à l'origine de votre présent calendrier fut institué lorsqu'un pape catholique décréta que l'équinoxe du printemps serait fixé le 21 mars de sorte que l'église puisse contrôler la date exacte du jour de Pâques. Inutile de dire que cela est loin du genre de calendrier en affinité avec l'énergie et la résonance galactique dont vous avez besoin! Les Mayas et plusieurs autres peuples autochtones se servaient de calendriers supérieurs fondés sur l'énergie et les cycles — l'étude de ce calendrier vous est recommandée tout spécialement en relation avec cette expérience de retour à la pleine conscience. Vous avez sans doute déjà remarqué que le temps, tel que nous l'avons connu, est en train de changer. Les heures s'envolent rapidement et les jours — selon ce que plusieurs d'entre vous rapportent — s'évaporent vous ne savez où. Vous vous sentez pressé, tendu, et confus à propos de ce qui se passe.

J'espère que vous pouvez comprendre que le temps change parce que vous et votre planète êtes en train de vous élever vers un taux vibratoire plus rapide où les molécules dansent selon des cycles et patterns différents et où votre conscience oscille entre ce qui est physique et ce qui n'est que partiellement physique. Vous faites le pont entre la matière et l'esprit au niveau le plus profond des cellules de votre corps et de l'ensemble de votre structure génétique. En même temps que cela se produit, certaines activités intérieures au sein du crâne humain doivent changer, doivent une fois de plus éclore en un épanouissement cosmique tel que conçu par le Créateur, mais que votre présente mutation génétique vous interdit.

Mais cependant, vous résidez sur une planète qui suit son propre cheminement évolutif et, qui plus est, vous avez également votre propre cheminement ou rite de passage. Ainsi vous avez une fois de plus une expérience d'ascension — au sein de votre conscience — parce que vous faites le pont entre deux mondes d'énergie différents. Cette alliance entre la Terre et les humains atteindra des sommets auxquels vous pouvez tout juste rêver présentement avec cet ADN mutant à 2 spirales en fonction dans votre corps. Pourtant, lorsque cette énergie d'ascension vous aura ramené aux niveaux supérieurs, vous deviendrez comme un observateur contemplant simultanément les deux facettes d'une même médaille. Les choses cachées deviendront plus manifeste. Les mondes invisibles deviendront plus familiers. Vous entrez dans une phase de lumière transitoire qui vous aidera à retourner à la patrie d'origine de votre coeur et de votre âme. C'est avant tout d'un voyage intérieur dont il s'agit, un voyage que chaque être doit faire. Un voyage vous éloignant de vous-mêmes, ça n'existe pas, mes bien-aimés.

Ce sont vos propres portails intérieurs qui vous permettront de voir ces mondes plus vastes et qui vous feront découvrir de nouveaux compagnons et associés de paix. C'est pour cet épanouissement que vous êtes venus; alors goûtez au doux nectar du voyage et abandonnez toute fausse perception qui ne ferait que limiter votre progrès et vous dérober la lumière naissante de votre transformation.

Il y a huit ans (dans ce livre), je vous appelais à vous éveiller de votre état de somnolence afin que vous puissiez nous apporter votre aide à ce stade critique de l'évolution de l'humanité. J'exprime maintenant mon extrême reconnaissance et mes remerciements à tous ceux qui ont répondu à cet appel et qui ont fait preuve d'amour et de sagesse dans la vie de tous les jours sur Terre. À cause de vous, bien des contributions ont pu être faites! Réjouissez-vous qu'il en soit ainsi et que des occasions encore plus grandes soient sur le point de se présenter.

Alors embrassons-nous les uns les autres dans le cercle de la fraternité cosmique et du rayonnement solaire/lunaire de notre Créateur bien-aimé. Prenez ma main, mes chers, tandis que nous franchissons les perceptions limitatives d'une ancienne prison. La fontaine de la guérison attend votre visite alors même que votre famille cosmique et moi-même nous préparons une célébration tant attendue de la réunification familiale.

Sachez que je vous envoie l'amour de mon coeur et que j'y conserve la vision inébranlable d'une humanité guérie, d'une planète ressuscitée. Ne doutez jamais de votre valeur ni de votre contribution comme partie intégrante de la gloire splendide de cette vision!

Je demeure à tout jamais votre frère aîné et garde précieusement le souvenir de votre essence au coeur de cette incandescente lumière de la magnificence de notre Créateur.

Le Christ Jésus

COMMENTAIRES 1994-1995

Chapitre 1

Comme on peut aisément l'observer aujourd'hui, mes bien-aimés, il y a encore bien des guerres et vous n'avez pas encore institué un moratoire permanent sur les essais souterrains de bombes nucléaires ou à hydrogène. Vous avez également poursuivi vos explorations dans l'espace sans que ne soient tenues des discussions d'ordre spirituel afin de déterminer le pourquoi de ces activités, ni pris d'engagement par une DÉCLARATION DES DROITS ET RESPONSABILITÉS relativement à vos explorations et objectifs de colonisation. À compter d'avril 1994, vous avez reçu des émissions de fréquences vibratoires supérieures de conscience de groupe afin de vous aider à faire un examen de vos intentions et à formuler une règle de comportement sur Terre qui soit compatible avec votre mission spirituelle qui est de veiller au bien-être de la Terre, de votre système solaire et de la galaxie.

Il vous appartient toujours de prendre les dispositions nécessaires pour vous guérir de sentiments négatifs comme la peur, la haine et la cupidité, de crainte que vous ne transportiez là-haut avec vous un tel bagage de maladies infectieuses et mortelles. Dès lors, laissez l'amour et la sagesse guider vos pas, mes bien-aimés, dans vos efforts pour arrêter la prolifération des armes et remédier à vos tendances destructrices. Vous êtes non seulement les gardiens de la planète Terre, mais l'archange Michaël vous prie, depuis le mois de juillet 1994, d'être plus avertis et plus attentifs envers votre système solaire et la galaxie. Sachez ensuite que tous vos enseignants et tous vos guides désirent obtenir votre collaboration afin que soient reconnues et assumées vos relations et responsabilités aux niveaux de la planète, du système solaire et de la galaxie. Veuillez méditer là-dessus et aller de l'avant pour partager le message avec d'autres, trouver les solutions et vivre un heureux contentement.

Je vous aime et j'apporte mon soutien à votre volonté d'être des disciples d'aujourd'hui. Soyez heureux au service de notre Créateur!

Chapitre 2

En évaluant qui vous êtes aujourd'hui et dans quelle mesure vous avez changé au cours des huit ou neuf dernières années, je peux affirmer sans hésitation que nous pouvons voir la croissance et l'amélioration de votre conscience qui ont résulté de vos efforts. Vous faites déjà preuve d'un plus grand intérêt pour les sujets métaphysiques tels les anges, les expériences de mort imminente, les êtres de l'espace tels ceux de la série Star Trek, et maints sujets touchant la guérison aux plans physique, mental et émotionnel. L'humanité détient également une plus vaste connaissance de la composition cellulaire des codes d'ADN et sur la façon dont ils peuvent être modifiés ou réarrangés... et même une certaine connaissance quant au début de transformation de votre unique paire de spirales hélicoïdales d'ADN mutant vers l'arrangement à six paires qui existait autrefois, et dont vous avez besoin. Il vous faut cette connaissance et cette transformation pour vivre dans la pleine conscience spirituelle fondée sur les 12 spirales hélicoïdales, ou l'état que l'on nomme 'illumination'.

Cette prise de conscience a provoqué une importante crise d'identité puisque votre transformation génétique exige que vous vous libériez du temps linéaire, de certains problèmes corporels d'ordre physique, de nombreuses émotions ancrées profondément dans le subconscient, et des attitudes et croyances mentales inconscientes qui déterminent les gestes et comportements de tous les jours. Il vous faudra donc, en somme, renoncer à presque tout ce que vous avez appris qui puisse s'opposer à votre véritable identité spirituelle en tant qu'être de lumière au service du plan de votre Créateur pour l'avancement de la planète Terre! Ce n'est pas une mince tâche à vous demander, mes bien-aimés, mais vous pourrez l'accomplir avec le soutien de ces nombreuses et extraordinaires fréquences et ondes de lumière spirituelles qui vous entourent en raison du second avènement de la sagesse et l'amour cosmiques. Des vagues d'influences de méta-cellules que certains appellent la conscience de Dieu, ou d'énergies photoniques, affectent l'ensemble de l'espace de cette galaxie! De fait, au fur et à mesure que l'identité et l'intention de cette énorme méta-cellule de conscience supérieure vous atteignent en provenance de ce que vous appelez les royaumes angéliques, le temps linéaire s'évanouit alors que vous pénétrez dans les dimensions et royaumes supérieurs. En même temps que cette transformation du temps, la pensée linéaire cède aussi peu à peu du terrain et ne pourra demain que se fonder sur l'instant présent.

Cette transformation du temps et de la pensée linéaires rend les choses plus faciles pour ceux qui ont la volonté spirituelle d'accroître leur puissance de manifestation et leur capacité de voir et de vivre des choses dont la nature et le contenu constituent une source d'inspiration. Il s'agit effectivement du second avènement, mes frères et soeurs, qui vous a été promis depuis si longtemps, mais il dépend — comme je l'ai si souvent dit — de votre choix personnel, de votre consentement de plein gré à son égard. Nous sommes ici, comme je l'ai autrefois démontré au cours de ma vie terrestre, pour offrir l'ascension sans que la mort physique ne soit nécessaire; pour offrir la grâce; pour offrir la résurrection sans mort, mais pas sans l'aspect de crucifixion dont j'ai fait l'expérience.

Puisque le temps et la pensée linéaires sont en voie de disparaître, le pouvoir manifesté d'un groupe peut être quasi instantané si un fort désir émotionnel accompagne une focalisation mentale claire et une intention spirituelle élevée.

À mesure que le temps s'achemine vers une réalité supérieure et que les illusions s'évanouissent, la dualité doit cesser, particulièrement au sein de votre propre être, là où les parties conscientes et inconscientes de votre soi polarisé se disputent le contrôle. Vous êtes une magnifique essence de vie présentement prise au piège du grand jeu de la vie dans un corps de chair qui exige que vous fassiez un choix entre deux directions. L'amour ou la peur. La paix ou la guerre.

De fait, la réponse à votre question « qui suis-je? » a été donnée lorsque le Créateur enfanta votre âme dans le creuset du sentiment d'amour et de sollicitude qui est l'héritage naturel de l'espèce humaine. Vous n'avez qu'à vous rappeler, apprécier et exprimer cette essence, mes bien-aimés. C'est partout le même commandement cosmique.

Puisse les bénédictions du Créateur être à jamais sur vous. Adonai.

Chapitre 4

À présent, permettez-moi de vous inviter à garder une chose à l'esprit en examinant certaines des informations astronomiques périmées données dans ce chapitre relativement aux univers, aux galaxies, aux systèmes solaires et aux planètes, et à mon rôle comme enseignant mondial. Il y a tant à découvrir encore dans cette existence et tant dont vous devez vous rappeler à votre sujet, et cela sans même parler des nombreuses autres formes de vie dans la galaxie et au-delà, que cela représente une tâche absolument monumentale que de vouloir en comprendre toute l'immensité. Un volume démesuré de vie et d'activité existe partout autour dans les nombreuses dimensions et régions que vous ne pouvez explorer pour le moment en raison de la mutation qu'a subi votre ADN—pourtant vous n'avez qu'à observer la diversité et la beauté de tout ce qu'il y a sur votre planète pour voir le flamboyant étalage de couleurs et de vie qui vous environne. C'est tout simplement extraordinaire!

Dans ce que vous appelez le vide, l'espace, les cieux, ou les nombreuses demeures de Dieu, il y a littéralement des milliards de galaxies dans un univers, et au sein de ces galaxies se trouvent encore plus de systèmes solaires et encore plus de planètes. Il s'agit là d'un réseau de lumière, de conscience et de manifestations physiques dans un nombre incalculable de mondes matériels. Et comme il y a tant de niveaux et de types différents de création, cela représente une expérience sans fin qui dépasse l'entendement. C'est pourquoi l'archange Michaël rassemble ses légions de lumière. Il y a encore un autre monde à venir, une autre dimension, nécessitant des êtres expérimentés pour servir dans une intention harmonieuse. Peut-être serez-vous parmi eux? Vous pouvez déduire à partir de cette information que l'espèce humaine est située dans une partie assez récente d'une zone d'enfantement de l'évolution, localisée dans une partie de la galaxie où des gaz, des particules et des éléments actifs peuvent soutenir le développement rapide de planètes physique et de formes de vie variées d'une infinie diversité. C'est ainsi que fut jadis engendré et perpétué votre système solaire dans ce grand feu cosmique de création, et que votre essence spirituelle se revêtit de chair pour un temps donné afin de prendre en charge la planète et ses nombreuses formes de vie, et d'en assumer l'intendance et la sauvegarde. Règne est un mot utilisé dans vos livres saints. On vous confia la responsabilité de régner sur cette planète bien que cela ait été difficile à faire au cours de ces dernières années. Néanmoins, il y a maintenant bon espoir que la lumière régnera ici de nouveau et que l'empire de l'humanité sera rétabli et convenablement entretenu. La Terre est une planète d'une beauté inégalée, digne de votre sagesse, de votre sollicitude et de votre amour, vous en conviendrez assurément!

L'autre message dont j'aimerais que vous faire part est qu'il existe un malentendu quant à savoir qui est Jésus dans les royaumes célestes. Rappelez-vous simplement je suis maintenant désireux d'annoncer au monde que je suis une énergie soutenue par le pouvoir de l'archange Michaël, qui est l'être dont il est fait mention précédemment dans ce chapitre, même si on le nomme simplement le Créateur. Puisqu'il est venu en personne pour inciter tous les êtres de lumière à rentrer au bercail, je suis maintenant libre de décrire les liens étroits que nous avons et les liens que vous aussi pouvez avoir si tel est votre choix. Puissiez-vous alors m'entendre clairement, mes bien-aimés. Je ne puis être dans la présence du Créateur Père/Mère — personne ne le peux, mais j'ai des rapports avec celui que l'on appelle l'archange Michaël, un des premiers êtres enfantés par Dieu; voilà ce que désirais expliquer en ce chapitre. Sachez donc que je suis le fils du Dieu vivant qui vous aime—et que je porte en moi la vision de votre résurrection et de votre retour à la pleine conscience que vous méritez. Mais ne faites pas l'erreur d'assumer que je suis le seul fils de Dieu—il y en a de nombreux autres. Quelque part en votre âme vous connaissez très bien toute cette histoire. Vous savez qui et ce que vous êtes et pour-quoi vous êtes sur Terre. C'est pourquoi je suis venu — pour éveiller en vous ce souvenir et vous rappeler de vous joindre au plan divin qui a besoin de vous. Je vous en prie, éveillez-vous mes bien-aimés, et accompagnez-moi pour faire le travail de Dieu Père/Mère. Grâce à la conscience de groupe, nous pouvons faire l'expérience de l'essence de l'amour de l'âme et recourir à la très grande sagesse que l'amour assure dans son exercice. Répondrez-vous à l'appel afin de recouvrer la vie éternelle et vous tenir à mes côtés dans le cercle de pouvoir de l'unitéÉ? Que la paix soit à jamais avec vous. Amen.

Chapitre 6

Je vous rappelle qu'en faisant à chaque jour la méditation d'ascension à 18 respirations, vous contribuerez ainsi grandement à un meilleur usage des énergies vous parvenant pour hâter la guérison de la mutation affectant votre cerveau, vos chakras et l'ADN de vos cellules — ainsi que votre retour à la pleine conscience le plus sûrement et le plus rapidement possible. Il n'était pas dans mes intentions de vous laisser souffrir de quelque façon, et à présent que nos corps reçoivent un surcroît de puissance grâce à l'intervention de l'archange Michaël dans le système solaire et la galaxie, les personnes sages insisteront pour que leur église et leur ministre du culte agissent de façon à satisfaire à l'urgente requête de méditation, ou alors elles devront se tourner vers d'autres sources pour être guidées.

Ces méditations et techniques vous aideront à : 1) purifier et guérir votre aura; 2) aligner et déployer vos chakras; et 3) reconstituer intégralement les circuits d'ADN cellulaire à 12 spirales hélicoïdales. Elles sont particulièrement utiles pour alléger le fardeau de l'effort que doit fournir le corps pour l'ouverture de nouveaux chakras à la fois à l'intérieur du torse et dans la boîte crânienne, de sorte que votre corps puisse de nouveau recevoir l'influx d'énergie du Créateur. Étant donné que votre thymus est dégénéré et que votre glande pinéale est inactive, l'ascension sans passer par la mort est difficile à réaliser. C'est cette situation que nous cherchons à dénouer par l'aide que nous vous apportons dans votre cheminement vers la santé et la vie éternelle.

À la grâce de Dieu et amen, mes bien-aimés.

Chapitre 7

Je répète les avertissements que j'ai donnés plus tôt dans le premier chapitre relativement aux voyages à des fins pacifiques dans l'espace et à la cessation des essais atmosphériques de bombes nucléaires et à hydrogène, et tout particulièrement des essais souterrains. Comme ce sont les scientifiques, les militaires et les leaders gouvernementaux qui planifient, exécutent et financent ces actes dangereux et immoraux, ce sont eux qui doivent accepter la responsabilité éthique de telles pensées et actions. Dans les nations démocratiques cependant, c'est vous — l'ensemble des citoyens et citoyennes — qui devez réaliser que ce sont vos impôts et vos taxes qui soutiennent des plans et des actions aussi ignobles. Il vous faut donc vous servir de votre pouvoir de vote et assumer vos responsabilités en indiquant où votre argent devrait aller et comment il devrait être dépensé. Devenez un véritable citoyen démocratique en appliquant la sagesse spirituelle au gouvernement.

Au cours de 60 dernières années, vous avez permis aux agences gouvernementales secrètes et aux programmes militaires de prendre une ampleur sans précédent — pour inventer des armes terribles et continuer à créer une atmosphère de violence et de guerre qui s'étendra jusque dans l'espace si vous ne faites rien pour intervenir. Alors, je vous en prie, intervenez immédiatement pour la paix!

Depuis les années 40, ces programmes militaires secrets ont entretenu des liens avec une présumée présence d'outre-espace, et ils leur ont permis de mener des expériences répugnantes sur des êtres humains dans le but d'acquérir de plus grands secrets techniques et scientifiques pour la guerre. Cette soif de pouvoir et de contrôle existe toujours, bien que nous ayons intercédé auprès des êtres que vous appelez les « petits gris » pour qu'ils s'en aillent ailleurs pour de bon. Mais bien des responsables gouvernementaux, officiels et non officiels, ont trompé les gens de façon incroyable et quelque chose de très malveillant se trame! Vous réalisez certainement que tout cela est déplorable mais vrai. Puisque tel est bien le cas, nous vous encourageons à tirer avantage des énergies spirituelles disponibles en ce moment et d'y faire courageusement appel en ce qui concerne les gestes que vos gouvernements ont déjà posés — et ce qu'ils prévoient faire, tout particulièrement dans l'espace. Alors, consacrez-vous au travail au service du Créateur Père/Mère, en vous servant de la conscience de groupe de cette nouvelle ère comme d'un outil à cette fin, mes bien-aimés. Votre collaboration est requise de toute urgence! Pour certaines personnes, c'est leur ascension qui est en jeu.

Au nom du Créateur, que notre réussite soit éternelle! Amen.

* *

Chapitre 8

Comme bien des choses que j'ai partagées avec vous influeront sur la façon dont vous agissez en tant que parents et dont vous enseignez aux humains de la Terre, laissez-moi vous rappeler que l'amour et le respect sont vos instruments de choix pour préparer les enfants pour l'avenir qu'ils ont choisi ici. Votre toute première tâche sera donc de leur permettre de suivre le dessein de leur âme et de les élever dans un environnement qui soit fondé sur de solides principes éthiques tels que la compassion et la sollicitude pour tout ce qui vit.

Je vous incite à accepter la possibilité que, par la méditation et la mise en pratique des principes divins, vous puissiez élever votre propre conscience de façon à pouvoir enseigner à partir d'un niveau de conscience et de sagesse plus élevé . Ceci deviendra un jour une condition sociétale indispensable pour les parents et les enseignants, comme c'est le cas sur la plupart des autres planètes et systèmes d'étoiles où vivent des humains galactiques. Comme vous avez peut-être lu dans le livre You Are Becoming a Galactic Human, on exige des autres parents humains qu'ils aient reçu une bonne formation pour cette tâche des plus importante qui consiste à élever des enfants. De la même façon, ceux qui ont pour tâche de conseiller et d'enseigner doivent répondre à des critères extrêmement élevés avant qu'on ne leur accorde le privilège de guider des enfants dans la doctrine de la vie cosmique. Il vous faut également prendre conscience que les enfants aujourd'hui deviennent de plus en plus doués en télépathie et qu'ils pourraient être capables d'utiliser des facultés qualifiées auparavant de « psychiques » comme faisant partie du développement normal de leur conscience supérieure — des talents que vous pouvez ne pas avoir encore.

À nouveau, il importe que vous prépariez les enfants pour leur rôle comme protecteurs et gardiens de la Terre. Il doit leur être enseigné que leur relation avec toute vie est fondée sur une symbiose holistique qui doit être respectée et maintenue. Il faut mettre un terme à la tendance qu'ont les humains d'abuser de la planète et de consommer avidement les ressources naturelles.

Les parents et enseignants doivent accepter la probabilité qu'une rencontre avec des humains d'apparence comparable à la vôtre, provenant d'ailleurs dans la galaxie, va vraisemblablement se produire au cours de la vie de vos enfants (et de la vôtre!). Il vous faut donc vous libérer de vos peurs et de vos perceptions limitées au sujet de l'existence d'autres formes de vie. Nous vous apparaîtrons cependant en esprit, avant ces rencontres, car il y a à la fois des humains galactiques d'apparence familière, et d'autres formes de vie conscientes, n'appartenant pas à l'espèce humaine, qui sembleront très différentes à certains égards — peut-être comme celles montrées dans la série Star Trek dont une bonne partie est le fruit de notre channeling sur Terre.

Puisque l'état actuel de mutation génétique de l'humanité favorise l'ignorance et de nombreux aspects négatifs de la conscience inférieure, je confie ces nouveaux-nés et ces enfants à votre coeur et votre âme afin qu'ils bénéficient de la protection du plus haut degré de votre conscience en voie d'éveil. C'est seulement là qu'ils trouveront un espace de sécurité et de compassion pour s'exprimer librement jusqu'à ce que vous soyez tous très bientôt de retour au bercail avec nous. Alors même que je vous appelais à vous éveiller, l'archange Michaël et tous les autres grands êtres se sont également joints à moi pour appeler tous les êtres de lumière à rentrer au bercail du berger, sous la protection de leur Père/Mère. L'amour est leur unique enseignement, mes bien-aimés, car comme je dis souvent : « L'amour est ce que vous êtes! » Alors, je vous le demande, en tant qu'émissaires membres de nos Forces d'amour et ambassadeurs sur Terre, de servir la lumière et de n'enseigner que l'amour et la sagesse aux précieuses âmes que vous appelez enfants et adolescents. Ceux qui grandissent dans la drogue et la violence des médias et des émissions télévisées courent un grand risque, non seulement pour leurs propres âmes, mais comme futurs parents et enseignants de la prochaine génération qui aspirera à son tour à une conscience supérieure. Ils doivent être aidés, mes bien-aimés. Ils doivent être aidés! S'il-vous-plaît, faites vraiment tout votre possible pour eux. Ce sera une source de grande joie pour tout le monde! Que l'amour et la sagesse de Dieu soient avec vous, pour toujours. Amen.

* *

Chapitre 9

Même si je suis un fils ressuscité de Dieu, et un Maître enseignant mondial en ce moment pour les humains de la Terre, et même si j'utilise les énergies des Rayons d'Or et d'Argent, c'est une très grande joie pour moi d'annoncer qu'une nouvelle ère a commencé le 29 juillet 1994, lorsque les collisions de fragments de comète sur Jupiter ont créé une vibration supérieure pour ce système solaire et certaines parties de la Voie Lactée, votre galaxie. De fait, moi, de même que l'ensemble de l'ordre du Christ, avons été puissamment joints par la Flamme (rayon) bleue de transmutation du bien-aimé archange Michaël et ses diverses légions de lumière qui veulent avec insistance recouvrer la Terre et l'humanité pour le bien suprême. Vous êtes bel et bien appelés!

Il s'agit là d'une nouvelle extraordinaire, mes bien-aimés, car cela amplifie notre pouvoir de lumière en cette région et peut réduire le temps requis pour réunir ensemble ces serviteurs de la lumière maintenant—ou très prochainement—prêts pour toute une ascension! Pourtant, vous devez comprendre que cela signifie que l'affrontement entre la lumière et les ténèbres va temporairement s'accentuer tandis que l'appel du seigneur Michaël se répercute sur la planète et s'inscrit dans les âmes de l'ensemble de l'humanité. C'est un ferment qui couve.

Je vous encourage donc vivement à apprendre une technique de méditation pour l'ascension afin de hâter la guérison de votre corps et aussi d'établir si possible un disque lumineux d'énergie cristalline de 55 pieds (ou plus) autour de votre corps qui peut être accéléré à ce que vous appelez la vitesse de la lumière. J'appelle cette expérience « parvenir à la transfiguration » ou « se doter d'un vêtement de lumière », mais d'autres enseignements identifient un processus similaire appelé la méditation Merkaba (ou Merkabah). Ces méditations sont un moyen d'utiliser la pureté de l'amour, certaines séquences de respiration, des mudras (positions des mains) et divers mouvements oculaires, ainsi que des visualisations, afin d'augmenter la fréquence vibratoire des cellules en une accélération atomique de lumière (légèreté). Ce n'est qu'ensuite que votre corps physique peut quitter en toute sécurité la troisième dimension, sans passer par la mort, et conserver la pleine conscience.

À ce « point-pivot sacré » qui est un taux d'énergie extraordinairement élevé, il est non seulement possible d'amener votre corps physique en des dimensions supérieures, mais vous pouvez également visiter d'autres endroits dans le cosmos tout en poursuivant la croissance de la conscience et en servant Dieu. Ceci a été la seule façon pour un humain de franchir physiquement la barrière du quadrillage cristallin invisible établie autour de la planète Terre par le pouvoir de l'archange Michaël. Certains enseignements ont appelé ce quadrillage « l'anneau du non passage » parce que seuls des êtres purs pouvaient ascender à travers — d'où le nom des Maîtres ascendés. Rappelez-vous simplement que ce point-pivot sacré se trouve là où les vibrations du Dieu Père/Mère alimentent votre transformation de l'ADN, tel le passage de l'état de chenille dans sa chrysalide à celui de papillon, le passage d'une identité terrestre à une identité galactique. C'est à ce moment-là que vous serez vraiment de retour avec nous, votre famille spirituelle — prêts pour la joie et encore plus d'aventures!

Ne tardez donc pas à méditer pour hâter votre ascension personnelle. Je tiens cependant à vous assurer que même si vous n'apprenez pas à vous énergiser suffisamment pour l'ascension, sans mort physique, vous faites tout de même partie du ciel et au ciel vous retournerez! N'ayez aucune crainte, mes bien-aimés, mais plutôt réjouissez-vous du fait que tant d'âmes se retrouveront très bientôt à nos côtés — et que le plan divin sur Terre soit en voie de s'accomplir. Même s'il vous arrive d'entendre certaines histoires voulant que toute l'humanité connaisse une ascension simultanée via une puissante méga-cellule de conscience, ou un contact superconscient de Dieu — parfois appelé le voile ou la bande photonique — veuillez reconnaître qu'une telle promesse puisse être très sincère et pourtant représenter une tâche d'une extrême complexité.

Je vous l'affirme cependant, que même si l'aventure est un défi considérable, ce fut toujours mon désir personnel que de ramener l'ensemble de l'humanité par le don de la grâce. La grâce est pour tout le monde mais nécessite à la fois une profonde acceptation et un véritable changement de coeur vers l'amour, ce qui crée un taux vibratoire qui peut être mesuré. Consacrez-vous donc aux affaires de votre Père/Mère et pratiquez l'innocence de l'amour. Vous parviendrez ainsi toujours aux fins pour lesquelles votre âme est venue.

Que ceci soit un temps de grandes réjouissances et de célébration pour tous ceux qui aiment le Créateur et qui choisissent de revenir au bercail comme l'enfant prodigue tant attendu. C'est dans l'amour que nous attendons votre retour.

Qu'il en soit ainsi mes bien-aimés. Amen.

EPILOGUE

Je suis ravie de partager ces quelques commentaires personnels avec les lecteurs de ce livre parce que je peux attester des changements que la méditation, la prière et la contemplation ont apportés dans ma vie personnelle en plus de me préparer à accepter l'intuition ou la *connexion* avec Dieu – laquelle est devenue une partie intégrante de ma vie quotidienne. Même que j'en suis arrivée finalement à pouvoir accepter la mission de transcrire ces notes venues du Maître qui est reconnu comme le Christ. J'ai la conviction que ce sont mes nombreuses années de méditation, mon ardent désir de servir et ma bonne volonté de consacrer le temps voulu pour mener à bien une telle entreprise qui ont attiré en moi son Energie. Il m'a dit aussi que plusieurs chrétiens l'ont figé dans un passé révolu et qu'Il avait besoin de quelqu'un qui Lui permettrait de manifester l'expansion qui le caractérise aujourd'hui.

Le privilège de recevoir ces informations m'a procuré une joie si profonde que les mots ne sauraient la décrire. Par contre, j'avoue honnêtement que cette communication a fait ressurgir en moi toutes les émotions de peur, de manque de confiance en moi et de doute que ma personnalité conservait encore, même après des années de nettoyage psychologique et d'efforts pour devenir émotionnellement stable et solide.

Au moment de la première approche en vue de cette

mission, je n'avais d'autre réaction que de répéter sans cesse: «Mais pourquoi moi? Pourquoi moi, quand il y a tant de bonnes âmes disponibles?» La réponse vint doucement et encourageante: «Parce que tu veux connaître le vrai MOI, que tu veux servir et que tu m'as donné la permission d'entrer dans ta vie.» Je me suis fait dire et répéter plusieurs fois que, parce que c'est ici une planète dotée du libre arbitre, nous devons tous demander pour recevoir la communication des Etres spirituels – nous devons accepter de coopérer par choix personnel.

Je dois vous avouer aussi que j'ai été confrontée à une peur colossale: la peur de ne pas être à la hauteur, la peur d'être ridiculisée, rejetée ou méprisée, la peur que ma nature mortelle puisse teinter la vérité du message... et plusieurs autres excuses. J'ai vécu cela en dépit d'une joyeuse relation avec cette grande Entité qui maintenait que nous avions déjà travaillé ensemble et qui me témoignait de la gratitude pour l'aide que j'apportais de nouveau.

Malgré tout, le doute et la peur furent souvent mes compagnons lors des premières communications avec Jésus. Je me suis même cassé un doigt de pied, ce qui est assez révélateur de l'instabilité qui régnait à la base de mes attitudes mentale et émotionnelle. Au début, la nervosité me faisait gâcher mes cassettes d'enregistrement ou bien mes doigts se raidissaient quand je m'installais en silence devant la machine à écrire, prête à entendre Son message et à en faire la transcription. Je dois admettre que tant que je ne me fus pas abandonnée et laissée envahir par la paix de la méditation, Il eut du mal à se faire entendre à mon esprit.

Je Lui posais souvent la question: «Jésus, y a-t-il quelqu'un qui croira que je puisse faire ceci?» Même si je suis une enseignante au niveau collégial réputée saine d'esprit, il me semblait que les gens allaient croire que j'étais devenue folle.

Avec quelle patience Il laissa ces craintes se manifester et avec quel amour Il me guida pas à pas pendant ces premiers jours. Ce n'est que lorsque j'eus la conviction qu'un contact existait vraiment entre Lui et moi que j'ai finalement pu commencer à prendre des notes pour écrire ce volume et que j'ai pu travailler, jour après jour, sans jamais savoir exactement où mènerait l'information de la journée suivante.

Graduellement, au cours des quelques six mois qu'a duré le travail, un schéma clair et consistant se précisa dans lequel chaque message quotidien s'intégrait jusqu'à prendre la forme d'un livre comportant neuf chapitres. A certains moments je Le sentais qui fouillait en vain dans mon intellect, à la recherche de mots appropriés pour expliquer un concept; Il devait parfois faire un détour et se rabattre sur une expression de rechange qui ne correspondait probablement pas à son premier choix. De même, quand Il faisait surgir des images mentales, des constructions de lumière ou des symboles je devenais abasourdie par l'immensité de leur contenu et je devais Lui demander de ralentir et de revoir un par un chaque élément avec moi. Il persistait à dire que je m'en tirais bien et qu'Il était content de mon énergie et de ma disponibilité à servir. Au début, Jésus reformulait souvent plusieurs fois de suite certaines expressions et certaines parties de son discours. Mais quand Il prit connaissance de l'étendue de mon vocabulaire, Il entreprit promptement d'en tirer le maximum. Toutefois, à cause de notre hâte à le publier, ce volume renferme peut-être des erreurs dont j'assume la pleine responsabilité. Si vous deviez en relever quelques-unes, je vous prie de me le faire savoir.

Il m'arrivait souvent de pouvoir sentir la présence intime du Maître auprès de moi comme si nous avions été temporairement enlacés. J'ai ressenti Sa tristesse causée par la façon dont le monde a traité Ses enseignements et j'ai perçu également Son indignation. Il est un Etre d'un Amour immense, mais Il est aussi un Penseur puissant aux idées pratiques et Il est doté d'une énorme volonté. A d'autres moments j'ai pleuré pendant ou après la session en réalisant que plusieurs âmes refuseraient d'écouter Ses paroles ou toute parole d'amour et de paix.

A la fin Il m'a dit que nous avions couvert la plus grande partie de ce qu'Il avait souhaité communiquer et que nous étions suffisamment avancés pour qu'Il laissât tomber le reste en raison des contraintes de temps. Mais de toute façon vous, le lecteur, devez extraire de ce contenu ce qui est valable pour vous. Si vous avez des questions, écrivez-moi.

Ma principale réticence à transcrire ce livre provenait de l'énorme responsabilité qui semblait s'y rattacher. On m'a dit cependant de ne pas endosser la responsabilité des autres. J'ai plutôt été invitée à aligner les mots et à les laisser parler d'eux-mêmes. Voici donc ce cadeau livré à votre examen. Puisse-t-il vous servir très utilement.

Plusieurs d'entre vous sont déjà des canaux de l'amour et plusieurs transmettent par intuition ou par leur façon de sentir ou de connaître les choses. Plusieurs sans doute ont fait l'expérience directe des paroles ou de la présence de Jésus ainsi que de d'autres grands Maîtres (de vos propres enseignants et de vos guides) ou bien vous avez reçu des directives intérieures de votre âme ou de l'Esprit Saint. Certains de ces contacts sont personnels et confidentiels mais il y en a d'autres qui renferment la semence de vérité qui doit être partagée avec les autres. Je vous encourage à franchir ce pas, à abandonner vos doutes et vos peurs possibles et à participer immédiatement si on demande votre contribution.

Aux tout nouveaux méditants, ne soyez pas surpris

d'avoir à franchir une période de nettoyage avant d'atteindre le niveau supérieur de pureté dans vos attributs d'ordre mental et émotionnel. Il y avait dix ans que je méditais et ce n'est que six mois après mon retour d'Israël que Jésus a pu me parler clairement de ce projet. Pendant ces six mois, j'ai vécu des changements de conscience inusités et j'ai éprouvé des douleurs physiques à mesure que les différents obstacles aux plus hautes vibrations étaient nettoyés et rejetés. Je ne veux pas insinuer que je suis parfaite, même maintenant! Pas plus que je ne dis que chacun doive passer par une aussi longue période de nettoyage. Cette expérience est mon fait personnel. Mais en général, on ne peut pas s'asseoir et commencer immédiatement à recevoir les plus hautes vibrations sans s'être soumis au préalable à une période de nettoyage des vieilles idées et des anciens *patterns* susceptibles de faire obstacle, c'est-à-dire sans une période pendant laquelle on peut se guérir suffisamment pour devenir capable de transmettre les données dans une forme aussi pure que possible.

Si vous désirez être guidés par votre âme, s'il-vous-plaît soyez prêts à méditer individuellement chaque jour et à vous joindre une fois par semaine avec d'autres personnes qui désirent la paix sur la planète, c'est par ce procédé que j'ai pu moi-même ouvrir la voie afin que ce message soit transmis. Je peux donc témoigner de son efficacité! J'aimerais aussi remercier publiquement mes amis ainsi que mes compagnons et mes compagnes de méditation pour les heures de paix et de joie profonde qui m'ont été apportées grâce au partage en groupe de l'amour du coeur. Sans cet apport, je suis sûre que ma route aurait été bien différente. Donc, à chacun et à tous ceux avec qui j'ai pu méditer, j'adresse un sincère et reconnaissant «Merci».

Suite aux commentaires véhéments et pressants de Jésus sur le besoin que l'humanité a de méditer, je m'attendais à fournir un répertoire des sources et des groupes impliqués dans cette activité. Mais j'ai été avisée que toute personne sincère n'a qu'à demander à l'intérieur d'elle-même pour connaître quel genre de méditation lui convient et à quel groupe elle devrait ou non se joindre – la réponse sera claire. Des listes de livres peuvent évidemment être obtenues dans les librairies et chez les marchands de livres. Vous serez attirés vers ce qui vous convient et par ce que vous avez à vivre. Oui demandez à l'intérieur de vous-mêmes, c'est à partir de là que tout doit toujours commencer. Mais vous devez ensuite passer à l'action si vous voulez fermer la boucle. Car c'est ici une planète où la manifestation et la réalisation des *formes-pensées* doivent prendre corps pour nous faire réaliser ce que sont nos créations.

Je respecte la voie que vous avez choisie et je vous encourage à nouveau à accomplir les grandes choses que Jésus nous demande au cours de notre recherche de la paix intérieure. Vous avez sans doute remarqué que je continue d'employer le prénom familier «Jésus» au lieu de dire «le Christ» dont la formule me paraît moins chaleureuse. Mais ce n'est qu'une habitude à moi. En vérité c'est un Etre cosmique qui nous parle!

En terminant je veux partager ceci: à travers Ses images mentales j'ai vu d'autres systèmes solaires, d'autres galaxies et des recoins éloignés de l'univers qui m'ont fait mieux prendre conscience de ce dont Il veut nous rapprocher. Je réalise aussi que nous de la Terre, nous sommes bien supérieurs à tout ce que je n'aurais jamais pu imaginer!... Peut-être encore plus que je ne peux le comprendre pendant que je demeure dans une forme physique.

Vôtre dans l'Amour et dans le Service,

Virginia Essene.

*** Épilogue ***

COMMENTAIRE ADDITIONNEL 1994/1995

Il est devenu de plus en plus clair au cours des années écoulées depuis que j'ai écrit ce livre, que les humains ont déjà connu des changements considérables — et que des changements encore plus importants les attendent! J'ai moi-même ressenti dans mon corps et mes émotions que j'avais de la difficulté à m'adapter à la puissante amplification des énergies qui réclament purification et guérison, tout comme l'ont ressenti bien d'autres personnes que je connais. Je vois tout autour de moi la preuve vivante que les changements à l'ADN cellulaire et les ajustements de chakras exigent une attention vigilante alors même que nous apprenons à contribuer de notre mieux à la conscience de groupe, pour le bien de toute vie.

Je continue à me rendre compte que les relations, aussi bien au plan individuel que dans le cadre d'un groupe, constituent pour moi le meilleur contexte pour la croissance personnelle et l'acquisition de pratiques favorables à la coopération mutuelle. Je découvre également que lorsque l'énergie d'une conscience de groupe engagée peut être focalisée pour concevoir un monde meilleur, la manifestation est d'une incroyable puissance et souvent quasi instantanée. Unissons-nous donc ensemble et focalisons notre volonté de guérison là où le Créateur voudrait qu'elle le soit... sur la croissance, l'amour et la sagesse réalisés ensemble grâce au principe de l'unité.

Votre soeur spirituelle pour toujours,

Virginia Essene

*** Epilogue. ***

LOVE CORPS NETWORKING

Le Réseau de la LÉGION D'AMOUR

L'engagement et la coopération sont essentiels pour créer la Paix sur notre planète. Si les ENSEIGNEMENTS NOUVEAUX ont touché votre âme ou s'ils ont éclairé les buts que vous avez édifiés dans votre vie, vous pourriez peut-être: partager le message que ce livre contient avec des amis et des connaissances – offrir en cadeau des exemplaires des ENSEIGNEMENTS NOUVEAUX – faire parvenir des lettres qui parlent de Paix aux éditeurs des journaux, des revues, etc. – promouvoir la Paix publiquement par le truchement de la radio et de la télévision – faire une levée de fonds spéciale pour supporter ces efforts ou pour former un groupe sous la bannière de la Légion d'amour afin de sensibiliser la conscience humaine à la préservation de toute vie sur la Terre.

En définitive, ce qui ressort des Enseignements Nouveaux c'est une invitation pressante à pratiquer la méditation quotidiennement de façon individuelle et à méditer une fois la semaine avec un groupe, permettant ainsi à la Présence Divine de guider nos vies de tous les jours. Si vous débutez dans la pratique de la méditation et que vous avez besoin d'une aide temporaire pendant que vous développez votre *connexion* avec la Source intérieure, l'Energie Christique nous a demandé de produire un bulletin mensuel pour vous assister. Nous apporterons aux lecteurs des réponses qui concernent les concepts présentés dans ce livre en plus de tous les messages qui, en ces temps du réveil, pourraient s'avérer d'une importance capitale pour les volontaires de la Légion d'amour.

Une équipe de volontaires de la Légion d'amour ira en tournée à travers les U.S.A. pour grouper les énergies, pour apporter des informations additionnelles qui ne sont pas publiées dans les ENSEIGNEMENTS NOUVEAUX, pour encourager les êtres humains dans leur poursuite de la Paix et pour promouvoir la préservation de toute vie sur la planète Terre. Si vous aimez participer aux efforts de la Légion d'amour, assister à nos séminaires ou obtenir une lecture psychique de l'âme, s'il-vous-plaît, écrivez-nous pour que nous puissions inclure votre région dans notre itinéraire. (1)

(1) N. du T. – En principe, ces services sont offerts en langue anglaise aux U.S.A.

20,70

transcontinental

Imprimé au Canada par
Transcontinental Métrolitho